지그 지글러,
어느 크리스천의
행복한 고백

지그지글러, 어느 크리스천의 행복한 고백

지은이 | 지그 지글러
옮긴이 | 이종인
펴낸이 | 김성실
편집주간 | 김이수
편집기획 | 한승오 · 박남주
마케팅 | 이동준 · 김창규 · 강지연
편집디자인 | 하람 커뮤니케이션(02-322-5405)
표지인쇄 | 중앙 P&L(주)
본문인쇄 · 제본 | 한영문화사
펴낸곳 | 시대의창
출판등록 | 제10-1756호(1999. 5. 11)

초판 1쇄 발행 | 2006년 2월 20일
초판 2쇄 발행 | 2006년 4월 20일

주소 | 121-816 서울시 마포구 동교동 113-81 (4층)
전화 | 편집부 (02) 335-6125 영업부 (02) 335-6121
팩스 | (02) 325-5607
홈페이지 | www.sidaew.co.kr

ISBN 89-5940-023-8 03230
값 10,000 원

ⓒ 시대의창, 2006, Printed in Korea.

• 잘못된 책은 바꾸어 드립니다.

CONFESSIONS OF A HAPPY CHRISTIAN By Zig Ziglar
Copyright ⓒ 1978 by Zig Ziglar
First published in the United States of America
by Pelican Publishing Company, Inc.
Korean edition licensed to Window of Times for sale in Korea
Korean Translation published by arrangement with Pelican Publishing Company, Inc.
through PubHub Literary Agency, Korea

이 책의 한국어판 저작권은 PubHub 에이전시를 통한 저작권자와의 독점 계약으로 시대의창에 있습니다.
저작권법에 의해 한국 내에서 보호를 받는 저작물이므로 무단 전재와 무단 복제를 금합니다.

지그 지글러,
어느 크리스천의
Confessions of a Happy Christian
행복한 고백

| 지그 지글러 지음 | 이종인 옮김 |

시대의창

어머님과 장모님께 이 책을 바칩니다.
두 분은 이 지상에 계시는 동안 독실한 신앙을 실천하여
이제는 주님 곁에 있는 영원히 편안한 의자에 앉아 계십니다.

지그지글러, 어느 크리스천의 행복한 고백

CONTENTS

8	감사의 글	
11	들어가는 글	
19	CHAPTER 1	의존을 선언하다
23	CHAPTER 2	적극적인 기독교 정신
51	CHAPTER 3	우울한 얼굴-가벼운 호주머니
81	CHAPTER 4	그것은 아이들에게 좋다
105	CHAPTER 5	내 마음에 오소서
137	CHAPTER 6	내 아들, 나의 선생
159	CHAPTER 7	내가 사랑하는 예수님

191	CHAPTER 8	주님, 저는 자동차 할부금을 내야 하는데 그 만기일이 다음 주 목요일입니다
217	CHAPTER 9	"증거"하지 않는 게 좋을 거야
239	CHAPTER 10	열린 마음과 열린 성경이 당신을 크리스천으로 만든다
271	CHAPTER 11	우연의 일치
297	CHAPTER 12	나는 이해할 수가 없어
310	에필로그	감사드려요, 아빠
316	역자 후기	

감사의 글

어머니, 제가 가고 싶어 하거나 말거나 저의 앞날을 위해 주말이면 하나님의 집으로 저를 데려가신 그 은혜에 감사드립니다. 하나님의 인도 아래 내 아내 진을 이처럼 사랑스러운 여인으로 키워주신 장모님(미시즈 애브)께도 감사드립니다.

나를 위해 1인 감시위원회가 되어준 아들 톰에게도 감사한다. 아들은 하나님의 뜻에 따라 나에게 끝없는 질문을 퍼부었고 그 결과 나는 성경에 대해서 더 많은 것을 알게 되었다. 지속적으로 내게 사랑, 이해, 격려를 보내준 나의 딸 수잔, 신디, 줄리에게도 감사한다. 특히 내가 예수 그리스도에게 내 평생을 바치기로 결심한 후의 몇 달 동안 너희들의 그 성원을 결코 잊지 못하리라. 너희들 자신의 신앙이 성숙해 가는 것을 지켜보는 것은 얼마나 큰 즐거움이었는지!

목사님, 성경학교 선생님, 동료 크리스천들 모두 감사드립니다. 내가 주님과 함께 걸어온 지난 몇 년 동안 당신들의 사랑과 신앙을 나에게 나누어준 것은 정말 의미 깊고 필설로 다 할 수 없을 만큼 고마운 것이었습니다. 나의 목사님이며 선생님인 닥터 W. A. 크리스웰 부부에게 특별히 감사의 인사를 올리고 싶습니다. 목사님은 정기적으로 나의 필요를 거두어주셨고 많은 교훈을 일깨워주셨으며 오로지 저만을 위해 기다란 설교를 해주셨습니다(아무튼 저는 그렇게 느꼈습니다!).

내 일을 대신 해준 직원들에게 감사드리고 싶다. 이 책의 원고를 쓰는 시간을 내게 마련해주기 위해 그들은 평소보다 더 많은 업무의 부담을 떠안았던 것이다. 이 책의 원고를 타이핑하고, 수정하고, 타이핑하고, 또 다시 수정하고, 그리고 다시 타이핑하는 동안 조금도 불평하지 않고 나를 도와준 동료 로리 메이저스에게 특히 감사드리고 싶다. 메이저스는 이 책의 메시지가 그녀 자신의 생활에 큰 도움이 되었다고 내게 말했는데 그런 다정한 격려의 말은 내게 큰 힘이 되어 주었다.

낸시와 밀번 캘훈에게도 감사드린다. 밀번은 이 책의 집필을 전폭 지지하면서 자기 출판사에서 나오는 책들 중 가장 많은 초판 부수를 인쇄하기로 결정했다. 낸시는 이 책의 초고를 읽고서 칭찬과 열광의 반응을 보여주어 나를 크게 고무시켰다. 그 덕분에 나는 더욱 신이 나서 집필에 열중할 수 있었다. 캘훈 부부의 성원으로 예수 그리스도의 복음에 목말라 하는 사람들에게 이 자그마한 책자를 바칠 수 있게 되었다.

나의 '슈가 베이비'인 사랑스러운 아내에게도 감사드린다. 아내에 대한 나의 사랑은 날마다 깊어지고, 아내의 도움과 통찰에 대한 감사의 마음은 점점 더 커진다. 아내가 없었더라면 오로지 구세주만 바라보며 살아가는 지금의 삶이 과연 가능했을까? 아내는 이 책의 집필 과정에서도 온갖 유익한 아이디어와 조언과 논평을 아끼지 않았다.

마지막으로 그들의 신앙, 영적 통찰, 좋은 지혜를 아낌없이 나누어준 저 무수한 크리스천 형제자매들에게 감사드린다. 많은 분들의 이름을 여기에 일일이 적어 고마움을 표시하지 못함을 진정 아쉽게 생각한다. 그 분들의 도움을 영원히 가슴속에 간직하겠으며 모두 함께 정상(하늘나라)에서 다시 만나기를 진정으로 바란다.

들어가는 글

이 책은 맨 처음 내 머리 속에서 약 열 페이지 정도의 소책자로 구상되었다. 나는 내 인생에 대한 몇 가지 생각들과 내 평생을 예수님에게 몽땅 바친다는 순종의 의미를 친구들과 나눌 생각이었다. 그러나 내가 기도하고, 글을 쓰고, 생각을 하는 동안 하나님이 내 마음에 전해주신 메시지를 단 몇 페이지로 요약·전달하는 것이 불가능하다는 걸 깨닫게 되었다.

내가 독자들과 나누고 싶은 주요 메시지는 세 가지였다. 첫째, 예수 그리스도의 보혈寶血을 통하여 내가 구원받은 사실에 대한 기쁨과 감사의 마음을 전하고 싶었다. 둘째, 평생을 예수님에게 온전히 바친 이후 나에게 찾아온 엄청난 흥분과 무수한 혜택에 대하여 말하고 싶었다. 셋째, 크리스천은 근엄한 얼굴에 호주머니는 가벼운 사람들이라는 어리석은 통념을 잠재우고 싶었다.

이 책은 그 무엇보다도 우리 주님을 찬양하는 데 그 목적이 맞추어져 있다. 나는 하나님께서 이 메시지를 사용하여 여러분의 고단한 인생행로를 한결 수월한 것으로 만들어주시기를 바란다. 이 책 속의 문장, 사례, 일화는 나의 친구들, 설교문, 팜플렛, 일상생활의 경험 등으로부터 나온 것이다. 이 책에서 나 자신이 성경학자라거나 뛰어난 성경연구가라고 주장할 생각은 조금도 없다. 하지만 하나님께서 이 책을 통하여 그 분의 사랑을 여러분과 함께 나누기를 바란다고 느낀다. 이 책은 전적으로 그 분의 영광을 드러내기 위해 집필되었다. 나는 이 책을 쓰는 내내 그 분의 현존을 느꼈으며, 예수님의 크신 사랑에 대해서 쓸 때에는 내 눈이 촉촉이 젖어와서 집필을 멈추어야 했던 것이 여러 번이었다. 어떤 때는 너무 흥분이 되고 행복하여 웃음을 터트리거나 소리치고 싶은 충동을 억제하느라고 애를 먹었다. 내가 이 책을 쓰면서 한결 같이 느꼈던 것은 하나님의 현존과 사랑이었다.

여러분은 이 책을 읽으면서 내가 나의 가족과 교회(남부 침례교)에 대하여 많이 언급하고 있음을 발견할 것이다. 하지만 이 책을 읽는 분들은 단 한시라도 이렇게 생각하지는 말기 바란다. 이 저자는 구원을 얻거나 다시 태어나기 위해서는 침례교 신자가 되어야 한다고 주장하려는 것은 아닐까. 나는 이 책을 읽는 사람들이 구원을 얻기 위해서는 예수님만(그 외에 다른 것은 불필요하다) 알고 있으면 된다는 것을 깨닫기 바라고 또 그것을 간절히 기도한다.

나는 브레스턴우드 침례교회를 다닌다. 이 교회에서는 성경의 모든 문장이 진실이고 성경만이 하나님의 진정한 말씀이라고 설교하고 가르친다. 나는 여러분이 이와 같은 가르침을 펴는 교회라면 그 어떤 교회를 다녀도 무방하다고 생각한다. 교회가 여러분을 구원하는 것이 아니라, 성경이 여러분을 구원하는 것이고 믿음은 '말씀'을 들음으로써 생기는 것이기 때문이다. 그러나 불행하게도 오늘날 많은 교회에서 하나님의 말씀을 제외한 온갖 것들을 열심히 설교하고 있다. 그리하여 목사는 온유한 신도들에게 온유하게 살아가는 방법과 온유한 메시지를 전하는 온유한 인물로 규정되어 있다. 하지만 그것은 교회나 예수 그리스도가 강조하는 본질은 아니다. 여러분은 한 주 내내 신문을 읽고, 라디오 방송을 듣고, 텔레비전을 보면서 인간의 문제에 대한 인간의 해결 방안을 알게 된다. 하지만 그것은 진정한 해결 방법이 아니다. 진짜 해결안은 일요일마다 하나님의 집을 찾아가서 인간의 문제에 대한 하나님의 해결 방법을 들어야 하는 것이다.

여기에서 나는 '헬로'에서 '굿바이'에 이르기까지 성경에 가득한 '복음'에 대해서 고백하고자 한다. "소식이 없으면 그것은 불길한 소식"이라는 노래 가사가 있기도 하지만 이 책은 불길한 소식은 조금도 전해주지 않는다. 여러분은 희망, 힘, 사랑, 지구력, 보상, 승리, 흥분, 풍요, 위안, 격려 같은 말을 듣게 된다. 그 이유는 간단하다. 하나님은 잠언 18:20-21에서 이렇게 말씀하신다. "사람은 입에서 나오는 열매로 하여 배가 부르게 되나니 곧 그 입술에서 나는 것으로 하여 만족하게 되느니라. 죽고 사는 것이 혀의 권세에 달렸나니 혀를 쓰기 좋아하는 자는 그 열매를 먹으리라."

이제 하나님의 말씀을 잘 생각해 보면 여러분은 내가 주님에 대하여 말씀하는 것에 흥분을 느끼게 될 것이고 내가 왜 좋은 소식을 고백하고자 하는지 그 이유를 알게 될 것이다. 서점, 신문가판대, 텔레비전, 라디오, 그리고 아쉽기 짝이 없게도 많은 설교단說敎壇은 부정적이고 엉뚱한 것들만 고백하고 있다. 가령 당신이 다니는 교회나 당신이 알고 있는 사람들에게 '고백'이라는 말을 한 번 해보라. 그러면 그들은 당신이 이제 죄악, 질병, 약점, 결핍, 실패 따위를 말하려 하는구나 하고 지레 짐작할 것이다. 이 책의 고백은 그런 종류의 고백이 아니다. 나는 하나님이 우리에게 주신 '좋은' 것들만 고백하고자 한다.

심리학에 대해서 조금이라도 알고 있는 사람이라면 욥기 3:2-5에 나오는 "내가 크게 두려워하던 것이 나에게 벌어지고 말았구나"라는 말을 당신에게 해줄 것이다. 혹은 "네가 뿌린 대로 거두리라"는 말도 해줄 것이다. 당신의 주치의는 마음속에 부정적인 생각을 품고 있으면 그것이 글자 그대로 질병과 조사早死를 유도한다고 말해줄 것이다.

나는 지난 해 아내와 함께 오스트레일리아를 방문했는데 그때 권위 있는 사람으로부터 이런 말을 들었다. 오스트레일리아의 내륙 오지에 사는 원주민들은 동네의 마술사가 뼈(어떤 뼈든 상관없다)를 들고 어떤 사람을 가리키면 그 지적당한 사람은 곧 죽는다고 믿어왔다. 이런 관습을 기록해 놓은 문서에 의하면, 지적 받은 지 몇 시간 만에 그 사람은 몸의 상태가 나빠지고 며칠 지나지 않아서 죽었다. 당신은 머리를 가로 저으면서 "불쌍하고, 무식하고, 미신적인 원주민들"이라고 말할 것이나, 그 전에 나는 당신에게 이런 질문을 던지고 싶다. 당신은 행복하고 보람찬 생활을 영위하고 있는가? 사람들이 당신에게서 '진정한' 예수를 발견하는가, 아니면 풀 죽고, 겁먹고, 패배 당한 사이비 예수를 보는가? 만약 후자라면, 당신의 마음을 다잡고 이 책을 계속 읽어나가라. 왜냐하면 나는 당신을 위해 정말로 좋은 소식을 갖고 있기 때문이다. 그래서 책 제목도 행복한 크리스천, 즉 나 자신의 고백록인 것이다!

　이 책의 맨 앞부분에서 나는 절대로 부정적인 인생관을 고백해서는 안 되는 이유를 당신에게 설명할 것이다. 나는 다음 문장이 이 책의 일차적 목적을 이해하는 핵심 사항이라고 덧붙이고 싶다. 즉 당신이 환희에 넘치고, 예수님의 지도를 받는, 승리하는 인생을 살아가도록 도와주려는 것이다. 그것도 지금 당장.

　사탄은 창조된 존재이고 우리 주님과의 싸움에서 패배한 자이기 때문에 우리는 그가 예수 그리스도의 상대가 되지 못함을 알고 있다. 그는 우리의 마음을 읽지도 못하고, 우리의 생각을 가로채지도 못하며, 더욱이 미래를 말해주는 일은 하지 못한다. 하지만 사탄은 재주가 많고 잘 속이며 상상력이 풍부하고 성경도 알고 있는 존재로서 당신을 파멸시키려고 분주히 뛰어다닌다. 사탄이 당신을 파멸시키도록 도와주는 가장 좋은 방법은 성경을 읽지 않고 끊임없이 그에게 당신의 문제와 약점을 말하는 것이다.

　당신이 어느 누군가에게 당신의 고민을 털어놓으면 그것은 갑옷의 터진 틈새를 사탄에게 보여주는 것밖에 안 된다. 사탄에게 당신의 약점, 당신의 상처를 그냥 말해주는 것이다. 그러면 사탄은 바로 그곳만 파고든다. "비가 올 때는 반드시 억수로 퍼붓는군" "이 문제가 아니었더라도 또 다른 문제가 닥쳐왔을 텐데 뭐" "불행은 꼭 쌍으로 찾아드는군" 따위의 말은 사탄을 친히 당신의 집으로 불러들이는 것이다. "지난밤에 한 숨도 못 잤어" "컨디션이 영 안 좋은데" "머리가 쪼개질 것처럼 아파" "시련은 꼭 나만 찾아오는 가봐"라고 말하는 순간, 이웃이나 직장 동료에게 부부간의 고민을 자세히 털어놓는 순간, 기타 일상생활에서 벌어지는 무수한 고민거리를 말해버리는 순간, 사탄에게 정중한 초대장을 발송하여 당신의 인생을 망쳐달라고 조르는 것이 된다. 항상 당신의 벌어진 입 사이로 사탄이 들어온다고 말하는 것은 지나친 단순화가 되겠지만, 입을 벌려 당신의 문제를 고백할 때마다 사탄이 좋아하는 틈새를 제공하는 것이라는 말은 옳다고 확신한다.

중요 – 아주 중요한 사항

나는 당신의 고민을 능숙하게 해결해 줄 수 있는 크리스천 동료나 상담자(가령 의사, 변호사, 목사 등)를 찾아가는 경우를 말하는 것은 아니다. 당신이 이런 사람들을 찾아가는 것은 구체적인 어떤 문제를 해결하기 위해서이다. 예수 그리스도를 맞이하여 문제를 해결하는 방식은 이런 것들과는 차원이 다른 문제이다.

당신은 그 분의 이름과 현존으로 인생의 전반적인 지도指導를 받아서 문제를 해결하고 그리하여 그 분에게 감사를 표시하게 된다. 이것은 충분히 가능한 일일뿐 아니라 적극적인 행동이기도 하다. 그렇다고 해서 하나님에게 기도하면서 그 분에게 문제를 해결해 달라고 조르라는 것은 아니다. 물론 기도는 하나님에게 다가가는 첫 걸음이다. 당신이 예수님에게 말을 걸 때, 사탄이 중간에 끼어들어 그 메시지를 가로채고 우리 주님보다 더 큰 힘을 행사할 가능성은 아예 없다.

여기서 한 가지 부탁할 것이 있다. 나는 한 번에 한 가지 주제 혹은 한 가지 생각만 다룰 수가 있으므로 당신이 이 책을 전부 읽고서 어떤 주제, 어떤 생각을 전체적인 맥락에서 파악하기 전까지는 이 책에 대한 판단을 유보해 달라는 것이다. 이 책은 16개월 동안 확고한 사랑과 신념 아래 집필되었다. 나는 이 책이 주님이며 구세주인 예수 그리스도에게로 향하는 당신의 발걸음을 한결 가볍게 하리라고 확신한다.

어느 크리스천의 행복한 고백

CHAPTER 01

의존을 선언하다

HAPPY CHRISTIAN

하나님에 대하여 무엇을 아느냐는 질문을 받았을 때,
조지 베벌리 셰어는 이렇게 말했다. "별로 많이 알지는 못합니다.
하지만 내가 그분에 대해서 알고 있는 적은 것이
내 인생을 변화시켰다는 것을 압니다!"

의존을 선언하다

    1776년 7월 4일, 아메리카의 13개 식민지는 대영제국으로부터 독립을 선언했는데 그것은 전 세계에 충격을 주었고 역사의 흐름을 바꾸어 놓은 대사건이었다. 1972년 7월 4일, 나는 내가 예수 그리스도에게 전적으로 '의존'한다고 선언했는데 그것은 나의 개인 생활, 가정생활, 직장 생활을 완전히 바꾸어 놓은 대사건이었다.

    그 이후로 하나님은 나의 허물을 너그럽게 보아주시고 나의 필요를 모두 돌봐주셨다. 그분은 내 인생에서 부족한 것을 모두 채워줄 수 있는 분일뿐 아니라 내 인생에서 그분을 대신할 수 있는 존재는 전혀 없음을 알려주셨다.

    하지만 한 가지 강조할 것이 있다. 내가 '다시 태어난 날'을 7월 4일로 지목했지만, 정확히 바로 그날에 그 사건(나의 재탄생)이 벌어졌는지는 확실하지 않다. 그러나 그날이 들어 있던 주에 벌어졌다는 것은 확실하다.

내 경우 거창한 축포나 화려한 불꽃놀이는 없었다. 예수 그리스도를 나의 주님, 나의 구세주, 내 인생의 주인으로 받아들이는 순간, 하나님이 나의 마음을 꿰뚫어보고, 내 죄의 고백을 들어주고, 나를 그분의 왕국 안으로 환영해주었다는 따뜻하면서도 확고한 느낌이 있었다.

당신이 이 사실을 올바로 이해하는 것이 중요하다. 그것은 어쩌면 당신을 포함하여 많은 사람들이 이런 경천동지의 황홀한 순간을 경험하지 못했기 때문이다. 설사 이런 경험이 없다고 하더라도 그리 걱정할 것은 없다. 사람은 어떤 느낌으로 구원을 받는 것이 아니라 하나님을 믿고 예수를 구세주로 영접함으로써 구원받는 것이니까.

당신에게 지상의 혜택을 가져다주는
천상의 생각들

- 지구가 태양의 주위를 돌듯이, 우리의 생활도 성자聖子의 주위를 돈다.

- 하나님에 대하여 무엇을 아느냐는 질문을 받았을 때, 조지 베벌리 세어는 이렇게 말했다.
  "별로 많이 알지는 못합니다. 하지만 내가 그분에 대해서 알고 있는 적은 것이 내 인생을 변화시켰다는 것을 압니다!"

- 당신이 하나님에게 시선을 돌리는 순간, 그분이 늘 당신을 지켜보고 있다는 것을 알게 된다.

- 태양이 없으면 햇빛도 없듯이, 하나님 없이는 하나님의 일을 할 수가 없다.

- 참회: 당신이 지금껏 해온 일에 미안함을 느낀다면 충분히 회개하여 그것을 시정하는 조치를 취하라.

- 내가 주님을 그토록 사랑하는 한 가지 이유는 누가복음 7:47에 나와 있다. "사赦함을 받은 일이 적은 자는 적게 사랑하느니라."
  나는 주님으로부터 많은 것을 용서받았기 때문에 그만큼 사랑할 수가 있었다.

어느 크리스천의 행복한 고백

CHAPTER 02

적극적인 기독교 정신

HAPPY CHRISTIAN

사람들이 어떤 이를 가리켜 '부정적인' 크리스천이라고
말하는 것을 자주 듣는다. 나는 이 용어가 잘못되었다고 생각한다.
당신은 부정적인 사람일 수도 있고 또는 크리스천일 수도 있다.
하지만 당신이 부정적이면서 동시에 크리스천일 수는 없다.

최고최인 기독교 정신

나는 평소와 마찬가지로 비행기를 타고 댈러스로 돌아오는 길이었다. 그런데 내 옆에 앉아 있는 여행객이 오른손 무명지에 결혼반지를 끼고 있는 것을 발견했다. 나는 호기심을 억누를 수가 없어서 이렇게 물었다.

"선생님, 나는 당신이 엉뚱한 손가락에 결혼반지를 끼고 있는 것을 보고 의아한 생각이 들었습니다."

그는 미소 지으며 대답했다.

"그래요. 내가 엉뚱한 여자와 결혼했기 때문이지요."

나는 그가 정말 엉뚱한 여자와 결혼했는지 어쨌는지는 알지 못한다. 그러나 많은 크리스천과 모든 비非 크리스천들이 예수님을 자기 안에 받아 모시는 것에 대하여 엉뚱한 생각을 갖고 있음은 잘 알고 있다.

HAPPY CHRISTIAN
부정적 크리스천

사람들이 어떤 이를 가리켜 '부정적인' 크리스천이라고 말하는 것을 자주 듣는다. 나는 이 용어가 잘못되었다고 생각한다. 당신은 부정적인 사람일 수도 있고 또는 크리스천일 수도 있다. 하지만 당신이 부정적이면서 동시에 크리스천일 수는 없다. 그것은 공산주의자이면서 동시에 크리스천인 사람이 있을 수 있다고 말하는 것처럼 어불성설이다. 부정과 크리스천, 이 둘은 서로 용납하지 않는다.

내가 정확히 이해한 것이라면, 크리스천은 그 안에 하나의 완벽한 확신을 갖고 있다. 그 확신이란 그가 하나님에게 요청하면 그분은 그의 과거 잘못을 용서해줄 뿐 아니라 그것을 잊어주신다는 굳건한 믿음이다. 이 믿음 하나로 그의 과거는 완벽하게 관리된다. 예수 그리스도는 이렇게 말했다.

"나는 너희들이 영원한 생명을 얻고 나아가 더 풍성한 생명을 얻게 하기 위해 왔느니라."

이 말씀은 우리의 현재까지도 완벽하게 관리해준다. 시편 23과 요한복음 3:16은 우리 신자들이 주님의 집에 영원히 기거하게 되리라고 확신시킨다. 이 말씀은 우리의 미래까지도 확실하게 관리해준다. 이처럼 과거를 용서받고, 현재가 확보되었으며, 미래까지도 보장받은 크리스천이 무엇 때문에 부정적인 태도나 생각을 갖겠는가? 아니, 어떻게 그렇게 될 수 있겠는가?

물론 이렇게 말한다고 해서 크리스천이 단 한 순간도 '우울한'

순간이 없고 부정적인 생각을 하지 않는다는 뜻은 아니다. 그것은 현실적으로 불가능하다. 단지 그의 근본적 성격이 결코 부정적이지 않다는 것을 말하려 함이다.

만약 당신이 나의 이런 주장이 너무 단순 논리이거나 지나친 낙관론이라고 생각한다면 성경을 면밀히 읽어볼 것을 권한다. 예수님의 부활 이후 단 하나의 낙담시키는 사건이나 생각이 벌어졌는지 한번 살펴보라. 의심 많은 도마조차도 우리 주님의 창에 찔린 상처에 손가락을 집어넣어 본 후에 확고부동한 신자가 되지 않았는가. 그리스도는 이 일화를 통해(다른 일화들도 마찬가지지만) 강력한 믿음의 교훈을 일러주신다. 우리가 부활하신 주님, 살아있는 구세주를 받들어 모시기 때문에 그것은 우리에게 승리의 삶을 살 수 있는 모든 여건을 마련해준다.

나는 종종 '일요일만 크리스천'이라는 말을 듣는다. 그러나 이 말을 곰곰 생각할수록 이런 사람은 존재하지 않는다는 것을 확신하게 된다. 물론 일요일에만 교회에 나오는 사람들이 있다. 그들은 성경을 옆구리에 끼고 교회에 나와 헌금을 바치고, 짐짓 성스러운 자세를 새롭게 가다듬고 여러 성인들을 만나 영혼의 위로를 얻는다. 그리고 월요일이 되면 사업의 세계로 되돌아가 자신의 개인적 이득을 위해 사람들을 조종하는 일에 자신이 얼마나 능숙한가를 보여준다. 그러나 다시 한번 말하거니와, '일요일만 크리스천'이라는 것은 있을 수가 없다. 이를 보다 정확하게 말하면 일요일 하루만 교회에 가면서 자신을 크리스천이라고 말하는 사람만 있는 것이다.

그리스도가 한 인간의 생명을 맡으셨다면, 그것은 하루 24시간,

한달 30일, 1년 365일 모두 떠맡은 총체적인 인수인 것이다. 이렇게 말한다고 해서 크리스천이 죄 없는 완벽한 생활을 평생 영위하게 된다는 뜻은 아니다. 그 누구도 그렇게 하지는 못하기 때문이다. 하지만 이렇게 말할 수는 있다. 어떤 크리스천이 그게 죄인 줄 알면서 어떤 행위를 했다면 하나님은 그에게 심한 부담감을 안겨주실 것이다. 그리하여 그가 자신의 죄를 고백하고 그것을 속죄하기 전까지 그 부담감은 결코 사라지지 않을 것이다.

나는 종종 동료 크리스천들에게 이런 이야기를 들려준다. 가령 예수를 모르는 사람이 크리스천인 당신을 일주일 동안 따라다니고 그 다음에는 차례를 바꾸어 사탄의 제자를 일주일 동안 따라다닌다고 해보자. 만약 그 사람이 당신의 사랑, 기쁨, 행복, 마음의 평화를 모두 알게 되었다면, 그는 사탄을 따라갈까, 아니면 우리 주님을 따라갈까? 자, 사실을 있는 그대로 직시하자. 많은 비 크리스천들은 당신의 행동을 눈여겨보면서 당신에게서 본 것을 바탕으로 하여 그들의 결정을 내리게 될 것이다. 그러니 이 얼마나 엄청난 책임이면서 기회인가.

엄마, 저게 도대체 뭐예요?

나는 크리스천들이 스컹크 모자母子 이야기처럼 되어야 한다고 생각한다. 엄마 스컹크와 새끼 스컹크가 제지 공장 옆을 지나치게 되었다(제지 공장 부근에 사는 사람이라면 이 얘기의 내용을 이미 알고 있을 것이다). 그 강력한 냄새에 압도된 새끼 스컹크 하나가 킁킁거리며 냄새를 맡더니 말했다. "엄마, 저게 도대체 뭐예요?" 엄마 스컹크 역시 킁킁거리며 냄새를 맡더니 대꾸했다. "모르겠다. 하지만 저 냄새를 좀 얻도록 하자!"

우리 크리스천은 기쁨에 넘치는 풍성한 생활을 영위해야 할 필요가 있다. 그래서 우리를 바라보는 사람들이 자동적으로 이렇게 말하게 해야 한다.

"나는 저 크리스천이 갖고 있는 게 뭔지 모르겠어. 하지만 나도 저걸 좀 얻도록 해야겠어!"

나는 인디애나폴리스 출신의 젊은 부동산 회사 사장인 존 라이트의 말을 좋아한다. 나중에 무엇이 되고 싶으냐는 질문에 그는 빙그레 웃으며 말했다. "전파하는 사람이 되고 싶습니다." 존은 예수의 아름다운 사랑과 강력한 힘이 자신에게 그대로 전해져서 그것을 널리 남들에게 전파하는 사람이 되고 싶다는 것이다. 사람들이 그를 보기만 해도 저절로 예수님을 '느낄 수 있게' 하고 싶다는 것이다. 이처럼 멋진 일이 다시 있을까. 존은 또한 이렇게 강조했다.

"늘 기도를 올린다면 당신은 조금도 걱정할 게 없어요. 반대로 기도를 하지 않는다면 아무리 걱정해도 소용없어요."

내 말을 오해하지 말기 바란다. 늘 얼굴에 억지웃음을 달고 다니라는 뜻은 결코 아니다(물론 억지웃음이 험악한 신경질보다 훨씬 나은 것이지만). 또 크리스천의 모든 일이 100퍼센트 좋기만 하다는 뜻도 아니다. 실제로는 그렇지 않으니까 말이다. 그러나 하나님이 우리를 위해 최선의 것을 선택해 주시고 우리에게 벌어지는 모든 일이 하나님의 책상에서 결재를 받는다고 확신한다면, 우리는 신자로서 우리에게 벌어진 모든 일에 대하여 하나님에게 감사해야 한다. 그런데 우리가 우울하고 슬픈 얼굴로 그분에게 감사 기도를 바친다면 하나님은 우리의 성실성에 대해서 의문을 품을 것이다. 우리가 서로 우리의 형제를 돌보아주는 사람들이기 때문에, 또 주님이 우리의 첫 번째 임무도 맨 마지막 임무도 주님을 증거하는 것이라고 가르쳤기 때문에, 상냥하고 쾌활한 표정이야말로 아주 중요한 사항이 되는 것이다.

여기서 질문을 하나 던지고자 한다. 당신은 어느 쪽을 선택하겠는가? 모든 것을 낙관적으로 바라보는 쾌활한 낙관론자 주위에 있고 싶은가, 아니면 그 사람이 사라져 주어야만 비로소 방 안의 분위기가 밝아지는 그런 사람 곁에 머무르고 싶은가?

HAPPY CHRISTIAN
크리스천이 되면 이런 기쁨이 있다

내가 무심하게 혹은 가벼운 마음으로 주님에 대한 믿음을 갖게 되었다고 절대로 생각하지 말기 바란다. 사실 나는 내 생활을 예수 그리스도에게 완전히 맡기고 난 지금, 예전보다 훨씬 더 많은 눈물을 흘리고 있다. 하지만 그것은 비참함과 패배의 눈물이 아니라 환희와 승리의 눈물이다. 성경을 열심히 읽고 크리스천다운 생활을 영위하려고 애쓰는 지금, 즐거움, 웃음, 유머가 일상생활의 필수적 부분이 되었다고 확신한다. 사실 성경에는 풍성한 생활이라는 말이 자주 언급되는데 그런 생활에는 즐거움이 반드시 따라오게 되어 있다.

달란트를 다룬 이야기 속에서, 주님은 그들의 달란트를 잘 활용하여 증가시킨 두 사람에게 말씀하면서 이렇게 끝맺고 있다. "너희들은 주님의 즐거움 속으로 들어오라." 솔로몬은 이렇게 말했다. "즐거운 마음은 끊임없이 잔치를 벌인다."

나는 우리의 주님을 모시는 과거의 방법이 좋은 점도 많았지만 나쁜 점도 꽤 있었다고 생각한다. 하나님을 믿지 않는 사람들이 볼 때 크리스천은 가혹하고, 엄숙하고, 웃지 않으며, 재미도 없는 개인이라고 느낀다면, 비신자들은 대부분의 경우 그런 기독교는 싫다고 할 것이다. 사탄이 갖고 있는 가장 강력한 무기 중 하나는, 인생에서 즐거움을 느끼려면 사탄의 무리들과 어울려야 한다는 조언이다. 양쪽 입장을 모두 겪어본 나로서는 평균적인 사탄의 무리들이 평균적인 크리스천보다 더 많은 즐거움을 느끼는 것처럼 '보인다'는 것을 인정하겠다.

여기 크리스천도 사탄의 무리도 아닌 사람이 있다고 해보자. 그가 우울한 얼굴의 크리스천 무리와 재미있는 일만 찾아다니는 세속적 무리를 함께 관찰한다고 해보자. 그러면 그 사람은 일시적 쾌락을 행복으로 착각하고서 사탄의 무리들과 어울리고 싶어할지 모른다. 그가 크리스천의 얼굴이나 행동에서 비참함만을 읽고서 "저런 게 기독교라면 난 싫어!" 하고 말한다면 우리 크리스천들은 너무 슬프지 않을까?

주님은 우리가 그분의 즐거움, 그분의 흥분, 그분의 열광, 그분의 인간 생활에 대한 애정 등을 몸소 겪고 그것을 널리 증거하기를 바란다. 이렇게 행동해야만 사람들이 우리를 볼 때 이렇게 말할 것이다. "난 저렇게 되고 싶어." "난 저런 방식으로 살고 싶어." 우리는 행복해지기 위해 최선을 다해야 하고 그것을 얼굴에 드러내야 한다. 형제여, 웃어라. 미소 지어라. 이렇게 하면 당신에게도 좋은 결과를 가져올 것이다.

나는 이 글을 써나가면서 예수 그리스도를 모시는 데 따르는 '지금 당장'의 혜택을 자주 언급하게 될 것이다. 나는 당신과 나에게 주어지는 천상의 뷔페 요리를 자주 말할 것이다. 이 뷔페 요리의 좋은 점은 아무리 먹어도 뚱뚱해지지 않고 건방지게 되지 않고 자만심에 빠지지 않게 된다는 것이다. 이 음식은 먹으면 먹을수록 사려 깊어지고, 남을 배려하게 되고, 자상하고, 친절하고, 사랑하는 사람이 된다. 이것은 아주 자연스러운 결과이다. 왜냐하면 하나님 자신이 그 식탁을 차렸고 이 세상의 모든 좋고 완벽한 선물이 천상으로부터 내려오기 때문이다. 이제 앞으로 당신이 살펴보겠지만 메뉴에는 좋은 음식이 엄청나게 적혀 있다. 당신의 식욕과 호기심이 이미 발동했기 때문에 당신은 메뉴판을 찬찬히 읽어내려 가면서 몇몇 주요 음식을 눈여겨보게 될 것이다.

HAPPY CHRISTIAN
제일 좋은 음식 하나는 사랑이다

누군가가 나에게 예수 그리스도를 알기 전에 내 아내를 진정으로 사랑했느냐고 묻는다면, 나는 정말 그랬다고 힘주어 말할 것이다. 왜냐하면 나는 내 능력이 자라는 데까지 온갖 힘을 기울여 내 아내를 사랑했기 때문이다. 하지만 그리스도가 내 인생 속으로 들어와 나와 내 아내가 영원히 살 수 있다는 것을 알게 되자 나는 훨씬 새롭고 또 차원 높은 사랑의 경지에 들어가게 되었다. 전에는 내 방식대로 아내를 사랑했다. 그러나 지금은 주님이 가르쳐준 방식대로 그녀를 사랑하고 있다. 그리하여 우리 부부의 관계는 전보다 훨씬 아름답고, 훨씬 완벽하고, 훨씬 흥미로운 것이 되었다.

누군가가 나에게 내 아이들을 사랑하느냐고 묻는다면, 나는 정말 그렇다고 힘주어 말할 것이다. 아이들 또한 나를 사랑한다고 확신한다. 내가 아이들에게 베푸는 사랑은 그 크기를 측량할 수 없는 것이다. 왜냐하면 우주의 창조자이신 예수 그리스도가 글자 그대로 무제한의 사랑의 차원을 나에게 덧붙여 주셨기 때문이다. 만약 당신이 자녀들을 보면서 그들이 앞으로 영원히 사는 영혼을 가진 하나님의 자녀들이라는 것을 안다면, 당신의 사랑은 새로운 차원을 획득하게 될 것이다. 이제 당신은 그리스도를 통하여 주님이 원하는 바로 그 방식으로 자녀를 사랑하고 있는 것이다. 이 차이는 정말 엄청난 것이다.

누군가가 나에게 내 동료들을 사랑했느냐고 묻는다면, 나는 정말 그랬다고 힘주어 말할 것이다. 실제로 나는 동료들을 사랑했다. 사실 나의 전 인생은 동료들이 저마다 목적을 달성하도록 도와주는 것이었다고 해도 과언이 아니다. 그 당시에도 나는 동료들을 사랑함으로써 그들을 효과적으로 도와줄 수 있다는 것을 알고 있었다. 하지만 돌이켜 생각해 보니 그 당시 내가 느꼈던 사랑은 지금의 사랑에 비하면 아무 것도 아니다. 하나님은 이 새로운 차원의 사랑을 내려주면서 그것을 여러 가지 방식으로 축복하신다.

HAPPY CHRISTIAN
기독교는 포기하는 종교?

안타까운 일이지만, 예수 그리스도의 이름은 알면서도 주님이면서 구세주인 그리스도의 사랑과 은총에 대해서는 모르는 수백만 명의 사람들이 있다. 많은 사람들이 그리스도를 가져가기만 하는 구세주로 알고 있다. 실제로는 우리의 생명을 구하기 위해 자신의 생명을 내어놓은 구세주인데도 말이다. 또한 언젠가는 그들의 삶을 주님에게 맡겨야 한다고 생각하는 수백만의 사람들이 있다. 그들은 "실제로는 그리 나쁘지 않은 습관"을 갖고 있는데 지금 당장 그것을 포기하고 싶지는 않다. 어떤 경우엔 "나중에 바꾸지"라면서 자기 합리화를 하기도 한다. 때때로 그들은 과연 영원永遠이라는 게 있을까 스스로 의심하면서 그들의 행동을 합리화한다.

그들은 현재 하고 있는 것을 정말 즐기고 있기 때문에 영원이라는 막연한 것을 얻기 위해 지구상의 재미난 일들을 포기하고 싶은 생각이 별로 없다. 게다가 그들은 나름대로 황금률을 실천하고 있다. 만약 그들이 잘못 생각한 것이라면 그들이 피해를 입히는 사람은 그들 자신뿐이다. 그래서 그들은 잘못된 것이 전혀 없다고 생각한다. 그러나 분명히 알아두어야 한다. 저 오래된 사탄은 바로 그런 아이디어를 팔아먹기 위해 잔업도 마다하지 않고 뛰고 있다. 나는 이런 점들을 유념하면서 지금 이 순간부터 주님이며 구세주인 예수 그리스도를 모시는 유리한 점과 아름다운 점을 설명해나갈 생각이다.

1972년 7월초의 어느 날, 내 인생을 통째로 하나님에게 바치리라 각오하면서 예수 그리스도의 놀라운 은총 속으로 뛰어든 이래 내가 1000번도 넘게 해온 말은 이런 것이다. 가령 백 보를 양보해서 영원이라는 것은 없고 사람들이 나의 시신을 무덤 속으로 내릴 때 모든 것이 끝나버린다고 해보자. 설사 그렇다고 해도 내가 일단 내 인생 스타일에 변화를 준다면 그것으로 그리스도를 좀더 열성적으로 모실 수가 있다. 내가 지금까지 그리스도를 모심으로써 얻은 혜택은 이루 말로 다할 수 없을 만큼 크다. 내 마음의 평화, 기쁨, 흥분, 내 아내 및 동료들과의 관계는, 살아있는 구세주인 그리스도를 알기 이전의 그것과 비교해 보면 천지차이라고 해야 할만큼 커지고 좋아졌다.

내가 주님 안에 살면서 주님에게서 얻은 힘, 직업에서의 효율성, 동료들에 대한 사랑 등은 '지금 당장' 주님을 모셔야 할 구체적 사유가 되었다. 이렇게 볼 때 영원한 생명은 하나의 보너스이다. 아니, 그것이 엄청나게 큰 보너스임을 부정하지는 않겠다. 하지만 그리스도를 모시면서 얻는 '지금 당장'의 혜택 역시 엄청나게 큰 것이다.

HAPPY CHRISTIAN
나는 고백한다—
나는 실제로 몇 가지 것들을 포기했다

내가 그리스도를 받아들인 후에 포기한 것이 몇 가지 있었음을 여기서 고백하겠다. 나는 밤에 잠들지 못하고 깨어 있는 것을 포기했다. 내가 아니어도 주님이 깨어 있을 것임을 알기 때문이다. 내일의 일을 걱정하는 것도 포기했다. 주님이 이미 내일을 내다보고 있기 때문이다. 나의 재정적 문제에 대해서 걱정하는 것도 포기했다. 주님이 나 못지않게 그 문제를 신경 쓰고 계시기 때문이다(아니, 실은 그런 문제가 발생하기 이전부터 신경 쓰고 계신다). 주님은 어떤 상황을 해결하는 데 있어서 온 우주의 자원을 가져다 쓰시기 때문에 한 푼도 안 되는 나의 지혜를 그런 상황에 갖다댈 필요가 없다는 생각마저 든다. 내가 되풀이해서 말했지만, 내가 전에도 바빴는데 주님을 받아들인 후에는 더 바빠졌다. 신앙은 나의 바쁜 일과에 효율성을, 나의 사업에 성공을 가져다주었다.

제발, 제발, 위의 문장을 오해하지 말기 바란다. 자신이 늘 "말씀 속에" 살고 있고 "모든 어려움을" 주님이 해결해 주시리라고 말하는 크리스천 형제자매들이 있다. 이들은 살기 바빠서 기도도 좀 덜 하고 성경 공부도 게을리 하는 다른 크리스천들을 비판하는 것도 서슴지 않는다. 이런 형제자매는 정작 그들 자신이 혼동을 하고 있기 때문에 남들마저 혼동시킨다. 나는 물론 그들의 성실성을 의심하지 않지만 그들의 태도는 기차 철로 위에 꿈쩍도 않고 서서 다가오는 기차를 노려보는 황소 비슷한 데가 있다. 이런 태도를 가진 사람의 용기는 가상하지만 그의 판단력은 의문의 대상이 되는 것이다.

내가 예배하는 주님은 너무나 실용적인 분이어서, 우리의 죄악에 대한 용서를 구하기 전에 우리의 일용할 빵을 먼저 기도하기를 바란다. 주님은 우리도 당신 못지않게 실용적이기를 바란다. 너무 하늘만 쳐다보다가 땅을 아예 잊어버리는 일이 없기를 바란다. 나는 등교길의 두 어린 학생 이야기를 좋아한다. 한 소년이 갑자기 시계를 쳐다보더니 놀라며 소리친다. "지각하겠는데. 걸음을 멈추고 기도하는 것이 좋겠어." 다른 소년은 좀더 실용적인 성격이어서 이렇게 대꾸한다. "아니야, 학교까지 달려가는 게 좋겠어. 기도는 달리면서 해도 돼!"

내가 좋아하는 또 다른 이야기는 황무지를 옥토로 바꾸어 놓은 농부의 이야기이다. 이 농부는 잡초가 우거진 황폐한 땅을 사들여서 척추가 녹아버릴 정도로 열심히 일한 끝에 그곳을 아름답고 비옥한 농장으로 바꾸어 놓았다. 어느 날 인근에 사는 형제가 그의 농장에 들러서 개간 상황을 둘러보더니 주님께서 이런 아름다운 농장을 내려주시다니 정말 자비로운 분이라고 말했다. 그러자 열심히 일하는 실용적 크리스천이었던 농부는 이렇게 대꾸했다. "그래, 주님은 정말 좋은 분이시지. 하지만 주님께서 혼자 이 농장을 거두실 때 이곳의 상황이 어떠했는지 자네가 알았더라면 좋았을 텐데!"

이 책을 쓰는 지금 내 안의 세일즈맨 정신이 발동하는 것을 느낀다. 크리스천들이 저지른 단 한 가지 커다란 실수는 세일즈 지식과 상식을 충분하게 발휘하지 않는다는 것이다. 팔아먹을 수 있는 아주 멋진 상품이 있는데도 불구하고 많은 크리스천들은 주님을 섬기지 않고 "올바른 행동"을 하지 않을 때의 징벌만 자꾸 강조했던 것이다. 만약 예수 그리스도와 함께 이승을 걸어갈 때의 혜택을 널리 알렸더라면 더욱 많은 크리스천들이 생겨났을 것이다. 아쉽게도 그들은 심판과 지옥이라는 가혹한 상품만 내놓았다. 말하자면 공포의 동기를 유발하자는 것이었는데 그것은 일부 사람들에게 잠정적으로만 효과가 있을 뿐이었다. 실의에 빠지고 낙담한 세상에는 무엇보다도 예수의 '사랑'을 끊임없이 들려주어야 하는 것이다.

HAPPY CHRISTIAN
예수님을 위한 세일즈맨이 되라

　세일즈맨 시절 내가 배운 첫 번째 교훈들 중 하나는 경쟁 회사를 비판하지 말라는 것이었다. 무엇 때문에 경쟁 회사를 대신 광고해 주겠는가? 불가피하게 비교를 해야 할 경우, '우리' 제품의 장점과 혜택을 집중적으로 말하라는 교육을 받았다. 크리스천 사회의 사람들은 주님을 믿지 않는 사람들을 헐뜯느라고 많은 시간을 보내고 있다. 그 결과 우리는 일은 열심히 했는데도 불구하고 "신학적으로는 총열銃列처럼 곧바를지 모르지만, 정신적으로는 공허한 빈 북으로 끝나는" 것이다. 우리는 예수님을 사랑하고 섬기는 데서 오는 혜택을 강조하기보다는 사람들이 하지 말아야 할 일에 대해서만 지루할 정도로 얘기하는 것이다.

　세일즈맨 시절 나는 주방기구, 비누, 생명보험, 책, 비타민, 카세트테이프 등 안 팔아 본 것이 없었다. 하지만 나 자신을 납득시키지 못하는 물건은 절대로 팔지 않았다. 그래서 적어도 내가 팔러 돌아다니는 물품에 대해서는 열정적인 태도를 갖고 있었다. 사소한 물건에 대해서도 이처럼 열성을 바치는데, 하물며 내 인생을 좌지우지하는 예수 그리스도에 대해서 더 말해볼 것이 있을까?

　생각해 보라. 우리 주님은 아무리 비싼 값을 치르고 사들였다 하더라도 결국에는 싼값으로 사들인 게 되는 최고로 좋은 상품이다. 그분의 사랑, 그분의 배려, 그분의 관심, 그분의 놀라운 약속 이행 능력 등을 감안할 때 예수 그리스도는 아무리 비싸게 사들여도 결국은 싼

상품이 되는 것이다.

나는 이것을 자신있게 열성적으로 말할 수 있다. 왜냐하면 나는 사탄의 시장과 예수 그리스도의 영원한 사랑의 시장에서 모두 쇼핑을 해본 끝에 만족감을 얻은 고객이기 때문이다. 나는 내 생애의 첫 44년 동안 사탄의 은밀한 거짓 약속에 속아 넘어가 그에게 너무 많은 것을 내주었다. 그러다가 예수님의 약속에 귀 기울이게 되었는데 이제 와서야 고백하는 말이지만 이 지구상에서 가장 좋은 상품이 바로 예수 그리스도라고 믿는다. 나는 그처럼 신통한 효과를 예전에는 겪어보지 못했다. 신체, 정신, 영혼의 건강은 말할 것도 없고 그 깊은 사랑, 평화, 환희, 행복, 안전, 만족을 그 어느 곳에서도 경험하지 못했던 것이다.

'영원한 CEO'의 지도를 받으니 나의 커리어는 전보다 훨씬 잘 나갔다. 그 앞 44년보다 지난 7년 동안 나의 재정 상태는 한결 좋아졌다. 나는 이런 이점들을 너무나 좋게 생각하고 있기 때문에 다시 사탄에게 돌아가는 일은 결코 없을 것이다. 간단히 말해서 나는 그리스도를 열성껏 모시기로 맹세한 것이다.

HAPPY CHRISTIAN
사랑의 하나님을 널리 홍보하라

나는 문자 그대로 사탄과 지옥이 존재한다고 믿는다(아니 존재한다는 걸 알고 있다). 나는 사탄을 피하기 위해 애를 쓰고 있고 무슨 일이 있어도 지옥을 피하려고 한다. 나는 비신자들에게 이런 사실을 알려주어야 한다고 생각한다. 하나님이라고 하면 사랑의 하나님만 있는 것이 아니라 공정하게 심판하는 하나님도 있는 것이다. 하나님의 진노를 받으면 정말 무섭다는 것과 지옥은 무슨 일이 있어도 피해야 한다는 것을 비신자들에게 알려주어야 한다. 그러나 나는 우리 구세주를 적극적으로 홍보하는 것이 영원한 저주의 공포를 들이대는 소극적 방식보다 더 낫다고 생각한다. 간단히 말해서 댈러스 건축가 랠프 브러멧의 말대로 해야 하는 것이다.

"양들을 때리는 것보다 양들에게 풀을 먹이는 것이 훨씬 낫다."

이 세상의 아버지가 다 그렇듯이 나는 내 아이들을 정말로 사랑한다. 아이들이 아직 어렸을 때 나는 어느 수준까지는 응용 심리학을 적용했다. 나는 적당한 장소에 적당한 때가 오면 반드시 그 심리학을 적용하려고 애썼다. 아이들은 자기가 해서는 안 되는 일과 어떤 범위를 넘어서면 징벌을 당한다는 사실을 잘 알고 있었다. 나는 아이들에게 사랑의 매를 대려고 1천 번 손을 들면 그 중 한 번 정도만 실제로 때렸다. 이 지상의 아버지도 이처럼 1천 대 1의 비율로 자식을 때리는데, 자비로운 마음이 우주 그 자체라는 하나님에 있어서랴.

이렇게 볼 때 하나님의 사랑에 징벌을 압도하고도 남음이 있는 것이다. 사실 우리는 하나님의 약속을 맛있게 받아먹으면서 천상의 뷔페 요리에서 좋은 음식을 고르고 있는 것이다. 그것은 마태복음 7:11에서 예수 그리스도의 말씀으로 설명되어 있다.

"너희가 악한 자라도 좋은 것으로 자식에게 줄 줄 알거늘 하물며 하늘에 계신 너희 아버지께서 구하는 자에게 좋은 것으로 주시지 않겠느냐."

하나님은 우리에게 무엇을 주어야 할지 알고 있을 뿐 아니라 우주라는 광대무변한 슈퍼마켓에서 우리의 선물을 골라주는 것이다.

이것을 잠시 생각해 보라. 하늘에 계신 아버지의 부를 지상에 있는 인간의 그것과 비교한다는 것은 우스꽝스러운 노릇이다. 가령 빌 게이츠는 수십억 달러를 가진 부자로 알려져 있다. 그러나 그 돈은 바다의 물고기나 하늘의 새들을 단 하루도 먹이지 못한다. 하늘에 계신 우리 아버지는 이런 동물들을 영원히 먹여 살리신다. 그리고 예수님과 함께 공동 상속자인 우리는(로마서 8:17) 그 우주를 물려받은 것이다. 하나님은 이러한 자원을 갖고 있을 뿐 아니라 마태복음 6:8에서 이렇게 말하고 있는 것이다.

"그러므로 저희를 본받지 말라. 구하기 전에 너희에게 있어야 할 것을 하나님, 너희 아버지께서 아시느니라."

우리가 필요한 모든 것을 가지고 계신 하나님께서 우리가 미처 생각하기도 전에 우리의 필요에 대해서 알고 있는 것이다. 하나님은 그분의 자녀인 우리들에게 그것을 주지 못해 안달이신 것이다. 하나님은 우리가 그 필요한 것을 지금 당장 가져가서 쓰기를 바란다. 그래서 우리가 이 지상에 있는 동안 인생을 마음껏 즐기기 바란다.

HAPPY CHRISTIAN
말로만 약속하기

내가 이 책을 최종 수정하고 있는 동안 우리 교회에서는 정확한 내년도 예산을 세우기 위하여 약속 카드를 받고 있었다. 성인 담당 목사인 리처드 피콕은 우리가 많은 약속을 하고 그것을 지키기 위해 애쓴다고 지적했다. 가령 배우자에 대한 약속, 주택 모기지 대금, 자동차 할부금, 기타 일상생활 속의 수많은 약속들을 지키면서 살아나는 것이다. 대부분의 사람들은 별다른 생각 없이 이런 약속을 하고 그것을 필수적인 것으로 받아들인다. 그러나 정작 하나님에게 바쳐야 할 십일조의 약속은 가볍게 여겨 그것을 지키지 못하는 수십 가지 이유를 들이댄다. 그들이 나름대로 타당하다고 생각하는 전형적이면서 표준적인 이유는 이러하다.

"물론 나는 최선을 다해가며 살고 있습니다. 하지만 미래가 어떻게 될지 불확실해서요. 약속을 하면 무슨 일이 있어도 지켜야 하니까 그게 좀 부담스러워요."

놀랍지 않은가? 모든 사람, 모든 일을 위해 기꺼이 나서겠다는 크리스천이 연간 몇 달러를 예수 그리스도에게 바치는 일에는 이처럼 인색하니 말이다. 이것은 이렇게 볼 수밖에 없다. 그들은 내심 약속 카드를 거부하고 있거나 그 카드에 서명하는 것을 두려워하는 것이다.

내가 가지고 있거나 소유한 가치 있는 것들은 모두 내 이름을 서명함으로써 나의 것이 되었다. 아마 당신도 사정이 비슷할 것이다. 하나님은 57년 전 아름다운 여인을 나의 아내로 주셨다. 하지만 하나님, 그분의 목사, 증인들 앞에서 결혼을 서약하고 서약서에 서명을 하고 나서야 비로소 그녀를 내 것으로 주장할 수 있었다. 나중에 하나님은 세 명의 아름다운 딸과 한 명의 잘생긴 아들을 나에게 주셨는데 병원 기록부에 내 이름을 서명한 후에야 비로소 그 애들을 병원 밖으로 데리고 나올 수가 있었다. 이런 모든 것들은 나에게 안락함을

가져다주었고 나는 그런 것들(특히 빨간 머리의 내 아내와 네 명의 자녀)을 소유하고 있는 것을 기쁘게 생각한다. 하지만 이런 것들은 대부분 이 지상에서 나의 즐거움, 안락함, 안전함을 위한 것이다.

약속 카드를 위시하여 주님 앞에서 서명을 할 때, 나는 이렇게 약속한다. 그분이 내게 주시는 것을 그대로 받아들일 마음가짐을 표명하는 것이다. 그분이 이렇게 당신의 의사를 글로 남겼다(말라기 3:10 참조). 게다가 하나님은 거짓말을 모르는 분이기 때문에 내가 할 수 있는 최선의 방책은 서명을 하고서 그분이 이 지상에서 나에게 약속한 모든 좋은 것을 받아들이는 것이다.

이 책의 전편을 통하여 나는 당신에게 주님 앞에서 서명을 할 때 당신이 '지금 당장' 받게 될 여러 가지 혜택과 이점을 강조할 생각이다. 내가 지금 당장의 혜택을 역설하는 것은, 크리스천들이 그리스도의 역사役事는 과거에 있었던 일이라고 믿고 있기 때문이다. 또한 그들은 그분이 미래에 그들을 위해서 뭔가 해주리라고 믿고 있다. 하지만 어쩐 이유인지 그들은 그분이 지금 당장에도 그들을 위해 혜택을 내려줄 수 있다는 건 믿지 않는다. 그래서 많은 사람들이 지금 당장 예수님을 모시는 일에 대해서는 그리 열성을 내지 않는다. 그분은 미래의 안전만 주시는 분인데 비해, 사람들은 지금 당장의 일에 관심이 더 많기 때문이다. 우리는 이렇게 오해하고 있는 사람들에게 예수 그리스도가 엄청난 '지금 당장'의 혜택을 내려줄 뿐 아니라 미래에는 더 많은 혜택을 주신다고 알려줄 필요가 있다. 다음의 자그마한 비유는 미래의 일에 대하여 어떤 암시를 줄 것이다.

HAPPY CHRISTIAN
빵 냄비를 핥기

독실한 크리스천과 함께 자리를 하는 것은 즐거운 일이다. 그들이 나에게 생명의 빵을 나누어주고 그들이 아는 크리스천의 의미를 일러줌으로써 그들의 신앙과 증언을 함께 나눌 수 있는 것이다. 그런 사람 중 한 분이 고故 닥터 J.P. 맥베스이다. 이 분은 크리스웰 성경연구소에서 가르쳤고 때때로 우리 교회의 일요 학교에도 출강했다. 그는 하나의 비유를 들어가며 천국의 모습을 우리에게 일러주었다.

그분의 어린 시절, 어머니는 빵을 다 만들어 빵을 떼어내고 난 다음 빵 냄비에 남아 있는 부스러기를 핥게 해주었다고 한다. 그는 이 냄비를 핥는 일의 즐거움을 아주 자세히 설명한 다음, 그것이 정말 즐거운 경험이었다고 말했다. 마침내 식사를 위해 빵을 식탁 위에 올려놓았을 때, 나머지 가족들은 그 빵이 정말 맛있으리라는 걸 느낄 수 있었다. 하지만 닥터 맥베스는 '느낌' 이상의 것을 가지고 있었다. 이미 샘플을 맛보았기 때문이다. 그런 다음 박사는 자신이 천국에 가게 될 것임을 미리 아는 이유를 말해주었다. 그는 이곳 지상에서 예수 그리스도를 받들어 모심으로써 천국의 '맛'을 미리 보았던 것이다. 그는 천국이 실제로 어떻게 생겼으리라는 걸 미리 알았던 것이다.

나는 그 냄비 핥기의 비유를 실감나게 이해했다. 왜냐하면 나의 어머니도 나에게 메인 이벤트의 맛보기로 '냄비 핥기'를 허용했기 때문이다. 지상에서 하나님의 뷔페 요리를 마음껏 맛본 닥터 맥베스는 이제 천상의 빵 냄비뿐 아니라 박사보다 앞서 천상으로 올라가 자리를 마련해 놓으신 예수님(요한 14:2,3)과 함께 하나님의 우주라는 빵 조각을 즐기고 있을 것이다.

이제 다음 장으로 넘어가기 전에 하나님의 천상 뷔페 요리로부터 또 다른 '스낵'을 즐기기로 하자. 그분은 뷔페 진열대를 하루 24시간 계속 열어놓고 계신다.

HAPPY CHRISTIAN
주님을 사랑하고 더 오래 살아라

나는 천국은 정말 천국일 것이라고 확신한다. 그러나 앞으로 살펴보게 되겠지만 이곳 지상에서 가능한 한 오래 머물면서 인생을 사랑하려고 한다. 보험 회사의 통계에 의하면 교회에 주기적으로 다니는 사람은 안 다니는 사람보다 평균 5.7년을 더 산다고 한다. 이것은 참으로 흥미로운 통계가 아닐 수 없다. 왜냐하면 내가 교회에 다니지 않던 시절 나는 이런 식으로 나 자신을 합리화하며 교회에 가지 않았기 때문이다. "내가 내 마음대로 할 수 있는 날이라곤 일요일밖에 더 있어?" 하지만 그때나 지금이나 일요일은 주님에게 바치기로 되어 있는 날이다. 통계적으로 말해서, 당신이 일요일을 주님에게 바치면서 착실히 교회에 다닌다면 그분은 이곳 지상에서 약 300번의 일요일을 더 맞이할 기회를 주신다.

잠언 3:2는 이 약속을 명시적으로 기록하고 있다. "그것이 너로 하여 많은 해年를 누리게 하며 평강을 더하게 하리라." 잠언 9:11은 같은 뜻의 말을 되풀이한다. "나로 말미암아 네 날이 많아질 것이요

네 생명의 해가 더하리라." 이것은 성경 속에서 거듭 확인되고 있는 바이다. 만약 교회에 주기적으로 나간다면 그 사람은 심장마비를 당할 확률이 60퍼센트 줄어들고, 혼자 차타고 가다가 교통사고를 만날 확률이 55퍼센트 줄어든다.

크리스천이 아닌 이웃들에게 보내는 특별 메모. 만약 당신이 사후에 어디로 가는지 확신하지 못한다면 교회에 정기적으로 다닐 것을 권한다. 이렇게 하면 최소한 지상을 떠나는 시간을 연기할 수가 있다. 예수를 모르는 당신은 저 세상보다는 이승에서 더 잘 지낼 확률이 훨씬 높으니까 말이다.

HAPPY CHRISTIAN
감사합니다, 주님

페이지를 펼쳐보면 알겠지만, 나는 각 장의 맨 끝에다 "감사합니다, 주님" 페이지를 마련했다. 그 페이지의 맨 윗부분에는 "주님, 이러 이러한 일을 감사합니다"라고 적혀 있다. 당신의 경우는 어떤지 모르겠다. 하지만 내가 내 삶을 온전히 주님에게 바치기로 결정하기 이전의 시절에 나는 부족한 것을 채워달라고 '요구하는' 기도만 올렸다. 내가 "감사합니다, 주님" 하고 말한 것은 아주 드물었다. 나는 지금도 감사하는 시간보다 요구하는 시간이 더 길다는 것을 죄송스럽게 생각한다. 하지만 그 시간의 배분은 이제 바뀌고 있다.

눈이 새롭게 뜨여서 새로운 생활을 시작하게 되면 감사해야 할 것이 대단히 많다는 것을 알게 된다. 나는 당신이 각 장의 끝 부분에서 진정으로 감사해야 할 사항을 곰곰 생각해볼 것을 권한다. 그런 사항을 "감사합니다, 주님" 페이지에다 적어 보라. 기도하는 마음으로 적어 본다면 그 리스트는 한없이 길어질 것이다. 이 책을 읽을 수 있는 눈, 이 책을 쥐고 있는 손, 하나님에게 기도를 올릴 때 가볍게 꿇을 수 있는 무릎, 이 모든 것이 감사의 대상이다. 그분에 대한 당신의 신앙을 감사드리고, 만약 지금 이 순간 그런 신앙이 없다면 그것을 갖게 해달라고 기도를 드려라. 성경에서 그분은 우리를 위해 많은 것을 해주시겠다고 약속했으므로 당신이 요구한 신앙을 언젠가 내려주실 것으로 확신한다면서 미리 감사드려라.

중요하든 중요하지 않든 당신에게 벌어지는 모든 고마운 일을 열거하라. 축복 받은 사항이 영원의 구원처럼 거대한 것일 수도 있고 커피에 넣을 크림처럼 사소한 것일 수도 있다. 가족에 대한 사랑처럼 중대한 것일 수도 있고 먼 곳이 아닌 현관 바로 앞에 떨어진 조간신문처럼 시시한 것일 수도 있다(만약 감사드려야 할 사항이 별로 없다면 당신은 심각한 기억 상실증을 앓고 있다). 감사 리스트는 길어야 하고 고마운 것이 되어야 한다. 당신이 울적함을 느낄 때마다 당신의 '고백록'을 펼치고서 당신이 고마움을 느꼈던 것들을 되새겨 보라. 그것은 당신의 기분을 상당히 완화시켜 줄 것이다. 그러면 당신은 그런 감사 리스트에 대하여 하나님에게 감사함을 느낄 것이다.

나는 당신이 각 장의 끝 부분에서 이렇게 하기를 권한다. 첫 번째 감사 리스트를 작성할 때 빨간 펜을 썼다면 두 번째 리스트를 작성할 때에는 푸른 펜을 써 보라. 그러면 당신은 두 번째 리스트가 첫 번째 것보다 훨씬 길어진 것을 발견하고 유쾌한(혹은 심각한) 충격을 받을 것이다. 이렇게 된 이유는 간단하다. 당신이 적극적으로 고백할수록 이런 감사의 리스트가 길어지기 때문이다. 하나님이 내려 주신 축복을 감사하면 할수록 더 많은 것에 대하여 감사하게 된다.

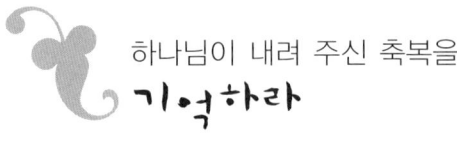

하나님이 내려 주신 축복을
기억하라

- 하나님이 내려 주신 축복을 감사하면 할수록 더 많은 것에 대하여 감사하게 된다.

  첫 번째 "감사합니다" 날짜 _____
  두 번째 "감사합니다" 날짜 _____

  주님, 다음의 일을 감사드립니다.

  1. _____
  2. _____
  3. _____
  4. _____
  5. _____
  6. _____
  7. _____
  8. _____
  9. _____
  10. _____
  11. _____
  12. _____

하나님은 모든 것의 주님이며, 그렇지 않다면 아예 주님이 아니다.

 당신에게 지상의 혜택을 가져다주는
천상의 생각들

- 황금gold이 아니라 하나님God을 기준으로 삼아라.

- "......하기에는 인생이 너무나 짧아"라는 말을 당신은 여러 번 들었을 것이다. 가령 "화를 내고 살기에는 인생이 너무나 짧아" 혹은 "불평을 가슴에 안고 살기에는 인생이 너무나 짧아" 하고 사람들은 말하는 것이다. 내 친구 딕 가드너는 이것을 반대로 말한다. "그런 부담을 안고 살기에는 인생이 너무나 길어." 가령 당신이 쓸데없는 부담을 지고 있다면 그럴 경우 인생은 실제보다 훨씬 길게 느껴지는 것이다.

- 하나님의 의지는 선량한 상식이다. 당신이 하나님의 말씀을 안다면 그분의 의지를 알 수 있을 것이다.

- 하나님의 말씀을 들어도 그 말을 이해하지 못한다면 당신은 사탄의 말을 듣게 될 것이다.

- 나는 최근에 한쪽이 뜯겨져 나간 20달러짜리 지폐를 은행에 가지고 가서 완전 새 지폐로 바꾸었고 그 돈을 즉시 사용했다. 내가 한쪽이 뜯겨져 나간 내 인생을 그분에게 바치자, 그분은 내 인생을 온전하게 만들어 주시면서 이렇게 확신시켰다. 내가 그분을 위해 내 인생을 '쓰면' 쓸수록, 나 자신을 위한 인생을 더 많이 발견하게 될 것이다.

어느 크리스천의 행복한 고백

CHAPTER 03

우울한 얼굴-
가벼운 호주머니

HAPPY CHRISTIAN

정직하게 벌기만 한다면 무한대의 돈을 벌어도 아무 상관이 없다.
돈이 당신의 주인 노릇을 하지 않는 한, 많은 돈을 버는 것은
아무런 문제도 되지 않는다. 다른 모든 조건이 동일하다면, 재정적 안전의
상태가 재정적 결핍의 상태보다는 주님을 더 잘 모실 수가 있다.

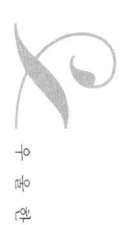

우울한 얼굴 — 가벼운 호주머니

　　유머로 그런 말을 했든 혹은 사업상의 성공을 가지고 그런 말을 했든, 크리스천이란 우울한 얼굴에 가벼운 호주머니를 가진 자라고 널리 선전한 존재는 사탄임에 틀림없다. 만약 크리스천이 가난하고 비참한 존재라면 누가 크리스천이 되려고 하겠는가? 나는 하나님이 그분의 자녀들을 위해 다이아몬드를 만들었지 그 반대로 사탄을 위해 그런 보석을 만들었다고 생각하지 않는다. 시편 23장은 "내가 여호와의 집에 영원히 거하리로다"라고 말한다. 하나님은 우주라는 자원을 양손에 갖고 계신 분이므로 엄청나게 큰집을 지으실 것이라고 생각한다. 그분은 나나 다른 그분의 자녀들이 이승이든 저승이든 양계장 같은 곳에서 살기를 바라지 않으신다.

　　가끔 내 크리스천 친구들은 세속의 성공에 대한 성경의 접근 방법을 나에게 질문한다. 어떤 친구는 이 세상에 사는 동안 큰돈을 벌고 싶은 생각은 조금도 없다고 경건하게 말하기까지 한다. 하지만 나는 이런 말을 하는 사람은 다른 문제들에 대해서도 거짓말을 할 것이라고 생각한다. 물론 교회 목사가 되려고 수련 중인 사람, 전문적인 사회사업가, 평생 교사, 이런 사람들은 돈 문제에 초연한 예외적 존재로 인정해 주어야 할 것이다. 내가 여기서 말하는 사람들은 우울한 얼굴에 가벼운 호주머니가 크리스천의 특징이라고 생각하는 일반적인 신자들을 가리킨다.

HAPPY CHRISTIAN
저 비참한 크리스천들

닥터 헨리 브란트는 쾌활하고 재치 넘치는 독실한 크리스천이다. 심리학자이면서 성공한 사업가이기도 한 그는 자신에게 도움을 청하러 오는 '비참한' 크리스천들에 대하여 즐겨 얘기한다. 그는 농담반 진담반으로(그렇지만 독실한 크리스천다운 사랑은 잃지 않으면서) 자신의 카운슬링 경험을 말해준다(물론 개인의 이름은 말하지 않는다). 그는 전국의 목사들을 상대로 강연을 하면서 약간 농담조로 모든 것이 다 실패하여 오갈 데가 없을 경우 닥터 브란트를 찾아오라고 말한다. 그러면 박사는 그들에게 성경을 읽어주면서 하나님의 놀라운 약속을 말해준다. 이어 박사는 그들에게 '그들의' 책(성경)을 사용함으로써 그들과 함께 일할 것임을 일러준다.

솔직히 말해서 나는 닥터 브란트가 말하는 비참한 크리스천의 정의定義를 잘 모른다. 하지만 독자 여러분에게 가장 비참한 크리스천의 세 그룹을 소개해 볼까 한다. 이 세 그룹은 크리스천의 경우에만 해당하는 것이 아니라 이 세상 모든 인간에게 해당한다.

첫 번째 그룹은 그리스도를 주님으로 받아들였고 구세주와 함께 걷는 즐거움, 평화, 흥분을 한때 알았으나 무슨 이유(혹은 변명)에서인지 우리 주님의 품을 떠나 사탄의 가락에 춤추는 사람이다. 그들은 '신나게 살고 있고' 분명 인생의 좋은 시간을 보내고 있다. 그들은 술도 많이 마시고, 별로 우습지도 않은 조크에 웃음을 터트리고, 툭 하면 친구 혹은 파트너를 바꾸면서 만나는 사람들마다 자신이 좋은 시간을 보내고 있다고 강조한다. 그들은 상대하는 사람과 교제하는 친구를 수시로 바꾸고 행복을 찾아내기 위하여 극도의 피로함도 마다하지 않는다. 하지만 실제로는 그들 자신들로부터 달아나기 위해 필사적으로 노력하고 있는 것이다.

까놓고 말하면 그들은 그토록 찾아다니는 행복을 발견하지 못할 것이다. 행복은 어떤 장소 혹은 시간의 개념이 아니기 때문이다. 그들이 어디로 가든 혹은 누구와 함께 있든, 그들은 결코 자기 자신으로부터 달아나지 못하는 것이다. 그 '비참한' 크리스천이 거울을 들여다볼 때마다 자기 자신을 보게 되는 것이다. 그는 마음속 깊은 곳에서 자신이 내보이는 즐거움의 외양이 결코 주님과 함께 걷는 사람들의 '이해를 초월하는 깊고 만족스러운 평화'의 상대가 되지 못한다는 것을 알고 있다. 주님과 함께 단 한 발자국이라도 걸어본 적이 있는 사람은 그 발걸음으로부터 벗어나는 순간 비참한 인간이 되어버리는 것이다. 그들은 어쩌면 약간의 '쾌락'을 경험했을지도 모른다. 하지만 쾌락은 일시적인 것에 지나지 않고 더 큰 '자극'을 요구하는 것이다. 그것은 행복과는 전혀 다른 개념인 것이다.

두 번째 '비참한' 크리스천 그룹은 성경을 읽고 성경의 중요 인용구를 훤히 꿰고 있고 교회에 다니고 율법을 인용하고 필요시 '모든 것을 희생' 혹은 '주님을 위하여 죽을 각오'가 되어 있는 사람들이다. 그들은 자신들만이 옳고 이 세상에서 유일하게 올바른 방식으로 주님을 섬긴다고 말한다. 그들은 '매고 가야 할 십자가'가 무겁지만 그것을 개의치 않는다. 그들은 행복해도 그것을 겉으로 드러내지 않으며 어려서부터 고난을 당하면서 성장한 것 같은 인상을 준다. 그들은 자신의 비참함을 남들과 함께 나누지 못하면 주님 안에서 행복하지 못하다. 경건하고, 거룩하고, 성스러운 그들은 사람이 죄를 짓지 않는 한 사업에서 성공하거나, 정직한 사람이 되거나, 인생에서 즐거움을 느낄 수가 없다고 본다.

나는 가끔 이 그룹의 사람들과 대화를 나누는데, 그때마다 그것은 하나의 '경험'이었다. 내가 그들을 납득시킬 수 있는 것은 나도 마음속으로 올바르다고 생각하고 있고 비록 아슬아슬하기는 하겠지만 천국의 문을 통과할 수 있다는 것 정도였다. 사람이 하늘나라에 들어갈 수 있는 것은 예수 그리스도의 보혈 덕분이라는 점에서는 이 그룹과 나는 의견 일치했다. 그래서 합의를 도출하기 위한 가장 중요한 초석 하나를 공유하는 셈이었다. 하지만 일반적으로 말해서 그들과의 대화는 별로 생산적이지 못했다. 이곳 지상에서 주님을 모신다는 것의 의미에 대해서 의견이 천양지차였기 때문이다.

여기서 내가 다른 사람들과는 특출하게 다른, 신학적 통찰을 갖고 있지 않음을 강조하고 싶다. 또한 다른 사람에게는 없는 영적 재능을 부여받은 것도 아님을 말해두고 싶다. 그러나 내가 평생을 온전히 주님에게 바치겠다고 결심했을 때 우리 교회의 목사 겸 일요일 교사는 내게 이렇게 말해주었다. 하나님을 '증거하는' 가장 효과적인 방법은 다른 사람들에게 예수님이 내게 해주신 것을 말해주는 것이다. 나는 그것을 하고자 하며 이 책의 주제도 바로 그것이다.

HAPPY CHRISTIAN
즐거움과 사랑을 강조하라

이 근엄하고, 심판적이며, 성경을 인용하는(종종 문맥과는 무관하게) 크리스천들은 일반적으로 예수님의 슬픔에만 집중한다. 반면에 나는 즐거움에 집중한다. 그들은 예수님이 모든 것이라고 강조한다. 나는 동의한다. 하지만 이런 사항을 추가하고 싶다. 예수님은 우리 자녀들에게 엄청난 힘과 권한을 주면서 그것을 적절히 사용하라고 권장한다. 그들은 하나님의 율법과 심판을 믿는다. 나도 그렇다. 하지만 나는 하나님의 사랑과 자비를 더 믿는다. 솔직히 말해서 내가 추구하는 것은 정의가 아니라 자비이다.

그들은 하나님의 율법을 믿는 그들의 용기와 결단만으로 살아나가려 한다. 그들이 하고자 하는 일은 너무나 까다로워서 종종 개인, 가정, 직장, 심리 등의 수준에서 온갖 어려움에 직면하게 된다. 이럴 경우, 인류의 문제를 그들의 어깨에 걸머지는 것은 고사하고, 그들의 개인적 문제를 해결하는 것도 여간 어려운 일이 아니다. 나는 의도는 좋으나 뭔가를 오해하고 있는 그들과 여러 번 접촉했으나 그때마다 씁쓸한 뒤끝을 맛보았다. 그들은 툭하면 특별한 대우를 요구했고, 그들의 요구 사항이 즉시 충족되지 않으면 무례하면서도 성난 반응을 보였다. 가장 나쁜 점은, 그들이 종종 개인적인 부채를 대단치 않게 여긴다는 것이었다. 그러면서 우리는 '모두 형제니까' 상대방에게 그런 부채 따위는 잊어달라고 요구했다. 입으로는 형제애를 내세우면서 정작 가장 무례하고 가장 요구사항이 많은 사람이 바로 그들이었다.

간단히 말해서 그들은 우리 주님이 규정하신 인간관계의 간단한 규칙조차도 준수하지 않는 사람들이었다. 그러니 비신자들이 이런 종류의 크리스천들을 쳐다보면서 "만약 저런 게 기독교라면 난 끼고 싶지 않아"라고 말하는 것은 놀라운 일도 아니다. 흥미로운 것은, 우리 크리스천들이 기본적으로 그들이 믿는 것들 중 상당 부분을 그대로 믿고 있다는 것이다. 다만 차이가 있다면 그 믿음의 정도程度와 확신의 강도일 뿐이다. 그들은 오로지 그들만이 옳다고 믿는 반면, 나는 그들과 다르지만 그래도 은총의 문턱을 넘어 하늘나라로 들어갈 수 있다고 생각하는 것이다. 아무튼 내가 이 책에서 다루고자 하는 것은 예수님이 지금 당장 우리들을 위해서 무엇을 해주는가 하는 것이다. 모든 크리스천들은 예수님이 과거에 해준 것, 그리고 앞으로 해줄 것에 대해서는 이견이 없다. 중요한 의견 차이는 그분이 지금 당장 무엇을 해줄 수 있는가 하는 것이다.

HAPPY CHRISTIAN

지금 당장!
하나님이 주시는 즐거움과 부를 즐겨라

나의 기쁨과 혜택(마음의 평화, 가족과 동료들에 대한 사랑)을 다른 사람들과 나눌 때 모든 얘기가 술술 풀려나갔다. 그러나 성경 속에 나오는, 사업적으로 성공한 사람들인 아브라함, 요셉, 야곱, 솔로몬 등의 얘기에 이르면 반드시 난관에 봉착했다. 내 얘기를 듣는 사람들은 점점 더 불편해했다.

한 번은 내 친구인 한 기업의 사장 얘기를 했다. 그녀는 사업을 크게 일으켜 성공했고 전 세계적으로도 손꼽히는 크리스천 사업가가 되었다. 수백 명 아니 수천 명의 사람들을 그리스도에게 인도한 전도사였다. 내가 상대방에게 이 사장 얘기를 꺼내는 순간 대화는 난관에 봉착했다. 그 사장이 주님의 사업에 수백만 달러를 내놓았고 장애인 노동자 수십 명을 고용했음에도 불구하고, 상대방은 그녀가 종교를 '이용'하고 있다고 말했다.

나는 만약 그것이 종교를 이용하는 것이라면 제발 다른 사람들도 그런 식으로 좀 이용하라고 기도하고 싶었다. 만약 사람들이 일제히 그녀를 따라한다면 인간 사회의 문제는 훨씬 줄어들 것이고 종내는 아예 문제가 없게 될 것이다. 나는 오늘날 수백만 명에 달하는 사람들이 우울한 얼굴에 가벼운 호주머니 속설俗說 때문에 주님을 잘못 이해하고 있다고 확신한다.

이런 사람들은 자신이 어머니 뱃속에서 태어날 때 어머니에게 고통을 주었던 것처럼, 두 번째로 크리스천으로 거듭나면서 역시 고통을 모반母斑처럼 물려받았다고 생각하는 사람들이다.

내 안의 세일즈맨 정신은 이렇게 소리친다. 나는 예수님이 그동안 나를 위해 해오신 것 그리고 지금 당장 나에게 해주시는, 이 엄청난 즐거움, 혜택, 흥분을 당신과 함께 나누고 싶다. 시편 118:24는 이렇게 말한다. "이 날은 여호와의 정하신 것이라 이날에 우리가 즐거워하고 기뻐하리로다." 나는 이 구절을 액자로 만들어 내 책상 뒤의 벽에다 붙여 놓고 있다. 내가 오늘 주님에게 기뻐하고 감사해야 할 일이 얼마나 많은지 늘 상기시키는 것이다.

나는 사람들을 만나 인사를 하고 거래를 할 때에도 이 즐거움이 내 얼굴과 전신에 드러나도록 노력하고 있다. 가끔 사람들이 어떻게 하면 늘 좋은 기분을 유지할 수 있느냐고 묻는데 그때마다 나는 이렇게 대답한다.

"나의 건강도 좋고 나의 사업도 잘 나가고 나의 빨간 머리 아내와 식구들도 나를 사랑하고 있습니다. 나는 자유인으로 미국에 살고 있고 죽어서는 천국에 갈 것입니다. 그러니 기분이 좋고 행복함을 느끼는 것은 너무나 당연하지요." (이 글을 읽고 있는 당신이 누구든 당신도 감사해야 할 일이 엄청 많다는 것을 기억하라).

그러면 상대방은 이렇게 대꾸한다. "당신은 정말 낙천적인 사람이군요!" 그러면 나는 다시 대답한다. "그래요 낙천적이지요. 하지만 친구, 사실을 있는 그대로 바라보는 것은 잊지 말아야 해요. 난 늘 그렇게 하고 있습니다."

HAPPY CHRISTIAN
아주 가까이 있으면서도 실은
아주 멀리 있는 사람들

주님을 알고 있는 사람들에게, 나는 주님을 안다는 사실을 정확하게 바라보아야 한다고 말한다. 그러면 예수가 달란트의 비유에서 우리에게 하라고 말씀하신 것을 실천하게 된다. 예수님은 자신의 달란트를 잘 사용한 두 사람에게 "이제 주님의 즐거움 속으로 들어가라"고 말했다. 그래서 나는 주님을 모시기 위해 그들의 달란트(재능)를 잘 활용하는 사람은 지금 이 순간에도 주님의 즐거움 속으로 들어갈 수 있다고 확신한다.

비참한 크리스천의 세 번째 그룹은 진정 한심한 크리스천이다. 이들은 일요일마다 교회에 나오고 일요학교에도 참석하고 때때로 일요학교에서 강의도 하고 합창단 지휘도 하고 교회 업무를 맡기도 한다. 이들은 개인적으로 예수 그리스도를 잘 알지도 못하면서 하나님의 말씀을 설교도 한다. 여러 모로 살펴볼 때 이 그룹은 세 그룹 중 가장 한심한 크리스천들이다. 그들은 아주 가까이 있으면서도 실은 아주 멀리 있는 사람들이다. 그들은 하나님의 사랑은 모른 채 하나님의 율법만 따르려고 하는 사람들이다. 그것은 불가능한 꿈이다.

나는 내 평생을 주님에게 바친 직후, 전에 이 그룹에 속했던 사람을 어떤 주유소에서 만난 적이 있었다. 이 남자는 깔끔했고, 말을 또렷하게 잘 했으며, 아주 예의 발랐고, 나에게 도움을 주려고 애를 썼다. 우리는 서로 방문하는 사이가 되었고, 그는 '물고기와 일곱' 핀

(지그 지글러가 만들어서 판매하는 크리스천의 표시인 핀으로서 수익금은 전액 자선단체에 기부 : 옮긴이)을 발견했다. 그는 물고기("예수는 나의 주님")는 무엇인지 잘 알겠는데 일곱은 뭔지 모르겠다고 말했다. 일곱은 일주일에 7일이 있는데 그 모든 날이 주님의 것이라는 뜻이라고 내가 설명해 주었다. 또 내가 파트타임 신자가 아니기 때문에 어떤 특정한 날에만 주님을 모신다는 것은 있을 수 없다는 말도 했다. 내가 최근에 내 평생을 주님에게 모두 바쳤고 그것 때문에 내 인생에 극적인 변화가 왔다는 말도 곁들였다. 그는 갑자기 전등처럼 얼굴이 환해지더니 말했다. "나는 당신이 무슨 말을 하는지 잘 압니다. 나도 얼마 전에 그리스도를 나의 개인적 구세주로 받아들였고 그리하여 내 인생에 커다란 변화가 왔습니다."

그는 그 전 15년 동안 현지 교회의 합창단 지휘자로 봉사했으나 예수 그리스도를 정말로 알게 된 것은 아주 최근의 일이었다고 말했다. 나는 그의 말에 커다란 충격을 받았다. 무려 15년 동안 일주일에도 몇 번씩 주님의 집에 들렀고 수천 번의 설교와 간증을 들었고 하나님의 말씀을 무척 많이 읽은 사람이 정신적으로 공허한 생활을 해왔다는 사실이 믿어지지 않았다.

당시 나는 그것이 특별한 경우겠지 라고 생각했다. 하지만 그때 이후 나는 아주 가까이 있으면서도 실은 아주 멀리 있는 사람들을 많이 만났다. 그들은 그리스도를 믿는다고 말만 하고서 실제로는 그분을 소유하지 않은 자들이었다. 그저 눈으로만 말씀을 읽을 뿐 온몸으로 받아들이지 않은 것이었다. 머리로는 예수님을 따른다고 하면서도 가슴으로는 따라가지 않는 것이었다.

HAPPY CHRISTIAN
예수님을 알게 되면 그분의 말씀을 알게 된다

　나는 크리스마스 휴일 동안 이 책을 최종 수정하면서 미네아폴리스 출신의 젊은 부부를 알게 되었다. 아주 기이한 우연의 일치를 통해 이 부부는 내 집에 당분간 묵게 되었고 나는 그들과 함께 예수 그리스도의 말씀을 공유하게 되었다. 젊은 남자는 목사가 되기 위해 신학을 공부했으나 몇몇 교회 구성원들의 위선에 강한 혐오감을 느끼게 되었다. 그는 교회 예배 중 목사에게 공개적으로 조롱을 당했고 그 후 주님에게 등을 돌렸다. 그러나 그 후 수년 동안 좀처럼 사라지지 않는 공허감에 시달렸다. 그리스도는 모든 곳에 존재하는 분이다. 따라서 그분을 아는 것이 어떤 경험인지 조금이라도 맛본 사람은 그분을 떠날 경우 깊은 불안감을 느끼게 되고 그 때문에 진정한 평화를 누리지 못하게 된다.

　이 젊은 부부는 그 공허감을 어떻게 하면 채울 수 있을까 고심하고 있었다. 우리는 자연스럽게 그리스도의 사랑에 대하여 이야기하게 되었다. 내가 성경에 대해서 이야기하고 또 이 고백록에서 고백한 것을 그 젊은 남자에게 털어놓자, 그는 자신이 인생에서 느끼는 공허감을 솔직하게 고백했다. 그는 상당히 오랜 기간 하나님이 자신을 시험하고 있구나 하는 느낌을 가져왔다는 것이었다. 나는 그 부부에게 조언했다. 고개를 숙이고 그리스도를 생활의 주인으로 영접하는 것이 어떻겠느냐고. 그들은 그렇게 하겠다고 대답했다.

　사흘 뒤 그로부터 전화를 받았는데 그의 목소리에는 생기가 넘쳐흘렸다. 사랑과 흥분이 가득한 목소리였다. 그리스도를 받아들인 후 그의 생활이 모두 바뀌었다고 말했다. 그는 요한복음을 열심히 읽고 있는데 하나님의 약속이 페이지들로부터 계속 튀어나오고 있으며 그의 가슴에 진정한 축복이 되고 있다고 말했다.

믿어지지 않는 일이지만, 과거 그의 신학교 수업은 성경의 가치를 포함하지 않았고, 하나님의 말씀을 공부할 때 얻어지는 '지금 당장'의 혜택도 가르치지 않았다는 것이었다. 그러니까 신학 수업은 구원의 문제와는 연계되지 않았다는 것이었다. 젊은이는 여러 해 동안 하나님의 말씀과 씨름한 끝에 이제 그 저자의 본 모습과 말씀을 알아보게 되어 여간 기쁘지 않다고 말했다. 그건 정말 멋진 일이었다! 왜 멋지냐고? 다음 이야기는 그 이유를 설명한다.

여러 해 전, 고故 찰스 로턴은 미국 전역을 돌면서 성경 낭독회를 열었다. 나는 그의 낭독을 직접 들어볼 기회는 없었지만 이 위대한 영국 배우는 성경을 너무나 감동적으로 낭독하기 때문에 그의 목소리를 직접 들어본 사람들은 모두 특별한 경험이었다고 입을 모아 말한다. 한번은 그가 자그마한 중서부 마을의 커다란 교회에 들렀다. 로턴 씨가 성경을 읽는 동안 청중들은 평소와 마찬가지로 깊은 감동에 사로잡힌 채 그의 말을 열심히 들었다. 그가 낭독을 마치자 실내에는 깊은 침묵이 감돌았다. 실제로는 1분 정도밖에 되지 않았겠지만 청중들은 아주 오랜 시간이었다고 생각했다. 그 침묵을 깨트리는 것은 일종의 신성모독이라고 생각되어 아무도 입을 열려 하지 않았다. 마침내 일흔 가까운 한 자그마한 노인이 자신도 성경을 읽어보겠노라고 자청하고 나섰다. 그 요청은 허락되었고 노인은 읽기 시작했다. 청중들은 그 노인이 웅변, 학식, 어조에 있어서 로턴의 상대가 되지 못한다는 것을 금방 알아보았다. 하지만 그에게는 저 위대한 영국 배우에게는 없는 '무엇'이 있었다. 만약 그것이 성경 읽기 대회였다면 찰스 로턴이 많이 뒤떨어지는 2등을 차지하리라는 것도 청중은 알아보았다.

노인이 낭독을 마치고 청중들이 귀가하기 위해 해산할 때, 누군가가 찰스 로턴에게 다가가 노인의 낭독을 어떻게 생각하느냐고 물었다. 로턴 씨는 빙그레 웃으면서 머리를 가볍게 흔들더니 부드럽게 말했다. "나는 성경을 아주 잘 알고 있습니다. 하지만 저 노인은 저 자를 잘 알고 있는 것 같군요. 차이가 있다면 그것뿐입니다." 그렇다. 바로 그것이 하나님의 말씀을 이해하는 데 있어서 결정적 차이를 만들어내는 것이다. 하나님의 말씀을 이해하려면 먼저 하나님을 알아야 하는 것이다.

그분은 되풀이하여 강조하셨다. 만약 그분의 자녀인 우리가 기도를 통해 그분에게 다가가면 그분은 심지어 어린아이에게까지도 말씀을 계시할 것이다. 고매한 학식을 갖춘 박사들도 제대로 이해하지 못하는 그 말씀을.

HAPPY CHRISTIAN
파산했다고? 하지만 하나님을 원망하지 마라

재정적인 튼튼함과 안전함을 원하는가? 만약 당신이 하나님의 가르침을 그대로 따른다면 그것을 얻을 수 있다(성경의 잠언은 사업적 성공을 위한 좋은 교훈을 많이 담고 있는데 잠언을 읽어 보라). 내가 여기서 말하고자 하는 것은, 만약 당신이 파산을 했다면 그것을 하나님 탓으로 돌리면 안 된다는 것이다. 왜냐하면 그분은 사업에서 성공하는 방법을 충분히 일러주었기 때문이다.

여기서 한 가지 질문을 던지고 싶다. 당신은 성경을 진심으로 믿고 있는가? 예수님은 이 문제(사업의 성공)에 대해서 아주 분명하게 말했다. "너희는 요구하지 않았기 때문에 얻지 못한 것이다."

내가 성경을 읽은 바에 의하면, 야곱은 부자였고, 모세는 아마도 백만장자였을 것이며, 아브라함은 '1천 개의 언덕에 소를' 키웠고, 솔로몬은 지상에 살았던 그 어떤 사람보다 더 부자였으며, 욥은 빈민 구호 식권을 타와야 밥을 먹을 수 있는 그런 사람은 아니었다. 내가 볼 때, 하나님의 말씀 중에 낙담한 빈민貧民의 철학처럼 들리는 말은 단 하나도 없다.

내 말을 오해하지 말기 바란다. 돈을 당신의 하나님으로 삼아서는 결코 안 된다. 말이 난 김에 하는 말인데 그 어떤 것도 여호와 하나님을 대체할 수 없다. 그것이 하나님의 첫 번째 계명이다. 솔로몬은 전도서에서 이렇게 말했다. "은銀을 구하는 사람은 결코 은으로 만족하지 못한다." 우리는 이것이 진실임을 알고 있다. 지난 2년 동안 다섯 명의 억만장자가 사망했는데 그들은 숨을 거두는 거의 마지막 순간까지도 돈을 추구했다.

댈러스의 어떤 사람은 하워드 휴즈가 얼마만큼의 돈을 남겼느냐고 물었다. 한 현명한 크리스천은 그 질문에 이렇게 대답했다. "제대로 써보지도 못하고 가지고 있는 돈 전부를 남겼지요!" 만약 누군

가가 얼마만큼의 돈을 남길 거냐고 묻는다면 "하워드 휴즈처럼 남길 것이다"라고 농담 삼아 말하는 게 어떨까. 돈은 결코 당신의 하나님이 될 수 없다. 하지만 하나님은 당신에게 재정적인 축복을 내려주실 수 있다. 그러면 그 돈을 가지고 하나님의 영광을 드러내고 복음을 전파하는 데 사용하면 되는 것이다.

HAPPY CHRISTIAN
여기 십일조를 바치니 주님 마음대로 하소서

지난 여러 해 동안 나는 내 인생의 일부를 주님에게 바칠 생각을 해왔다. 내 인생을 예수님에게 온전히 바치지 않는 상태에서 그분을 위해 살아보겠다고 시도하기도 했다. 가령 '편리한 때'가 되면 내 수입의 10분의 1을 교회에 내놓겠다고 계획했다. 하지만 그 편리한 때는 결코 오지 않았다. 내가 벌어들이는 액수는 언제나 간편하지가 않았다. 어떤 때는 너무 많은 금액을 벌어들여 10분의 1을 내기가 망설여졌고 어떤 때는 너무 적어서 10분의 1이라고 하기가 민망스러웠다. 그래서 '적당한' 액수의 수입이 들어오면 그때 십일조를 하리라고 계속 계획을 세우기만 했다.

한 가지 분명한 사실은 이런 것이다. 만약 어떤 사람이 자신의 생활 중 어떤 일부분에 계속 매달린다면 적당한 상황, 적당한 시간, 적당한 액수는 결코 찾아오지 않는다. 하지만 내가 내 인생을 몽땅 그분에게 바쳐버리자, 십일조를 어떻게 할 것인가 하는 의심이나 망설임 같은 것은 싹 사라져버렸다. 게다가 말라기 3:10에는 이런 말이 있다. "만군의 여호와가 이르노라. 너희의 온전한 십일조를 창고에 들여 나의 집에 양식이 있게 하고 그것으로 나를 시험하여 내가 하늘 문을 열고 너희에게 복을 쌓을 곳이 없도록 붓지 아니하나 보라."

그러니 아무 조건 없이 십일조를 바치는 것이 현명한 일이다. 우리는 하나님의 약속을 믿고 십일조를 내기 시작하는 것이지만 그 약속이 십일조의 동기는 아니다. 우리는 하나님을 사랑하고 그분의 말씀에 복종하기 때문에 십일조를 내는 것이다. 나의 재탄생일 이후에 나의 재정 상태는 몰라볼 정도로 좋아졌다. 나는 우연하게 1960년대 초반의 종합소득세 신고서 사본을 꺼내보게 되었는데 나의 1979년 십일조 금액이 1962년의 전체 수입보다 더 많다는 것을 발견했다. 그리고 지금 내가 내는 세금은 1972년 나의 재탄생일 때의 수입보다 더 많다. 나는 감사하는 마음으로 이 말을 한다.

또 하나님이 아주 선량한 목적으로 우리의 십일조를 사용하신다는 것을 지적하고 싶다. 그러니 우리 정부도 세금을 가지고 좋은 목적에 사용하기를 바란다. 또한 내가 십일조를 바치는 것은 주님을 따라가려는 내 약속의 일부임을 강조하고 싶다. 그것은 "자, 주님, 여기 십일조를 바치니 약속한 대로 돌려주십시오"라고 말할 수 있는 사업상의 거래가 아니다. 우리는 신앙과 사랑 속에서, "주님을 사랑하는 사람들에게는 결국 모든 일이 원만하게 풀릴 것"이라는 확신을 가지고 십일조를 바치는 것이다.

HAPPY CHRISTIAN

들어라, 그러면 하나님께서 너에게 말해주실 것이다

윌리엄 쿡은 이런 날카로운 논평을 내놓았다. 인간은 모든 일에서 성공하게 되어 있다. 그가 실패하는 경우란 하나님의 계획이 아닌 계획, 하나님의 의지가 아닌 의지를 생각하거나 실천하는 경우뿐이다. 나는 점점 더 하나님께서 우리 인간이 해야 할 일을 성경 속에 자세히 적어놓았다고 확신하게 된다. 나는 주님께서 반드시 약속을 지키는 분이라고 맹세할 수 있다. 만약 우리가 그분을 믿고 따른다면 또 그분의 창고에 십일조를 꼬박꼬박 바친다면 그분은 재정적 축복을 위시하여 '온갖 축복을 부어주실 것'이다. 우리는 약속의 일환으로 십일조를 바치는 것이고 하나님은 그 돈을 받아서 좋은 목적에 사용하신다.

나는 "우리가 하나님에게 초과 납부하는 일은 결코 없다"라는 말을 자주 듣는데 이것은 정말로 진실이다. 아내는 어느 주간에 지난 주의 십일조를 계산하여 내게 그 액수를 말해주었다. 나는 잠시 생각해 보고서 액수가 너무 많아 지난주의 수입 중 일부를 아예 십일조에 포함시켜 계산한 것이 아니냐고 물었다. 아내는 다시 계산하더니 항공비용을 공제하지 않은 것을 발견했다. 나는 출장을 꽤 다니기 때문에 비행기를 많이 타고 다닌다. 아내는 빙그레 웃더니 원래 계산한 그 액수대로 십일조 수표를 끊었다. "여보, 우리가 하나님에게 초과 납부하는 일은 결코 없어요"라고 말하면서. 나는 그 말에 동의했다!

우리는 하나님께서 우리에게 주신 좋은 것들을 살펴볼 때 누가복음 6:38에서 예수님이 하신 말씀을 종종 잊어버린다.

"주라. 그리하면 너희에게 줄 것이니 곧 후히 되어 누르고 흔들어 넘치도록 하여 너희에게 안겨 주리라. 너희의 헤아리는 그 헤아림으로 너희도 헤아림을 도로 받을 것이니라."

간단히 말해서, 사랑, 배려, 관심 속에서 많이 내어놓는 사람은 결국 많이 얻게 된다는 얘기이다. 만약 한 손으로 내주면서 다른 한 손으로 더 많이 받기를 바란다면 그건 성경을 잘못 읽은 것이다.

성경의 메시지는 너무나 분명하다. 하나님은 우리가 번영하기를 바란다(요한3서 2장). 단 우리는 번영이나 금전을 우리의 하나님으로 받들지 않아야 한다. 간단히 말해서 정직하게 벌기만 한다면 무한대의 돈을 벌어도 아무 상관이 없다. 돈이 당신의 주인 노릇을 하지 않는 한, 많은 돈을 버는 것은 아무런 문제도 되지 않는다. 다른 모든 조건이 동일하다면, 재정적 안전의 상태가 재정적 결핍의 상태보다는 주님을 더 잘 모실 수가 있다. 또 주님의 영광을 증거하고, 명예롭게 하고, 더 많은 사람이 주님과 의미 깊은 관계를 갖도록 유도할 수가 있다(이 마지막 문장을 면밀히 읽어 주기 바란다. 그리고 이 문장 안에 들어 있지 않은 다른 뜻을 읽어내지 말기 바란다).

다윗은 시편 36:8에서 이렇게 말했다. "저희가 주의 집의 살찐 것으로 풍족할 것이라. 주께서 주의 복락의 강수로 마시우시리이다." 거듭 말하거니와, 주님은 우리가 즐겁고 멋진 생활을 영위하기를 바라시는 것이다.

하나님의 약속을 좀더 자세히 설명하자면 시편 1:1의 말을 인용하는 것이 적당하다. "복 있는 사람은 악인의 꾀를 좇지 아니하며 죄인의 길에 서지 아니하며 오만한 자의 자리에 앉지 아니하고." 이어 3절에는 이런 말이 나온다. "저는 시냇가에 심은 나무가 시절을 좇아 과실을 맺으며 그 잎사귀가 마르지 아니함과 같으니 그 행사가 다 형통하리로다." 하나님은 여기서 분명하게 말하고 있다. 우리가 그분의 빛을 따라 걷고 그분이 보낸 사람들의 지도를 받아가며 생활한다면, 우리는 저절로 번영(형통)하게 될 것이다.

또한 시편 13:6은 이렇게 말한다. "내가 여호와를 찬송하리니 이는 나를 후대하심이로다." 내 인생의 주님은 그것을 꽉꽉 채워서 모든 분야에서 충만하게 해주신다.

HAPPY CHRISTIAN
올바른 사람들의 말을 들어라

아주 구체적으로 설명해 보겠다. 나는 재탄생한 지 3년쯤 되어서 시편 1장을 다시 읽었을 때 어떤 거래를 하게 됐는데 그것은 나에게 더 많은 즐거움과 번영을 가져다주었다. 나는 다시 태어난 크리스천인 변호사와 공인회계사와 거래를 트게 되었다. 이 두 사람이 우리 회사에 직접적으로 일거리를 가져다 준 것은 없지만, 우리 회사의 사업은 비약적으로 신장하게 되었다. 왜 이렇게 되었는가 하면 하나님이 자신의 말씀을 지켰기 때문이었다. 우리는 두 가지 주요 품목의 납품과 관련하여 크리스천 납품업자들로 바꾸었는데 그들은 더 좋은 가격을 제시했을 뿐 아니라 서비스도 더 좋았다. 이것은 하나님이 말라기 3:11에서 하신 말씀, 우리의 재산을 파괴자로부터 보호해주 겠다는 약속을 지킨 것이었다.

물론 이렇게 얘기한다고 해서 상대방이 크리스천이기 때문에 무조건 거래해야 한다는 말은 아니다. 크리스천이라고 해도 다른 사람들과 마찬가지로 사업을 따낼 만한 자격을 갖추어야 하며 능력과 실적이 뒷받침되어야 한다. 다른 모든 조건이 같다면 나는 크리스천과 거래하는 것을 선호한다. 그러나 크리스천이라는 이유 하나만으로 취직을 하거나 일거리를 얻는다면 그것은 그 사람 자신이나 하나님에게 불공정한 처사가 될 것이다.

나를 가장 화나게 하는 사람은, 소위 '형제'라는 미명 아래 나의 책임 의식을 지적하면서 서로 형제간이므로 '당연히' 그들에게 뭔가 해주어야 한다고 주장하는 자들이다. 우리의 필요를 해결하기 위해서 '주님을 믿기만 하면 된다'고 생각하는 사람을 쳐다보는 것은 여간 딱한 일이 아니다. 나는 이와 관련하여 윌리엄 A. 워드의 다음과 같은 말을 사랑한다. "하나님은 우리가 일용할 양식의 재료를 우리에게 주셨다. 그분은 우리가 직접 빵을 굽기를 바란다."

간단히 말해서, 신앙을 빙자하여 아무것도 하지 않으면서 주님이 특별 대우해 주리라고 믿는 사람은 성경을 잘못 읽어도 한참 잘못 읽은 것이다. 하나님은 우리가 주어진 환경에서 최선을 다하기를 기대하신다. 아니, 요구하신다. 그분은 우리를 가만히 앉혀 놓은 채 모든 것을 손수 주무르기를 원하지 않으신다(물론 얼마든지 그렇게 하실 수 있지만). 하나님은 인생이라는 게임의 승부를 결정하는 분이지만 당신이 먼저 그 게임에 뛰어 들어 열심히 뛸 것을 바라신다. 그런 다음에야 그분이 어떤 영향력을 행사해 주시기를 바랄 수가 있는 것이다.

HAPPY CHRISTIAN
필요한 것은 개인의 정성과 하나님에 대한 믿음

성공하고, 행복하게 살고, 하나님의 일을 하는 것, 이런 일은 엄청나게 재능 있는 사람만 잘 할 수 있는 것은 아니다. 하나님은 그것을 1만 번도 넘게 증명하셨다. 개인의 정성과 하나님에 대한 믿음 그것만 있으면 충분하다. 그러면 승리는 보장되어 있다. 요한계시록 3:15-16에서 하나님은 말씀하셨다. "네가 차든지 덥든지 하기를 원하노라. 네가 이같이 미지근하여 덥지도 아니하고 차지도 아니하니 내 입에서 너를 토하여 내치리라."

만약 어떤 사람이 정말로 성공하고 싶다면 그는 에델 워터스의 저 인상적인 말을 기억하는 것이 좋으리라. "하나님은 실패작을 지원하지 않으신다." 그녀는 또 이런 아름다운 말도 남겼다. "나는 내 영혼의 짐 가방을 이미 쌌고 내가 어디로 가고 있는지 알고 있다." 당신이 이미 알고 있는 바와 같이 에델은 이제 그 여행을 마치고 짐 가방을 풀고 있다. 그녀는 이제 영원의 집으로 찾아갔다.

HAPPY CHRISTIAN
지그, 자네는 할 수 없어

나는 부정적인 태도를 싫어한다. 그래서 부정적인 말이나 행동은 일체 하지 않으려고 애쓴다. 나의 이런 태도는 학교에서 집으로 돌아온 어린 소년의 그것과 비슷하다.

"아빠, 나 산수 시험에서 낙제할지도 몰라." 소년의 아빠가 말했다. "아들아, 그건 부정적 언사가 아니냐. 긍정적으로 말해 봐." 소년이 대꾸했다. "좋아요. 아빠, 나 확실히 산수 시험에서 낙제했어."

나 또한 과거 여러 해 동안 아주 적극적으로 살아가려고 했다. 나의 힘과 의지만으로 살면서 하나님이 그런 나를 '자랑스럽게' 여기기를 바랐다. 나의 행동, 나의 생활 방식, 나의 적극적인 태도 따위를 모두 가상하게 생각해 주기를 바랐다. 하지만 나는 그렇게 살아나가려고 할 때마다 실패했다. 실패할 때마다 나는 크리스천다운 생활을 하기는 틀렸구나 하고 생각했다.

그런 생각은 일견 옳은 것이다. 왜냐하면 나의 힘과 의지라는 것은 도저히 사탄의 상대가 되지 못했기 때문이다. 그것은 지금도 마찬가지고 이런 사정은 당신도, 아니 그 누구도 마찬가지이다. 하지만 사도 바울이 빌립보서에서 "나는 나를 강하게 만드시는 그리스도를 통하여 모든 것을 할 수가 있다"라고 말한 것처럼, 예수 그리스도의 약속을 믿는 사람 역시 모든 것을 할 수가 있다.

예수님은 요한 15:5-7에서 이렇게 말씀했다. "나는 포도나무요 너희는 가지니 저가 내 안에, 내가 저 안에 있으면 이 사람은 과실을 많이 맺나니 나를 떠나서는 너희가 아무것도 할 수 없음이라……구하라 그리하면 이루리라." 이것은 정말로 흥분되는 일이 아닌가. 예수 그리스도를 받들어 모시는 것은 인간이 겪을 수 있는 가장 신나는 경험인 것이다.

HAPPY CHRISTIAN
그것은 원래 주님의 것이다

가끔 나는 이런 크리스천 형제를 만난다. 그는 턱을 쑥 내밀고 배를 안으로 집어넣으면서 목에 힘을 주고서 주님에게 수입의 10퍼센트를 꼬박꼬박 바친다고 말한다. 그러면서 "이처럼 자기희생을 감행하는 나는 얼마나 좋은 사람인가" 하는 표정을 짓는다. 이와 관련하여, 다음의 이야기는 소유권의 문제를 명확히 해줄 것이고 누가 누구에게 무엇을 주는 것인지 잘 알려줄 것이다.

한 목사가 모든 것은 주님의 소유라는 뜻의 설교를 했다. 한 늙은 농부는 그 설교를 열심히 들었지만 동의하지 않는다는 듯, 회의적인 표정으로 신도석에 앉아 있었다. 그날 오후 농부는 그 목사를 농장의 일요 만찬에 초대했다. 저녁을 마친 후 두 사람은 밖으로 나갔다. 농부는 농가, 헛간, 농기구 보관소, 잘 관리된 아름다운 농장을 목사에게 일일이 보여주었다. 이어 농담반 진담반으로 목사에게 물었다. "목사님, 나는 평생 이 농장에서 일해 왔습니다. 당신의 말씀은 이 농장이 나의 소유가 아니라 주님의 소유라는 것입니까?" 목사는 잠시 생각하더니 침착한 목소리로 대답했다. "그 질문을 나한테 앞으로 100년 동안 계속 해도 내 대답은 한결 같을 것입니다."

그렇다. 모든 것은 주님의 소유인 것이다. 우리는 주님의 창고에 십일조를 갖다 바칠 때 그것은 원래 주님의 소유였던 것의 10분의 1을 도로 내놓는 것에 지나지 않는다. 흥미롭게도, 주님을 섬기는 데 열심인 크리스천들은 말라기 3:10, 즉 주님의 창고에 십일조를 바치면 우리의 창고로는 모두 수납할 수 없는 축복을 내려주겠다는 내용은 아주 잘 알고 있다. 그런데 진정한 축복인 그 다음 절에 대해서는 별로 신경을 쓰지 않는다.

말라기 3장 11절에서 하나님은 우리의 재산을 파괴자로부터 보호해주겠다고 약속하고 있는 것이다. 간단히 말해서 사탄이 우리 재산에 손대지 못하게 하겠다는 것이다! 내가 볼 때 이것은 아주 의미심장한 구절이다. 왜냐하면 과거에 나의 돈 버는 능력은 한결 같았지만 그 돈은 언제나 내 손가락 사이로 빠져나가 버렸기 때문이다. 그러나 나의 재산을 지켜주는 하나님의 능력을 비롯하여 모든 것을 하나님에게 일임해 버리자, 놀랍게도 나의 재정 상태는 좋아지기 시작했다. 새롭게 탄생하기 이전의 시절에 나는 마치 롤러코스터에 올라탄 것처럼 기복이 심한 생활을 했다. 그리하여 좌절에 빠질 때면 주님에게 특별한 기적을 행하셔서 나의 생활을 지금 당장 좋은 쪽으로 바꾸어 달라고 요청했다. 하지만 아무 응답이 없었다. 나는 그분이 모든 것을 할 수 있으면서도 왜 해주지 않았는지, 다음의 자그마한 팜플렛을 읽기까지 그 이유를 알지 못했다.

HAPPY CHRISTIAN
바꾸려면 먼저 소유해야 한다

로버트 보이드 먼거의 아름다운 팜플렛은 제목이 「내 마음-그리스도의 고향」(인터바시티 출판국)이다. 먼거는 예수님이 우리를 변화시키기 전에 우리가 먼저 무엇을 해야 하는지 설명하고 있다. 만약 당신이 어떤 가정에 집 봐주는 사람으로 초청을 받았다면 당신은 그 집에 머무는 동안 당신 마음대로 그 집을 고칠 수가 없다. 왜냐하면 그 집은 당신의 소유가 아니기 때문이다. 페인트의 색깔이 아주 마음에 안 들고, 평면도나 가구 배열이 이상하다고 생각해도 자기 집이 아니기 때문에 고칠 수도 없고 또 고칠 생각도 하지 않는다.

성령도 이와 똑같은 입장이다. 그분은 당신이 하고 있는 여러 가지 행동이 마음에 들지 않지만 그분이 해줄 수 있는 것은 아무것도 없다. 설혹 당신이 그분에게 좀 고쳐달라고 요청해도 안 통하는 것이, 그분은 당신을 소유하지 않았기 때문이다. 하나님은 자신이 소유하지 않은 것을 바꿀 생각이 없다. 만약 집주인이 그 집을 당신에게 넘겨준다면 당신은 마음껏 그 집을 바꿀 수가 있다. 완전히 뒤엎어서 당신이 원하는 대로 개조할 수 있다.

예수님이 성령을 통해 당신에게 역사하는 방식도 이와 비슷하다. 당신이 예수님을 온전히 마음속에 받아들여 당신의 인생을 완전히 바치면서 소유권마저 그분에게 넘겨준다면, 그분은 그분이 원하는 대로 당신을 고칠 것이다. 그러면 그분도, 당신도, 변화된 당신 자신을 더욱 좋아할 것이다. 당신은 진정으로 변화한 것이다.

HAPPY CHRISTIAN
천상의 뷔페 요리에서 나온 또 하나의 주식

이 세상의 모든 사람은 행복을 추구한다. 그들은 한 가지 재미있는 일이 끝나면 그 다음 재미있는 일을 찾아 나선다. 온갖 오락과 죄악을 다 저질러도 그들은 여전히 비참하다. 어쩌면 그런 죄악을 저지르지 않을 수 없기 때문에 비참한 것인지 모른다. 나는 이것이 나 혼자만의 생각이 아니라는 것을 덧붙여 말하고 싶다. 닥터 브라이언 하버는 프로이트의 학설에 대해서 설명하기를, 인간이 좌절을 느끼는 것은 성적으로 억압되었기 때문이라는 것이다. 프로이트는 이렇게 썼다. 인간을 성적으로 해방시키고 그를 기분 좋게 하는 일만 하게 하라. 그러면 인간의 좌절은 저절로 사라질 것이다.

세계적으로 유명한 정신의학자 O. 호버트 모러는 프로이트의 이런 주장은 사실과 다르다고 말한다. 프로이트의 학설을 50년 동안 충실히 따르는 동안, 인간은 더욱 좌절을 느끼는 비참한 존재가 되었다는 것이다. 모러에 의하면, 인간이 신경증에 빠지는 것은, 하고 싶으나 할 수 없는 어떤 것에 대한 좌절 때문이 아니라 해서는 안 되는 것을 해버린 죄의식에서 비롯된다는 것이다.

예수님의 사랑이 곁에 있으면 당신은 죄의식을 제거할 수 있고 그분을 통하여 해서는 안 되는 것을 물리칠 수 있는 힘을 얻을 수 있다. 죄의식이 없어지면 마음의 평화가 따라오고 신경안정제, 수면제, 알코올 따위에 대한 의존 증세는 저절로 사라진다. 이것은 이곳 지상에서 누릴 수 있는 천상의 뷔페 요리 중 하나인 것이다.

하나님이 내려 주신 축복을
기억하라

▲ 하나님이 내려 주신 축복을 감사하면 할수록 더 많은 것에 대하여 감사하게 된다.

첫 번째 "감사합니다" 날짜 _____
두 번째 "감사합니다" 날짜 _____

주님, 다음의 일을 감사드립니다.

1. _____
2. _____
3. _____
4. _____
5. _____
6. _____
7. _____
8. _____
9. _____
10. _____
11. _____
12. _____

당신의 크리스천다운 행동은 전염이 된다.
당신의 행동은 주위 사람들에게 감동을 주고 있는가?

당신에게 지상의 혜택을 가져다주는
천상의 생각들

- 지구라는 행성 위에는 많은 종류의 사람들이 있다. 그러나 하나님이 보시기에 딱 두 종류의 사람이 있을 뿐이다. 그것은 빈부貧富, 노소老少, 장단長短, 비수肥瘦(살찌거나 수척한 것), 흑백黑白 등으로 나누어지는 것이 아니라 구제 받은 자와 구제 받지 못한 자로 나눠진다. 하나님의 나라에서 힘센 자와 힘없는 자는 서로 동일한 입장이 되고 모든 사람이 똑같이 하나님의 자녀이다. 대법원의 대법관 찰스 에반 휴즈와 중국인 세탁소 직원도 동시에 똑같은 교회에 다니는 것이다. 천국의 방식은 그러하다.

- 사람이 마음으로 믿어 의에 이르고 입으로 시인하여 구원에 이르니라(로마서 10:9-10)

- 하나님에게는 손자와 손녀가 없다.

- 만약 당신이 나누기를 싫어한다면 당신에게는 나눌 것이 없을 가능성이 높다.

- 당신이 하나님의 의지 속에 살지 않는다면 당신은 하나님의 말씀도 불편하게 여길 것이다.

- 성경은 "쉬지 말고 기도하라"고 말한다. 하지만 기도를 하기 위해서 일을 멈추라고 말하는 구절은 없다. 따라서 걸으면서 껌을 씹을 수 있는 사람이라면, 일을 하면서도 기도를 할 수 있다.

어느 크리스천의 행복한 고백

CHAPTER 04

그것은 아이들에게 좋다

HAPPY CHRISTIAN

이미 오래 전에 어머니는 일요학교에 나가고 교회 예배에 참석하는 것을 의무 사항으로 지정해 놓았다. 그것은 의논이나 협상 가능한 문제가 아니었다. 어머니는 자녀들이 일요일과 수요일에 하나님의 집에 나가야 한다고 철석같이 믿었으므로 의논이고 자시고 할 게 없었다.

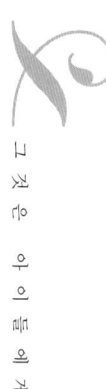
그것은 우리들에게 좋다

　미시피 사람들이 즐겨 말하듯이, 나는 '올바르게 자랐다.' 어린 시절, 미시시피 주 야주 시市의 제일 침례교회에 다닌 나는 일요일 오전과 오후에 예배를 보았고 수요일 저녁에는 기도 모임에 참석했다. 우리 집 길 건너편에 사는 L. S. 존스 부인은 정말 지독할 정도로(어린 내게는 그렇게 생각되었다) 규칙적으로 우리 집 앞에 와서 멈춰 섰다. 존스 부인이 낡은 다지 차의 경적을 울리는 순간, 나의 어머니는 모자 핀으로 검은 모자를 고정시키면서 "얘들아, 가자"라고 말하곤 했다. 우리는 그 일에 어떤 선택의 권한이 있다고 생각하지 않았으므로(실제로도 선택권이 없었다!) 아무 말 없이 따라갔다. 어머니가 가자고 하면 그저 따라갈 뿐이었다.

　이미 오래 전에 어머니는 일요학교에 나가고 교회 예배에 참석하는 것을 의무 사항으로 지정해 놓았다. 그것은 의논이나 협상 가능한 문제가 아니었다. 어머니는 자녀들이 일요일과 수요일에 하나님의 집에 나가야 한다고 철석같이 믿었으므로 의논이고 자시고 할 게 없었다. 어머니는 자녀가 유일한 재산이라고 말했고 사탄이 당신의 자녀를 가로채가게 할 생각은 조금도 없었다.

이러한 나의 어머니를 요즈음의 부모와 한번 비교해 보라. 오늘날 부모들은 사탄의 세속적 압력 때문에 자녀들이 일요일이면 교회에 나가야 한다고 강요하기를 망설일 뿐 아니라 꺼린다. 그러면서 자녀들이 알아서 결정하도록 해야 한다고 말한다. 오늘날 그들이 변명으로 내세우는 말은 이런 것이다. "강요하다가 아이들이 교회에 반감이라도 가지면 어떻게 해요?"

나는 크리스천 심리학자인 헨리 브란트가 이런 변명에 명쾌하게 대응한 논평을 아주 좋아한다. 그는 이렇게 말한다. 부모들은 자녀가 아프면 자녀의 의사와는 관계없이 병원에 데려간다. 그렇게 하는 것이 애들에게 좋다고 확신하기 때문이다. 그렇게 강요하여 의사에게 데려가는 것이, 의사에 대한 반감을 키운다고 말하지도 않는다. 부모는 병난 아이를 의사에게 데려가는 것이 아이에게 좋은 일이라고 확신하기 때문에 그렇게 하는 것이다. 브란트는 이렇게 결론 내린다. 부모는 당연히 아이들의 의사와는 관계없이 아이들을 교회에 데려가야 한다. 왜냐하면 그것이 아이들에게 제일 좋은 일이기 때문이다.

나는 5년 전 재탄생했을 때까지 그게 나한테 얼마나 좋은 일인지 잘 이해하지 못했다. 좀더 자세히 얘기하면 이렇다. 나는 여러 번 어머니에게 항의했다. 일요일마다 교회에 나가서 잘 모르는 똑같은 얘기를 지겹도록 반복해서 듣는 것은 정말 따분한 일이다. 어머니는 내 항의를 못 들은 척하고 그래도 가야 한다고 말했다. 나는 심지어 어머니에게 이런 말도 했다. 목사가 설교를 할 때, 그게 시간 낭비가 되지 않도록 무슨 딴 생각을 해야 할지 미리 정해 놓았다. 그래도 어머니는 못 들은 척했다. 나는 정말 진심으로 그렇게 말했다. 교회 가는 것이 무슨 큰 이득이 될 것 같지 않았다. 이것은 당시 내가 하나님에 대해서 얼마나 모르고 있는지 잘 보여주는 사례이지만, 아무튼 내 머리 속에는 그런 생각이 가득했다.

하나님은 자신의 말씀이 결코 공허하지 않다고 우리에게 약속했다. 하나님은 성경에서 그렇게 말했다. 나는 하나님이 결코 거짓말을 하지 않는다는 것을 당신에게 자신있게 말할 수 있다.

HAPPY CHRISTIAN
그래서 그 다음은 어떻게 되었나?

나를 개인적으로 아는 사람들, 나의 연설을 들어본 적이 있는 사람들은 내가 아주 열성적이고 흥분 잘 하는 사람이라는 것을 안다. 나는 어떤 생각이나 아이디어가 떠오르면 기뻐서 어쩔 줄 모르면서 환희의 비명을 내지르기도 한다. 이것은 내 친구나 가족들이라면 모두 알고 있는 사실이다. 나는 연설을 하거나 글을 쓰다가 뭔가 좋은 생각이 떠오르면 온몸이 간지러워 오는 것을 느낀다.

이런 현상이 자주 벌어진다. 그때마다 나는 나를 향해 이렇게 말한다. "지글러, 그거 꽤 좋은데." 나는 나 자신의 풍부한 상상력에 빙그레 미소를 짓는다. 그러나 좀 지나서(가령 며칠 뒤에) 내가 그처럼 멋지다고 여긴 바로 그 생각과 아이디어를 성경에서 만나게 된다. 그러면 다시 흥분하면서 이렇게 말한다. "그게 멋진 아이디어라고 생각한 것은 너무나 당연해. 하나님이 하신 말씀이니까!" 이어 나는 아무것도 득 될 게 없다면서 교회를 가지 않으려 했던 나를, 하나님의 약속을 믿고서 억지로 데리고 간 어머니를 내려주신 하나님께 다시 감사했다. 이처럼 어릴 때 강제로 교회에 데리고 간 효과는 나의 자기계발서인 『정상에서 만납시다』를 쓸 때 아주 분명하게 드러났다. 나는 내가 옳다고 생각하는 몇 가지 것들을 써넣었는데 그 정보를 어디서 얻었는지 기억이 나지 않았다. 나는 성경을 다시 살펴보고 성경에 정통한 사람들의 말을 들으면서, 그 정보가 성경에서 나온 것임을 알고 놀라는 한편 기뻤다.

곰곰 따져보면 그것은 그리 놀라운 일도 아니었다. 이 책도 그렇지만 그 책을 쓸 때에도 하나님에게 부디 이끌어달라고 빌었던 것이다. 나에게 깊은 통찰을 주시어 나의 메시지가 더 많은 사람에게 전달되어 하나님을 알릴 수 있게 해달라고 간절히 기도했다.

HAPPY CHRISTIAN
겉으로만 크리스천

2차 대전 중에 해군에 입대했을 때 내가 제일 먼저 취한 조치 중 하나는 근무 도시의 교회로 교적을 옮기는 것이었다. 진과 내가 사우스캐롤라이나 주 콜럼비아에서 결혼했을 때, 우리는 즉시 그 도시의 교회에 등록했다. 우리는 꽤 자주 교회에 나갔다. 하지만 솔직히 말해서 일요일에 교회 가는 것이 가슴 두근거리는 경험은 아니었다. 나의 생활은 모순과 착잡한 감정으로 가득 차 있었다.

그 시절을 돌아보면 참으로 혼란스러운 여러 해였다. 하지만 정작 그 당시에는 내 생활이 혼란 그 자체라는 인식이 거의 없었다. 교회의 여러 부서에서 이런 저런 자격으로 활동하기는 했지만 이중적인 삶을 살고 있었다. 겉으로는 하나님을 섬기는 척했지만 날마다 사탄의 지령을 받아가며 살았다.

나의 양심도 별 장애가 되지 않았다. "당신의 양심이 당신의 안내자가 되게 하라"는 말을 들으면, 상황에 따라 슬퍼지거나 아니면 웃긴다는 생각이 들었다. 왜냐하면 어떤 사람들은 나쁜 짓을 하고서도 전혀 양심의 가책을 받지 않았기 때문이다. 그들의 양심은 차가울 대로 차가워져서 아무런 죄책감이나 후회도 없었다. 이런 암흑의 시절이었지만 그래도 나는 하나님의 존재에 대해서는 의심하지 않았다. 단지 그분을 개인적으로 알지 못했고 그래서 그분을 무시한 것뿐이었다. 나는 종종 괴상한 기도를 올렸다.

"주님, 당신이 나를 받아들이실 거라면, 내가 집안 청소를 할 수 있도록 5분만 시간을 주십시오."

당신은 이런 기도를 아주 이상하고 혼란스럽다고 생각할지 모른다. 그러니 당사자인 나는 얼마나 더 그렇겠는가!

HAPPY CHRISTIAN
그저 의무적으로 하는 일

나를 잘 아는 사람들은 이 글을 읽으면 꽤 놀랄 것이다. 나는 여러 해 동안 '그저 의무적으로 하는 일'이고 또 그런 식으로 성장했기 때문에 교회에 다녔다. 나는 아름다운 크리스천으로 평생을 일관하신 어머니를 실망시키지 말아야 한다는 강한 책임감을 느꼈다. 많은 사람들이 부모님 혹은 친척이나 이웃을 실망시키지 않으려고 애를 쓰는 반면, 그들에게 영생을 주기 위해 스스로 희생을 선택하신 분의 가슴을 깨트리는 일은 조금도 개의치 않는다!.

나는 결혼한 후 첫 25년 동안에 주님이신 예수 그리스도에게 내 삶을 온전히 바치는 것이 어떤 일이라는 것을 흘깃 엿본 짧은 순간들도 있었음을 고백한다.

HAPPY CHRISTIAN
운전대를 잡은 천사

특별히 내 눈을 번쩍 뜨게 만든 사건이 하나 있었는데 아쉽게도 마음을 열게 하는 계기가 되지는 못했다. 어느 날 밤늦게 나는 차를 몰아 콜럼비아의 집으로 돌아가고 있었다. 집으로 가는 길로 들어서려면 마을의 외곽에 있는 기차 길을 건너야 했다. 나는 철로를 건넌 것을 뚜렷하게 기억하고 있다. 또 헌병이 순찰차의 불을 번쩍거리는 바람에 포트 잭슨(군부대)으로 들어가는 커브 길 앞에서 잠이 깬 것도 기억하고 있다. 하지만 철로에서 군부대까지 달려온 것은 전혀 기억이 나지 않는다.

그러니까 나는 약 6마일의 길을 시속 60마일로 달려와 부대 앞에서 90도 각도로 좌회전을 하고 초소를 그냥 지나쳐 달리다가 헌병

의 플래시 라이트 세례를 받고서야 비로소 잠에서 깨어난 것이었다. 포트 잭슨 안에서도 몇 차례 좌회전과 우회전을 했다는데 그것도 기억이 나지 않는다. 그래서 헌병은 내가 부대 밖으로 빠져나갈 수 있도록 길 안내를 해주어야 했다.

내가 집으로 돌아와 귀가 길에 벌어진 일을 1946년부터 내 아내인 진(슈가 베이비)에게 말해주자, 그녀는 미소를 지으며 바로 그 순간 하나님에게 아주 열심히 기도를 올렸다고 대답했다. 그날 밤 제발 나를 잘 보살펴 달라고 말이다. 물론 그분은 잘 보살펴 주셨다. 그분이 부대 앞에 이르는 내내 내 차의 운전대를 잡고 있었으니까. 나는 정말 그렇다고 확신한다. 의심하는 사람들은 내가 잠든 것이 아니라 깨어 있었다고 말하리라. 성경을 읽을 때마다 그날 밤 하나님이 천사를 보내 내 차를 대신 몰아주었다는 것을 확신하게 된다.

돌이켜 생각해 보면 내가 그 순간 이후 생명의 은인이신 하나님에게 평생을 바치지 않은 것이 놀라울 뿐이다. 나는 그 일을 곧 잊어버리고 말았다. 내 기억이 정확하다면, "감사합니다, 주님"이라고 말하지 않고, 그저 "야, 정말 운이 좋았군!" 하고 말았던 것이다.

HAPPY CHRISTIAN
양다리 걸친 자

어쩌면 나는 죄의식에 사로잡혀 있거나 나 자신이 '쓸모없는 인간'이라고 느꼈거나 내가 과거에 한 것과 현재 하고 있는 것에 대하여 나 자신을 용서하지 못했을 것이다. 그렇기 때문에 주님에게 내 인생을 온전히 바치지 못했을 것이다. 나는 예수 그리스도가 나에게 바라는 것만큼 선량하고 강인한 삶을 살아나갈 사람이 되지 못한다고 느꼈다. 그 결과 길의 양쪽을 동시에 걸어보려는 어리석은 생각을 갖게 되었다. 나는 사탄의 무리들과 어울렸고 그들을 불편하게 만드는 일은 조금도 하지 않으려 했다. 그들과 칵테일을 마시며 음담패설을 지껄였다(물론 신중하고 품위 있게 했다).

나는 가끔 '하늘에 계신 분'을 언급했고 그래서 그들이 올드 지그는 좋은 친구이고 '광신자'가 아닌 범위 내에서 적당히 '종교적인' 친구라고 말하게 만들었다. 그러다가 다시 길을 건너가 성스러운 체하면서 크리스천 친구들과 어울리면서 그들을 불편하게 만드는 일은 조금도 하지 않았다. 그 결과 죄인들과 성자들 양쪽에 잘 어울리는 것처럼 보였으나, 실은 나 자신 어느 캠프에도 속하지 못한 비참한 인간이었다.

사탄의 무리들과 구세주를 모시는 사람들 사이를 오가면서 나는 오랫동안 '울타리에 걸터앉아 있었다.' 나는 너무 오래 양다리를 걸치고 있었기 때문에 그 울타리를 끊임없이 보수해야 되었다! 어떻게 보면 나는 남북전쟁 때 켄터키에 살았다는 저 남군도 북군도 아닌 친구 비슷했다. 그는 어느 쪽에 입대해야 할지 난감했다. 그래서 남군의 회색 상의와 북군의 청색 바지를 동시에 껴입기로 했다. 남군과 북군 사이에 대치전이 발생하기 전까지는 그런 상태가 그런 대로 통했다. 하지만 대치전이 발생하자 사정은 달라졌다. 이 켄터키 친구가 남군 캠프로 달아나자, 남군에게 보이는 것은 오로지 청색 바지뿐이었고 그래서 조니 레브(남군 병사들)는 일제 사격을 해왔다. 그러자 이 친구는 몸을 돌려 이번에는 북군 캠프로 달아났다. 하지만 북군에게 보이는 것은 그 회색 상의뿐이었고 그래서 양키들(북군 병사들)은 일제 사격을 해왔다.

오늘 성경을 읽으면서 내 귀에 쟁쟁하게 들려오는 소리는 이런 것이다. 울타리에 걸터앉은 채 하나님과 인간을 동시에 만족시키려는 자는 가장 한심한 자이다. 그는 어느 누구도 만족시키지 못할 것이고 결국에는 하나님 혹은 인간 중 어느 한쪽을 만족시키는 것은 고사하고 그 자신조차도 만족시키지 못할 것이다.

HAPPY CHRISTIAN
올 아메리칸 가정

우리는 몇 년의 시간이 경과하면서 정기적인 교회 참석으로부터 점점 멀어졌고 컬럼비아에서 텍사스 주 댈러스로 이사한 1968년 무렵에는 아주 간헐적으로 교회에 나갔다. 댈러스로 이사를 하게 되자 겉모양을 유지해야 할 이유가 아예 사라졌다. 아무도 우리를 알지 못했고 아무도 우리가 교회에 나오기를 기대하지 않았으며 친구들도 대부분 우리와 비슷한 성향을 갖고 있었다. 겉보기에 나는 열성적이고, 행복하고, 낙관적이고, 적극적이고, 자신감에 넘치고, 외향적이고, 나 자신과 세상을 상대로 일체감을 느끼는 듯했다.

내 아이들과도 좋은 관계를 유지했고 아내와는 아주 금실이 좋았다. 그래서 우리 딸애들은 우리 부부를 '잉꼬 부부'라고 불렀다. 우리 부부는 서로 사랑을 고백했고 우리를 아는 대부분의 사람들은 우리가 지상의 소금이고 건실한 미국 부부라고 판단했다. 댈러스로 이사 간 첫 3년 반 동안, 우리는 단 세 번 교회에 나갔다. 나는 직장에서 만난 사람들과 이웃들로부터 교회에 나오라는 요청을 받았으나 그럴 듯한 핑계를 둘러대며 나가지 않았다.

우리 부부는 가끔 교회에 나가야 하는데 라고 말만 할 뿐 실제로는 나가지 않았다. 어머니와 장모님은 아이들이란 눈 깜짝할 사이에 커서 부모 품을 떠난다고 우리들에게 일러주었다. 그런 만큼 아이들과 함께 하는 시간이 더 많아야겠다고 생각했다. 우리 가정은 잘 돌아가고 있었고 사업도 원만했고 수입도 좋았으며 가족들의 관계도 더 이상 좋을 수 없었다. 게다가 일요일은 우리 마음대로 할 수 있는 '유일한' 날이었다.

나는 정말이지 하나님의 필요성을 느끼지 못하고 있었다. 충분히 독립되고 또 자급자족하는 생활을 영위하고 있었다. 나는 아주 절망적인 상황이 아니면 하나님에게 기도를 올리지 않았다. 그러니까 당시의 기도라는 것은 신앙심의 발로가 아니라 공포심에 몰린 면피용免避用 기도였다. 참으로 어처구니없는 일이지만 기도란 최후의 수단쯤으로 생각했다. 그것은 정말 잘못된 생각이었다. 나중에야 운 좋게 알아낸 것이지만, 기도는 우리의 최초의 수단인 것이다. 지금 와서 돌이켜 보면 내가 옳다고 믿었던 것들이 실은 믿을 수 없을 정도로 부정확하고 어처구니없는 것들이었다. 남이 이런 성경 말씀을 지적해주어야 겨우 깨달을 정도였다. 하나님은 말씀을 기도하는 심정으로 찾는 사람이라면 그가 설혹 어린아이일지라도 계시를 내려주신다(베드로 전서 2:2).

사람은 재미를 추구하면서 동시에 크리스천이 될 수는 없다. 그게 가능하다고 말하는 것은 사탄의 10가지 거짓말 중 으뜸가는 거짓말이다. 돌이켜 보면 어떻게 그런 황당한 생각을 할 수 있었는지 믿어지지 않는다. 하지만 사람은 예수 그리스도와 개인적 관계를 맺지 못할 때, 아주 많은 어처구니없는 생각을 받아들이게 된다. 그 까닭은 단 하나 진실을 모르기 때문이다. 그 진실은 하나님이 그분의 자녀들에 대하여 무한한 사랑을 갖고 있으며 그 사랑 때문에 못해주는 일이 없다는 것이다.

HAPPY CHRISTIAN
사탄의 세일즈 미팅

나는 평생 세일즈맨이었고 많은 세일즈 미팅에 참석했으므로 몇몇 사탄의 세일즈 미팅에도 참석했을 가능성이 높다. 적어도 내 행동은 그런 미팅에 참석했음을 보여주었을 것이다. 전해져 오는 얘기에 의하면 옛날 옛적에 사탄은 특별 세일즈 미팅을 소집했다. 그는 부하들을 상대로 이렇게 말문을 열었다.

"자네들이 다 알다시피, 우리의 사업은 훌륭하고 더욱 잘 되어 나가고 있네. 하지만 더 많은 사람들을 타락시킬 수 있는 좋은 방법이 분명 있다고 생각 돼. 모든 크리스천들이 알고 있듯이 우리의 목표는 더 많은 사람을 사탄의 왕국으로 개종시키는 거야. 그래, 자네들 무슨 아이디어 없나?"

그러자, 새끼 악마 하나가 일어서서 말했다. "사탄, 나에게 좋은 아이디어가 있습니다. 독한 술로 사람들을 유혹합시다. 하지만 처음부터 너무 독한 술을 권하는 것은 좋지 않을 듯합니다. 약간 물을 타고서 '와인'이라고 부릅시다. 그런 다음 이국적인 이름을 붙이고 술병의 레이블을 알록달록하게 만들어 예쁘게 보이도록 합시다. 그러면 사람들은 술의 독성을 아주 뒤늦게까지 알아채지 못할 것이고 우리는 그들을 더욱 손쉽게 장악할 수 있습니다. 술 마시는 것을 세련된 일, '전문가'의 일로 선전합시다. 세련이라는 헛된 의상을 입히고 운동선수를 광고 모델로 동원하여 '우아한 삶'이라고 홍보하고 사교상의 음주는 즐거운 일이라고 위장합시다. 이렇게 하면 음주는 싱싱한 건강과 정서적 원숙함의 표시라는 그릇된 생각을 사람들의 잠재의식 속에 심어놓을 수 있습니다. 우리는 그런 술자리에 진짜 창녀를 슬쩍 집어넣어 술을 적당히 마시라고 권하는 쇼를 연출할 수도 있습니다. 이렇게 하면 성직자, 설교자, 목사 등도 가끔 칵테일을 마시는 무리에 합류시킬 수 있습니다. 나중에는 신성한 의례에서도 술을 사용하도록 유도할 수도 있어요."

사탄이 대답했다. "그거 좋은 아이디어로군. 우리는 알코올을 너무 지나치게 사용하다가 역효과를 본 적도 있어. 하지만 운동선수를 동원하여 우아한 삶 어쩌고 하는 것은 그럴 듯하군. 그리고 적당히 마셔야 한다고 위장하는 거, 그것도 정말 끝내주는 아이디어로군. 하지만 그 걸로는 부족해. 그 외에 다른 방법이 있어야 쓰겠는데."

HAPPY CHRISTIAN

사람들에게 조금씩 도박을 알려줘라

그러자 또 다른 새끼 악마가 일어서서 말했다. "사탄, 나에게 좋은 아이디어가 있습니다. 사람들을 도박으로 유혹합시다. 하지만 아주 조심스럽게 색다른 기치를 내걸어야 합니다. 군 전시회(농산물·가축 품평회) 같은 것을 후원하면서 우유병이나 풍선을 맞추면 경품을 타가게 하는 겁니다. 이런 사소한 것에서 시작하여 그럴듯한 대의명분을 내걸고 자동차 당첨, 빙고 게임, 복권 판매 같은 것으로 나아갑니다. 만약 우리가 이 사업을 원만하게 잘 해내면 이익을 나누어주겠다면서 교회들을 끌어들일 수도 있습니다. 많은 크리스천들이 아직도 말라기 3:10-11을 제대로 이해하지 못하고서 십일조를 줄여낼 수 있으리라고 생각합니다. 이런 판에 경품 사업을 내걸면 그들의 탐욕과 이기심을 부추겨서 강력한 흡인력을 발휘할 수 있습니다.

이것은 이익을 낼 수 있을 뿐 아니라 사람들을 멋지게 동원할 수 있는 장치입니다. 일요일 오전에 교회에 앉아서 목사의 면피용 둔사遁辭를 들어주는 것도 즐거운 일입니다. 그런 경품 제도가 도덕에 어긋나고 하나님의 말씀에 위배되는 것이므로 목사는 성경의 진리를 외면하는 헛소리를 할 수밖에 없을 테니까. 그러니 이건 '목사'가 우리 사탄의 일을 대신해주는 게 아니고 뭐겠습니까. 우리는 정말 강력한 위치를 차지하게 되는 겁니다!

거기서 한 발자국 더 나아가 주정부가 주관하는 복권 제도를 실시하도록 합니다. 주 정부의 재정 적자가 심각하다고 호소하면 교회의 인사들도 적극 이 제도에 참여할 겁니다. 아무튼 교회 내에서는 도박 행위를 후원하면서도 주 정부 차원의 도박을 지지하지 않는다면 그건 '위선'이 될 겁니다. 선량한 교회 사람들은 그런 위선을 모면하기 위해 뭐든지 할 겁니다. 이렇게 하고 나면 경마, 축구 경기, 기타 노름 수단을 통해 도박을 합법화시키는 겁니다. 아무튼 주 정부는 이런 제도를 통해 더 많은 수입을 확보하고 싶을 테니까. 사탄, 이 아이디어를 적극 추진하도록 합시다. 일단 도박을 합법화시키면 그에 따르는 파급 효과도 상당합니다. 조직범죄, 포르노그래피, 매춘 등은 언제나 합법적 도박의 동반자들이니까 말입니다."

사탄이 대답했다. "그거 흥미로운 얘기군. 몇 가지 새로운 각도에서 방법론을 제시했군. 하지만 우린 그분야에서 상당히 일을 벌여 놓았어. 그러니 뭔가 새로운 것이 있어야겠어. 예수 그리스도를 섬기라며 복음을 전파하는 훌륭한 목사들과 헌신적인 일요학교 교사들이 우리의 사업을 상당히 방해하고 있단 말이야. 그러니 뭔가 새로운 것을 추가해야겠어."

HAPPY CHRISTIAN
의미 있는 관계인 척하기

그러자 세 번째 새끼 악마가 일어서서 말했다. "사탄, 보다 은밀하고 색다른 방식으로 섹스를 도입하도록 합시다. 섹스는 하나님이 즐기라고 만들어 놓은 것이고 인간의 육체는 아름다운 것이므로 노골적으로 그 아름다움을 과시하라고 얼려 넘깁시다. 세상은 아주 세련되어 이제 자유로운 섹스는 결코 더러운 것이 아니라고 현혹시킵니다. 섹스는 더러운 것이라기보다 즐기는 것이라고 널리 광고합시다. 남녀 관계에서 '의미'만 있다면 그 어떤 섹스도 허용 가능하다고 일러줍시다. '사회적 가치를 회복시켜' 주기만 한다면 포르노그래피도 상관없다고 얼립시다.

대법원의 아홉 대법관들이 어떤 게 포르노그래피인지 정확히 모르겠다고 말하는 날이 올지도 모릅니다. 하지만 대법관들이 12살 아이들에게 뭐가 더럽고 지저분한 것인지 물어보지는 않겠지요. 그 애들은 1분도 안 되어 그게 뭔지 좔좔 읊어댈 테니까 말입니다! 그런 다음에는 신문, 잡지, 텔레비전, 연극 등을 통해 각종 섹스 관련 정보를 흘리는 겁니다. 마침내 사람들은 그게 '의미 있는' 관계이기만 하다면 누구와 섹스를 해도 상관없다고 생각하게 될 겁니다."

올드 사탄은 빙그레 웃으면서 말했다. "그래 맞았어. 그게 우리가 가지고 있는 가장 강력한 도구야. 그 특별한 수단을 통하여 하루에도 수백 명씩 지옥의 현관으로 불러들이고 있어. 쾌락이 인생의 길이며 음주, 도박, 포르노그래피, 불법 섹스를 통해야만 그런 쾌락이 생긴다고 선전하여 놀라운 결과를 거두고 있어. 하지만 그 '의미 있는 관계'라는 홍보 문구는 좀더 지원 병력을 보강해야겠어. 가장 뛰어난 홍보맨을 붙이고 그 문구를 지지하는 유명인사들을 더 포섭하도록 해. 새끼 악마! 추가 보완책으로 일부 교회도 끌어들여. 그렇게 하면 이 운동을 교회의 운동인 것처럼 꾸밀 수 있단 말이야.

그리고 한 가지 더. 이건 추가로 생각난 건데 동성애도 지지한다고 북소리를 크게 울려. 소돔과 고모라에서는 이걸 가지고 재미 한

번 크게 보았지! 로마와 그리스는 물론이고 다른 망해버린 88개의 문화권에서도 동성애는 멸망으로 가는 마지막 결정타였지. 우선 몇몇 교회를 내세워서 동성애는 '라이프스타일'이고 다윗과 요나단도 알고 보면 동성애 관계였다고 나발을 불게 해. 웃지 마, 새끼 악마. 유명 인사들이 나서서 동성애란 일종의 라이프스타일(생활 방식) 운운하면 사람들은 금방 속아 넘어가게 되어 있어.

사람들이 이 문제에 대하여 하나님의 말씀을 곰곰이 되새기지 않는 한, 이 작전은 충분히 성공 가능해. 이건 크리스천들이 제대로 해결하지 못할 정도의 문제와 혼란을 일으킬 수 있다고! 그리고 동성애자들이 초등학교 교사로 취업하여 애들을 가르치게 하는 거야. 이 문제에 대해서 노골적으로 반대하고 나서는 양심 있는 사람들이 현재 별로 없어요.

그리고 말이야. '양심적인' 사람들은 소수세력의 '권리'와 '동의하는 성인들'이라는 요술에 넘어가서 죄악은 어디까지나 죄악이라는 사실을 잊어버리고 있어요. 그 죄의 본질은 따지지 않고 이렇게 헛소리로 둘러대고 있단 말이야. 이렇게 해놓으면 그 양심적인 사람들도 서로 상대방의 멱살을 부여잡고 싸울 날이 멀지 않았어. 자네들도 알다시피 혼란이 나의 주특기이니까 말이야. 아무튼 자네들의 아이디어는 다 좋았어. 그래도 지옥의 빈 자리를 모두 채우려면 뭔가 특별한 아이디어를 더 생각해내야 할 것 같아."

HAPPY CHRISTIAN
내일은 곧 돌아온다

마침내 네 번째 새끼 악마가 일어서서 말했다. "사탄, 나는 지금껏 나온 그 어떤 아이디어보다 더 좋은 아이디어를 생각해 냈습니다. 만약 휴가가 보너스로 달려있는 아이디어 경진 대회가 있었다면 내 아이디어가 분명 1등을 할 겁니다."

사탄은 희색이 만면하여 대꾸했다. "새끼 악마, 어서 말해봐. 우리는 뭔가 획기적인 인원 모집 아이디어가 필요해."

네 번째 새끼 악마가 숨도 쉬지 않고 대답했다. "사탄, 우리는 리버스 셀reverse sell(역추진 방식의 판매)을 해야 합니다. 리버스 셀이란 마이너스 방식으로 접근하는 것을 말합니다. 가령 모든 사람에게 술도 끊고, 도박도 안 하고, 불법적인 섹스도 멀리하고, 그 어떤 죄악도 저지르지 말라고 하는 겁니다."

그러자 사탄은 화를 벌컥 내며 말했다. "새끼 악마, 자네는 제정신이 아니구먼. 우리가 아무리 말려도 그들은 결국 하고 말거야. 사실상 그걸 그만 두라고 할 길이 없어. 게다가 그것들은 우리의 가장 위력적인 인원 선발 도구가 아닌가!"

새끼 악마가 사탄을 제지하며 말했다. "사탄, 저의 말씀을 제발 끝까지 들어주십시오. 먼저 그들에게 그 모든 것을 끊어야 한다고 말할 뿐 끊으라고 재촉하는 것은 아닙니다." 이어 새끼 악마는 얼굴 가득히 교활한 미소를 지으며 계속 말했다. "그런 다음 그리 서두를 것은 없다, 내일은 곧 돌아오니까 라고 말해주는 겁니다."

사탄은 그제서야 알겠다는 듯이 파안대소하고 고개를 끄덕거리며 동의했다. "정말 환상적인 아이디어로군! 음, 내일까지는 안 해도 된다는 말에 안 넘어갈 놈은 없는 거지. 그 내일은 인생 종칠 때까지 무수히 있고 말이야. 이봐, 그 말을 치장할 수 있는 그럴 듯한 다른 말은 없어?"

새끼 악마가 대답했다. "사탄, 두 단어는 반드시 계속 사용해야 한다고 생각합니다. 이 두 단어는 누구나 다 알고 있는 것이니까. 이 것은 우리의 세일즈 노력을 줄여주며 판매의 효과는 높여줍니다. 그 두 단어는 연기延期와 내일입니다. 자꾸만 연기하는 사람에게 내일이라는 말처럼 달콤한 단어는 없습니다. 그러니 세상에서 제일 팔아먹기 좋은 말은 내일은 곧 돌아오니 너무 서두를 필요 없다는 겁니다."

그러자 사탄과 새끼 악마들은 정말 천재적인 발상이라고 입을 모아 칭찬했다. 마스터플랜이 정해졌으므로 이제 남은 것은 세부 사항을 짜는 것뿐이었다. 그리고 오늘날 사탄의 마스터플랜은 아주 효과적으로 운영되고 있는 중이다.

과연 이런 세일즈 미팅이 벌어졌겠는가 하고 의심하는 사람들도 있을 것이다. 하지만 나는 확신한다. 사탄은 이런 세일즈 미팅을 주관했을 뿐 아니라 매일, 매시간, 매분 세일즈 훈련 세션을 개최하면서, 서두를 것 없다는 아이디어를 강조하고 있다. 하지만 우리의 주님은 당신이 오시는 때를 아무도 모른다고 말씀하신다. 그러니 친구여, 그대에게는 이런 질문이 남는다. "당신은 구제되었는가 혹은 구제되지 않았는가?" 만약 이 글을 읽고 있는 순간에 주님이 이 세상에 오신다면 주님은 그대를 당신의 자녀로 인정해 주실 것인가? 이 질문에 어떤 대답이 나오느냐에 따라 그대의 영생 여부가 달려 있다.

　우리는 하나님이 오신다는 것을 알고 있다. 모르는 것은 그때가 언제인가 하는 것뿐이다. 나는 그분이 오실 때 당신이 준비되어 있기를 바란다. 만약 준비가 되어 있지 않다면 이 책의 끝 부분에서 당신에게 간단한 절차를 하나 일러줄 것이다. 이 절차만 마친다면 그분이 언제 오시는지 상관없이 하나님은 당신을 그분의 왕국 안으로 환영하실 것이다.

　나는 이 글을 쓰면서 이 문제를 곰곰 생각하는데, 왜 좀더 일찍 주님에게 귀의하지 못했는가 하고 의아할 뿐이다. 나는 그런 결정적 귀의를 마음속에서 몇 번 생각해본 적은 있었다. 하지만 아주 '기이하고' 또 '이상한' 상황이 여러 번 겹쳐지면서 비로소 최종적인 귀의를 하게 되었다. 그런 사건들을 언급하기 전에 진정한 '눈 뜸eye-opener'이 무엇인지 살펴보고 천상의 뷔페 요리 하나를 더 맛보기로 하자.

HAPPY CHRISTIAN
눈을 떴기 때문에 더 **값**이 **나가요**

　한 어린 소년이 강아지 여섯 마리를 팔겠다고 나섰다. 옹기종기 모여 있는 강아지들은 정말 귀여웠다. 교배 잡종이었고 어린 소년은 한 마리에 5달러씩 팔겠다고 했으나 아무도 사려는 사람이 없었다. 아주 싸게 판다고 커다란 간판을 그 옆에 세워놓았는데도 말이다. 사려고 기웃거린 사람은 딱 한 명뿐이었다. 한 친절한 신사와 그의 어린 아들이 멈춰 서서 강아지들을 내려다보기만 했고 정작 사지는 않았다. 일주일 뒤 그 신사는 같은 장소를 지나다가 5달러 간판은 내려지고 그 자리에 25달러 간판이 서 있는 것을 보았다. 신사는 호기심을 억누르지 못하고 멈춰 서서 왜 가격이 급상승했느냐고 소년에게 물었다. 소년은 자랑스럽게 강아지 한 마리를 움켜쥐더니 말했다. "이것 보세요, 아저씨. 이렇게 눈을 떴잖아요. 그래서 값이 더 나가는 거예요!"

비유적인 의미에서 볼 때 소년의 말은 우리 인간 전체에게도 해당된다. 우리가 '눈을 떠서' 예수님이 우리의 주님이면서 구제주라는 것을 보게 된다면 우리는 더욱 값나가는 존재가 되는 것이다. 우리 자신에게, 우리 가족에게, 우리 이웃과 동료들에게 가치 있는 사람이 되는 것이다. 예수님은 우리를 '있는 그대로' 사랑하신다. 바로 그 때문에 예수님은 갈보리 언덕에 올라가셨던 것이다. 우리가 눈을 뜨고 그분의 보혈을 제대로 알아보게 된다면 우리는 이곳 지상에서 하나님의 천상 뷔페 요리를 맛볼 수 있게 된다.

HAPPY CHRISTIAN
똑똑해진 다음에 하나님을 믿거나 아니면 하나님을 믿은 덕분에 똑똑해지거나

내가 접촉하는 많은 사람들은 자신이 좀더 똑똑해졌으면 좋겠다고 말한다. 지식이 더 많다면, 이렇게 저렇게 똑똑하다면, 더 좋은 판단력을 갖고 있다면, 좀더 빨리 달리면서 이웃 사람들을 위해 더 많은 일을 할 수 있을 텐데 라고 말한다. 하나님의 천상 뷔페 요리의 매력적인 요소는, 그분이 똑같은 요리를 아주 여러 번 뷔페 테이블 위에 올려놓으신다는 것이다. 뷔페 라인을 걸어가다가 앞부분에서 원하는 요리를 놓쳤다 해도 뒷부분에서 얼마든지 다시 그것을 찾아 먹을 수 있다. 따라서 질문은 아주 간단하게 요약될 수 있다. 당신은 정말로 지금보다 더 똑똑해지고 싶은가?

시편 19:7에서 하나님은 말씀하신다. "여호와의 증거는 확실하여 우둔한 자를 지혜롭게 한다." 따라서 지혜는 인간이 쓴 책으로부터 얻는 것이 아니라 그와는 다른 원천에서 오는 것이다. 가령 당신이 성경을 펼쳐들고 요셉의 이야기를 읽는다면 요셉이 파라오의 왕국을 통치하는 기술을 전수하는 학교에 다니지 않았음을 금방 알 수 있다. 그는 하나님의 지시에 따라 그 왕국을 다스린 것이었다. 성경은 그가 아주 커다란 성공을 거두었다고 명시적으로 말하고 있다.

우리가 하나님을 믿으면 그분은 우리를 믿고서 우리가 생각해낼 수 없는 지혜의 축복을 주신다. 하나님은 잠언 2:6에서 말씀하셨다. "여호와는 지혜를 주시며 지식과 명철明哲을 그 입에서 내신다." 야고보서 1:5는 말한다. "너희 중에 누구든지 지혜가 부족하거든 모든 사람에게 후히 주시고 꾸짖지 아니하시는 하나님께 구하라. 그리하면 주시리라." 하지만 1:6에는 이에 따르는 한 가지 조건이 제시되어 있다. "오직 믿음으로 구하고 조금도 의심하지 말라. 의심하는 자는 마치 바람에 밀려 요동하는 바다 물결 같으니라."

문제는 아주 간단하다. 대부분의 사람들이 "오, 주님 저를 더 똑똑하게 만들어 주십시오"라고 단숨에 말한 후, 이어서 "물론 내게 그런 지혜를 주지 않으시리라는 것을 압니다"라고 말해 버린다. 이런 것은 정말 기도라고 할 수 없다. 또 하나님이 당부하신 신앙의 기도는 더더욱 아니다. 당신이 정말로 지금보다 더 똑똑해지고 싶다면 하나님에게 그렇게 만들어 달라고 빌어라. 그분은 충분히 그렇게 해주실 수 있다. 정말로 그렇게 해주실 것이라고 그대가 확신하기만 하면 정말로 그렇게 될 것이다. 천상의 뷔페 요리에 들어있는 저 자그마한 '음식'은 당신이 평생 동안 매일 풍부하게 먹을 수 있도록 해주신다.

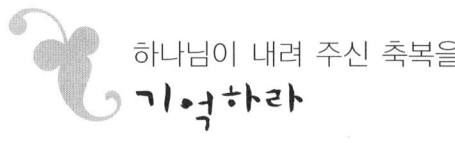
하나님이 내려 주신 축복을
기억하라

🍃 하나님이 내려 주신 축복을 감사하면 할수록 더 많은 것에 대하여 감사하게 된다.

　첫 번째 "감사합니다" 날짜 _____
　두 번째 "감사합니다" 날짜 _____

　주님, 다음의 일을 감사드립니다.

　　1. _____
　　2. _____
　　3. _____
　　4. _____
　　5. _____
　　6. _____
　　7. _____
　　8. _____
　　9. _____
　10. _____
　11. _____
　12. _____

크리스천의 가치는 전염이 되고 널리 전파된다.

어느 크리스천의 행복한 고백

CHAPTER **05**

내 마음에 오소서

HAPPY CHRISTIAN

나의 경우, 즉시 내가 딴 사람이 되었다는 것을 깨달았다. 나는 그분의 것이고 내가 과거에 저질렀던 많은 짓들을 결코 되풀이하지 않으리라는 것을 알았다. 그렇지만 번쩍거리는 불빛을 보거나 왱왱 울리는 벨 소리를 듣지는 못했다. 하지만 이것 한 가지만은 확실히 깨달았다. 내가 구제를 받았고, 주님은 영원히 살아 계시는 분이며, 나도 그분과 함께 영원히 살리라는 것을.

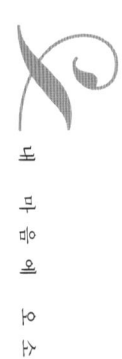
도무스의 호소소

　나는 당시 테네시 주 내시빌에 자리 잡은 직접 판매 회사에서 일하고 있었다. 그 회사 직원들 중 여러 명이 앤 앤더슨이라는 놀라운 크리스천 여성에 대하여 내게 말해주었다. 나는 마침내 앤을 만나서 그녀의 스토리를 들었다. 그녀는 과거에 교통사고를 만났고 왼쪽 다리 세 군데가 골절이 되었다. 골수염이 시작되어 왼쪽 다리는 젤리처럼 흐물흐물해져 버렸다. 병은 낫지 않았고 다리를 절단하는 수밖에 없을 것 같았다. 수술 날짜가 잡혀지고 모든 수속이 끝났을 때, 앤의 친구 중 한 사람이 시스터 제시를 만나볼 때까지는 수술을 받지 말라고 호소했다. 시스터 제시는 예언자이고 천사이며 그래서 기적을 행할 수 있다는 것이었다. 앤은 지푸라기라도 잡는 심정으로 그 친구에게 그녀를 데려와 달라고 부탁했다. 시스터 제시는 앤을 찾아와 화농한 상처에다 꿀과 버터를 바르고 예수 그리스도의 이름으로 앤을 위해 기도를 올렸다. 긴 얘기를 짧게 줄여서 말한다면, 앤 앤더슨은 왼쪽 다리를 절단하지 않았고 오늘날도 그 다리를 잘 쓰고 있다.

이 일이 있은 지 얼마 되지 않아 진과 나는 내시빌의 콘벤션에서 앤 앤더슨을 만났는데 그녀는 시스터 제시를 한번 만나 보라고 내게 권했다. 정말이지, 그녀를 만난 경험은 놀라운 것이었으며 내 눈을 번쩍 뜨게 만드는 사건이었다. 그녀는 몇 마디 말을 던졌는데 나에게 커다란 인상을 남겼다. 그녀는 이렇게 말했다. "당신은 술을 좀 마시지요?" 나는 그렇다고 대꾸했다. 시스터 제시는 머리를 흔들더니 나지막하게 중얼거렸다. "하나님께서 당신에게 내려준 좋은 자질을 감안하면 술은 정말 나쁜 것이니 지금 당장 끊도록 하세요." 그녀와의 만남은 짧게 끝났다. 그녀는 우리를 위해 기도를 해주었고 우리는 물러 나왔다.

댈러스로 돌아오자 우리는 앤 앤더슨과 시스터 제시를 우리 집으로 초대했다. 우리는 두 사람을 7월 4일 주말에 맞추어 비행기로 모셔왔고 우리 집에서 사흘을 묵게 했다. 지금 와서 그때의 일을 돌이켜 보니 참으로 흥미롭다는 생각이 든다. 그 사흘을 분석하면 여러 가지 사항들이 발견된다. 시스터 제시는(그녀의 영혼이여 곤히 잠드소서) 천사도 아니었고 예언자도 아니었다. 그녀가 우리 친구들 중 한 명에게 해준 조언은 성경의 근거가 없는 것이었다. 시스터 제시는 약간 치매의 기운을 보이고 있었다(적어도 나는 그렇게 생각한다). 하지만 그녀가 하나님을 사랑하고 하나님은 그녀를 통하여 우리 부부를 예수 그리스도에게 인도했다는 것은 의심의 여지가 없다. 이것은 어떤 크리스천 친구가 말한 아름다운 상투어의 진실을 증명한다. 하나님은 사람의 '능력'보다는 '적극적인 의욕'에 더 관심이 많으신 것이다. 시스터 제시에게 능력이 있느냐 없느냐는 중요한 문제가 아니다. 그녀는 적극적인 의욕이 있었고 하나님은 그런 의욕을 사용하여 우리 가정에 변화를 가져다 주셨다. 나는 그 점에 대하여 하나님에게 감사를 드린다. 나는 그 일로 해서 남은 인생을 몽땅 예수 그리스도에게 바치게 된 것이었다.

HAPPY CHRISTIAN
그리고 좋은 일들이 벌어졌다

1972년 7월 이래 벌어진 일들은 아주 신나는 스토리였다. 주님은 즉시 나에게 모습을 드러내셨다. 나는 여러분이 다음의 이야기를 오독誤讀하지 말기 바란다. 많은 사람들에게 있어서 예수 그리스도를 받들어 모시는 것은 아주 독특한 경험이다. 환한 불이 켜지고, 흥분이 흘러넘치고, 진한 감동이 발생한다. 또 어떤 사람에게 있어서 그것은 아주 평온하고 침착한 체험으로 나타나기도 하는데, 감동이나 느낌 같은 것이 없을 수도 있다. 나의 경우, 즉시 내가 딴 사람이 되었다는 것을 깨달았다. 나는 그분의 것이고 내가 과거에 저질렀던 많은 짓들을 결코 되풀이하지 않으리라는 것을 알았다. 그렇지만 번쩍거리는 불빛을 보거나 왱왱 울리는 벨 소리를 듣지는 못했다. 하지만 이것 한 가지만은 확실히 깨달았다. 내가 구제를 받았고, 주님은 영원히 살아 계시는 분이며, 나도 그분과 함께 영원히 살리라는 것을.

예수 그리스도에게 평생을 바치기로 결심한 후에 내가 한 첫 번째 일은 집안에 있던 모든 술을 싱크대에다 버리는 것이었다. 나는 아주 절제하면서 술을 마시는 사람인데도 불구하고 우리 집에는 술병이 상당히 많았다. 그 술은 대부분 우리의 친구나 내가 연설을 해준 회사에서 준 것이었다. 샴페인 한 박스, 스카치와 버본 큰 병 여러 개, 항공사가 기내에서 제공하는 미니어처 술병 수십 가지였다. 다음 날 아침 내 딸들은 주방에 들어와서는 잠시 당황했다. 마치 양조장 같은 냄새가 났기 때문이었다.

나는 음주가 나의 구원과는 아무런 상관이 없다는 것을 안다. 하지만 내 몸과 마음은 하나님이 주신 것이고, 하나님은 내가 심신을 남용하거나 오용하는 것을 좋아하지 않으시는 것이다. 더욱 중요한 사실로, 내가 술을 마시게 되면 몇몇 사람들을 기분 나쁘게 할 것이고 그 결과 그들에게 강력한 증인이 되지 못한다는 것이다.

보다 현실적으로 말해 보자면, 내 이웃들은 성경을 안 읽을지 모르지만(과거의 나처럼, 그 사람들은 먼지가 가득 앉은 성경을 보고서 그 안의 내용도 말라 비틀어졌을 것이라고 오해할지 모른다), 나라는 사람의 행동을 '읽는' 것이다. 바로 이런 까닭으로 크리스천은 이웃 사람들의 '성경'이 된다. 이웃 사람들이 당신을 '읽을' 때, 크리스천인 당신과 그렇지 않은 사람들 사이에 결정적 차이가 있음을 알려줄 필요가 있다. 싱크대에다 술을 버릴 때 조금도 망설이지 않았고 재탄생일 이후 술을 마시고 싶다는 유혹을 전혀 느끼지 못했다. 단 한 번의 예외가 있었는데 그에 대해서는 곧 말씀드리겠다.

우리는 엉뚱한 이유로 시스터 제시를 만나러 갔었다. 그러나 그 방문은 주님을 사랑하는 사람들에게는 여러 일들이 종합적으로 작용하여 좋은 결과를 가져온다는 가르침을 확인해 주었다(방문 당시 나는 주님을 진정으로 사랑하지 않았을지 모르나 나의 아내는 사랑했고 하나님은 나도 곧 그렇게 되리라는 것을 알고 계셨다). 우리는 여러 가지 이유로 시스터 제시를 만나러 갔었다. 호기심도 작용했고, 앤 앤더슨의 열성도 한 몫 했고, 시스터 제시가 마법의 방망이를 휘둘러서 우리에게 즉각적인 건강, 부, 행복을 가져다주었으면 하는 은근한 기대도 작용했다. 이제 와 돌이켜 생각해 보니 그것은 하나님의 마스터플랜 중 한 부분인 것 같다.

시스터 제시를 찾아갔을 때 우리 부부의 금슬은 전보다 더 좋은 상태였다. 나의 일도 잘 되어 나갔고 미래는 아주 밝아 보였다. 겉으로 보기에 모든 것이 장미 빛 일색이었다. 하지만 뭔가 좀 부족한 느낌이 들었다. 그것에 대해서 다음의 얘기가 잘 설명해 주리라 생각한다.

2차 대전 중 정부는 무슨 이유에서인지 바닷물을 인공적으로 생산하는 프로젝트를 시행했다. 이 연구는 매사추세츠 공과대학에서 수행되었다. 과학자들은 이 문제를 성공적으로 결론지을 수 있다고 생각했다. 그들은 오랫동안 연구한 끝에 "유레카!"라고 소리치며 인공 해수를 만들어내는 방법을 발견했다. 그들이 만든 바닷물과 자연산 바닷물을 현미경 아래 같이 놓고 관찰해 보니 모든 것이 완벽하게 일치했다. 그때 한 고참 과학자가 연구 완료를 선언하기 전에 마지막 실험을 하나 해보자고 제안했다. 다른 과학자들은 자신만만해 하면서 이미 결론 났고 더 이상 시간 낭비할 필요가 없다고 말했다. 하지만 고참 과학자는 마지막 실험을 한다고 해서 지연되는 건 고작 24시간뿐이라며 자신의 주장을 고집했다.

마지막 실험은 아주 간단한 절차였다. 한 통의 자연산 바닷물과 또 다른 통의 인공 바닷물을 나란히 놓고서 물고기를 각 통에 넣어 실험하는 것이었다. 고기 몇 마리를 자연산 바닷물에 넣었더니 아주 행복하게 헤엄치며 돌아다녔다(물론 행복이라는 단어는 나의 추정이다). 이어 과학자들은 물고기를 인공 바닷물 통에다 집어넣었다(당신은 이미 스토리의 결말을 알고 있으리라). 물고기들은 그 즉시 불편함과 거북함의 표시를 보이더니 얼마 지나지 않아 죽어버렸다. '최고의 과학자'는 그분의 비밀을 모두 공개하지는 않았던 것이다. 인간이 만든 바닷물에는 뭔가 부족했던 것이다.

분명 내 인생에서도 뭔가 부족했다. 하지만 나는 그게 무엇인지 알지 못했다. 사람들이 하는 말마따나, 거기 무엇이 있는지 모르기 때문에 나는 내가 무엇을 바라는지 몰랐다.

HAPPY CHRISTIAN
아니, 다시는 안 마실게

이제 사탄이 "한 번 정도는 괜찮아"라고 말하며 나를 유혹했던 이야기로 돌아가자. 내 아내의 머리를 다듬어주는 미용사가 와인만을 전문으로 하는 독일풍 레스토랑을 개업했다. 우리는 어느 날 저녁 결혼기념일을 맞이하여 그 집을 찾아갔다. 레스토랑의 주인은 그날이 우리의 특별한 날임을 알고 자그마한 기념 와인을 한 병 서비스했다. 우리는 그 술을 마셨는데 음주가 분명 잘못이라는 것을 알고서 망설이며 불안해했다. 하지만 그 와인을 거절하면 레스토랑 주인의 기분을 나쁘게 할 것 같아서 마지못해 받아 마셨던 것이다.

우리가 그날 밤 집에 돌아오니 당시 10살이던 우리 아들은 그날 밤의 일을 이것저것 물어왔다. 그 과정에서 아들은 우리의 음주 사실을 알게 되었다. 그 순간 아들의 입술이 부들부들 떨렸다. 전에 절대로 술을 마시지 않겠다고 한 약속은 어디로 갔느냐며 아들의 눈에 눈물이 가득 고였다. 그때 이후 나를 평생 술 안 마시는 사람으로 만든 아들의 결정타는 바로 이것이었다. "아빠, 난 아빠한테 얼마나 실망했는지 몰라요." 이 지상에서 그 어떤 아름다운 와인도 그 어떤 매혹적인 칵테일도 내 아들과 천상의 아버지를 실망시켜도 괜찮을 만큼 값어치가 있지는 않았다.

많은 사람들이 술을 절제하면서 마시는 것은 괜찮고, 가끔 칵테일이나 와인을 드는 것은 건강에도 좋다고 생각한다. 또 음주 여부가 나의 구원에 아무런 관계도 없다. 하지만 술이 뇌세포를 파괴하고, 그 결과 내 행동에 나쁜 영향을 미치고, 형제에게 실수하게 만들 수 있다는 것을 알기 때문에, 나는 결코 술에 손대서는 안 되는 것이다. 만약 단 한 방울도 안 마신다면 원천적으로 음주 문제를 봉쇄할 수 있는 것이다. 다행히도 나는 술을 안 마신다고 해서 그 외의 다른 것을 포기하지는 않았다. 그와는 정반대로 내 의식을 언제나 또렷하게 장악할 수 있게 되었다(나의 경우에는 언제나 맑은 의식을 유지하는 것이 아주 중요하다).

비즈니스 컨설턴트인 나는 사업가들에게 사업 얘기를 할 때에는 절대로 칵테일을 마시지 말라고 조언한다. 도덕적·종교적 이유 때문에 그런 것이 아니라, 좀더 진지하게 사업 얘기를 하는 현실적 방안으로서 조언하는 것이다. 칵테일이 사람의 긴장을 풀어주고, 정신을 날카롭게 해주고, 사업 감각을 높여준다고 말하는 사교상의 음주 예찬론자들도 있다. 하지만 그런 사람들에게 다음 두 가지 사항을 지적하고 싶다. 첫째, 사업상의 얘기를 나눌 때 술잔을 거절하면 동료들의 감탄과 존경을 받을 가능성이 높다. 둘째, 만약 칵테일이 당신의 정신을 날카롭게 한다는 환상에 빠져 있다면, 다음의 단답형 질문에 대답해 보라. 당신이 중대한 수술을 받기로 되어 있는데 집도의 執刀醫가 그의 정신을 날카롭게 하기 위하여 수술 전에 칵테일을 한 잔 하고 수술하기를 바라는가?

HAPPY CHRISTIAN
그리스도는 정말로 차이를 가져오는가?

정말로 그렇다고 단언한다. 그 차이는 인생의 여러 국면에서 1만 가지의 다른 방식으로 나타난다. 최근에 텍사스 주 댈러스의 퍼스트 뱁티스트 세인츠 팀은 트리니티 크리스천 아카데미 트로전스 팀을 상대로 미식축구를 했다. 게임이 시작되기도 전에 크리스천이 보여주는 차이점 하나가 분명하게 드러났다. 미국 국가를 부르는 동안 장내 방송 시스템이 갑자기 고장났다. 경기장의 관중석은 만원이었다. 관중들은 가사와 곡조를 알고 있었고 박자 하나 틀리지 않고 국가를 끝까지 불렀다. 이런 놀라운 광경을 당신은 본 적이 있는가?

치열한 경기가 벌어졌고 3쿼터가 끝날 때까지 누가 이길지 오리무중이었다. 그러나 3쿼터 후반에 퍼스트 뱁티스트가 재빨리 두 번의 터치다운을 이끌어내어 18-0으로 앞서갔다. 태클과 블로킹은 살

벌했고 정말 내가 본 미식축구 경기 중에서 가장 거친 게임이었다. 트리니티 크리스천의 선수들은 정말로 이기고 싶어 했고 '반드시 이겨야 하는' 게임에서 지자 실망하고 비통해하는 기색이 역력했다. 그러나 환호와 눈물이 가라앉자 두 학교의 선수들은 함께 무릎을 꿇고 기도를 올렸다. 퍼스트 뱁티스트의 적색과 백색의 유니폼에 퍼스트 트리니티의 청색과 백색의 유니폼이 뒤섞였다. 그들은 함께 소리 높여 주님의 기도를 올렸다. 이어 그들은 함께 일어나 탈의실로 걸어갔다. 그것은 가장 아름다운 기독교 정신의 표본이었다. 그런 고상한 행동을 할 수 있도록 만들 수 있는 분은 예수님뿐이다.

만약 우리가 객관적인 시각으로 사태를 바라볼 수만 있다면 독실한 크리스천은 보통 사람들과는 다르다는 것을 분명하게 알 수 있을 것이다. 예를 들어, 1972년 6월에 있었던 '엑스포 72'에 10만 명의 젊은이들이 댈러스에 운집했다. 그들은 다양한 인종, 신조, 피부 색깔의 젊은이들이었는데 예수 그리스도의 보혈을 믿는다는 형제애의 유대로 묶여져 있었다. 댈러스 경찰서는 그 주간에 이 10만 명의 젊은이들 중 단 한 명도 체포한 사례가 없었다. 이것은 공식 기록으로 나와 있다. 뿐만 아니라 댈러스 경찰서에는 단 한 건의 고소도 접수되지 않았다. 이러한 사실은 정말로 공정하게 평가해 주어야 한다. 단 하루짜리 록 페스티벌이나 기타 이벤트에서 벌어진 일과 비교해 보면 크리스천들이 얼마나 다른지 실감할 것이다.

이 원고를 쓰고 있는 지금에도 댈러스에서 30마일 떨어진 곳에서 있었던 록 콘서트에서 14세 소년이 칼에 찔려 죽었고 소년의 이복형제 두 명이 중상을 입었다. 내 말을 오해하지 말기 바란다. 다른 행사에 참가한 소년들이 반드시 법을 위반하게 되어 있다는 얘기를 하려는 것은 아니다. 단지 예수 그리스도의 인도를 받는 모임에 참가하는 사람들은 다르고, 또 다르게 행동한다는 것을 말하려는 것뿐이다. 이것은 기록에 의해서도 증명되는 바이다. 내 친구 새미 홀은 한때 일류 록 스타에 마약 중독자였는데 그 후 예수님을 받아들여 그분을 위한 성가를 부르고 있다. 그는 천국에 이를 때까지 크리스천은 다르다는 말이 정말 맞는 말이라고 하며 "아멘"을 연발할 것이다.

HAPPY CHRISTIAN
나의 아내에게 물어 보라

지난 7년 동안 많은 사람들이 내 연설이 끝난 뒤 나를 찾아와서 뭔가 새로운 차원이 더해진 것 같다고 말해왔다. 내가 말하는 내용과 말하는 방식에 뭔가 다른 것, 뭔가 더 좋은 것이 덧붙여졌다는 것이었다. 그들은 그게 무엇인지 정확히 말하지는 못했지만 전에는 없었던 새로운 힘과 확신을 느꼈다고 했다. 그들은 종종 "당신 말은 정말 믿음직합니다"라고 말했다. 전에 나의 동료였고 현재는 친구 겸 형제인 한 사람은 아주 솔직하게 이렇게 말했다. "지그, 예전에 당신의 연설을 들으면 가짜라는 느낌이 들었는데, 지금은 아닙니다." 나는 그의 평가가 정확하다고 생각했기 때문에 그런 논평에 동의했고 조금도 화를 내지 않았다.

나는 그리스도가 엄청난 차이를 만들어낸다고 믿는다. 왜냐하면 재탄생일 이후에 나의 삶은 과거와는 180도 달라졌기 때문이다. 나의 아내도 이런 말이 나올 때마다 "아멘"하며 동의한다. 내가 어디를 가나 주님이 함께 한다는 생각 때문에 그녀는 즐거움, 평화, 안전함을 느끼고 있으며, 그 덕분에 전에는 맛보지 못한 웰빙의 느낌을 갖게 된다는 것이다. 내가 아내를 사랑하여 그녀에게 해 주는 몇 가지 사소한 일들이 그녀를 더욱 보람찬 사람으로 만들어준다는 것이다.

예수님을 통한 이런 친밀함은 모든 사람과 함께 나눌 수 있다. 그리고 이런 사랑 덕분에 가족들 사이의 단합은 더욱 중요한 사항이 된다. 오늘날 미국에서 결혼한 2.5쌍 중 1쌍 꼴로 이혼을 한다. 하지만 하나님을 받아들여 집안에 예배의 제단을 모시고 매일 기도하는 부부들의 이혼율은, 그리스도를 위한 캠퍼스 크루세이드의 창립자 겸 회장인 닥터 빌 브라이트에 의하면 1,015 대 1이다.

"왜 우리는 평화를 포기하는 것입니까?
왜 우리는 쓸데없는 고통을 견뎌야 합니까?

그건 우리가 모든 것을 하나님에게 가져가서
그분 앞에서 기도하지 않기 때문입니다."

자신들의 결혼을 살리기 위해 "모든 것을 다 해보았다"고 주장하는 부부는, 하나님을 결혼상담사로 초빙하지 않은 한, 모든 일을 다 해보았다고 말할 수 없다.

예수님은 인생의 모든 국면에서 차이를 만들어낸다. 동기유발 연설가인 나는 과거에 많은 회사들로부터 직원들의 사기를 '끌어올리는' 연설을 해달라는 요청을 받았다. 나는 그 일을 제대로 한다고 평가받았기 때문에 계속 일거리를 얻었다. 하지만 내 평생을 주님에게 바친 이래 나를 요청하는 회사들은 용건이 달라졌다. 이제는 직원의 인성을 '함양해 달라'며 나를 초청하는 것이다. 이것은 커다란 차이인데 이런 변화는 예수 그리스도의 힘을 통하여 이루어졌다.

재탄생일 이전만 해도 나는 남을 위해서 기도하는 법이 별로 없었다. 술주정꾼, 장애인, 낙담한 사람들을 보면 "불쌍한 친구"하고 중얼거리는 것이 전부였다. 오늘날 나는 그런 사람을 보면 천상의 아버지 앞에서 그를 일으켜 세우려고 애쓴다. 나의 기도가 하나님 아버지에게까지 들릴 것이라고 확신하면서 말이다. 그 결과 나의 생활은 축복을 받았고 하나님이 내게 주신 저 모든 좋은 것들에 대하여 더욱 감사하고 있다.

HAPPY CHRISTIAN
네 말이 맞아, 그걸 절대 잊어버리지 말라고!

예수 그리스도를 내 가슴속에 모신 이후 우리 부부는 교회를 찾아 나섰는데 하나님은 우리를 댈러스의 퍼스트 뱁티스트 교회로 안내했다. 우리는 W. A. 크리스웰 부인이 가르치는 일요일 성경공부 반에도 나가기 시작했다. 부인이 우리에게 가르쳐준 교훈 하나는, 우리 인간은 느낌이 아니라 하나님의 말씀으로 구제받는다는 것이었다. 하나님의 말씀은 이런 것을 드러내주었다.

예수 그리스도는 동정녀 마리아에게서 탄생했고 이 지상에 인간으로 오시어 인간으로 사셨고 인간의 시련과 유혹을 고스란히 겪으셨다. 하지만 예수님은 아무런 죄도 짓지 않고 사셨다. 성경은 예수님이 십자가에 못 박혀 돌아가셨으며 죽은 지 사흘 뒤에 무덤 속에서 부활하셨다고 가르친다. 그 후 그분은 영원히 사시며 그분의 보혈이 우리의 죄악을 깨끗이 씻어준다고 믿는 사람들은 그분을 따라 영원히 살 것이라고 가르친다.

나는 교회를 다니면서 컸고 이 말을 무수히 들었으나 크리스웰 부인의 성경공부 반에 다니면서 비로소 그 깊은 뜻을 완전히 깨우쳤다. 예수님은 소년시절을 거쳐 성인이 될 때까지 우리 인간이 매일 겪는 문제와 유혹을 똑같이 겪으셨다. 예수님은 우리 인간처럼 느끼며 사셨으므로 나의 느낌을 있는 그대로 이해하신다. 그분이 우리와 똑같은 문제를 겪으면서도 전혀 죄가 없는 생활을 하셨다는 것, 그것을 아는 것은 얼마나 신나는 일인가! 그분은 당신이나 내가 죄 없는 생활을 하는 것은 불가능하다는 것을 안다. 하지만 우리가 실수하여 타락할 때 기꺼이 우리를 용서해 주시는 것이다.

재탄생의 경험을 한 지 얼마 되지 않아 나는 수영장에서 수영을 하면서 하늘을 올려다보았다. 그때 나는 간절히 기도하면서 하나님을 칭송했다. 그렇다. 하나님은 내가 오랫동안 그분에게 등을 돌렸는데도 불구하고 내가 번영하도록 허락하셨다. 그 이유는 간단하다. 또 그것 때문에 많은 비 크리스천들이 재정적으로 성공을 거두고 있는 것이다. 당신이 성경 속에 기술되어 있는 원칙과 법칙을 준수한다면 비록 성경 말씀을 믿지 않는다고 해도 그 원칙들은 작동하는 것이다. 예를 들어 당신이 10층 건물에서 뛰어내린다면 그것을 믿든 말든 중력의 '법칙'은 작동한다.

　나는 광대무변한 우주를 올려다보면서 이렇게 칭송했던 것이 기억난다. "주님, 당신이 만들어 놓으신 이 우주는 정말 대단합니다. 하지만 당신이 이 우주를 해체하실 날이 언젠가는 오리라고 믿습니다." 그 순간 별이 하나 떨어지면서 하나님은 아주 분명한 영어로 내게 말씀했다. "네 말이 맞아, 그걸 절대 잊어버리지 말라고!" 그 뒤 나는 결코 그것을 잊어버리지 않았다.

HAPPY CHRISTIAN
나는 주님께서 이것을 어떻게 해결하실지 궁금하다

　골칫거리의 겉모습을 가진 기회가 찾아올 때, 내가 즐겨 떠올리는 것은 내 아내의 이런 말이다. "나는 주님께서 이것을 어떻게 해결하실지 궁금하다." 하지만 우리는 속으로 주님이 반드시 해결하리라는 것을 믿어 의심치 않는다. 나의 아내가 이런 말을 하면서 아내 역시 주님과 함께 걷는 나의 길에 동참한다는 것을 알려온다. 그러면 진정한 동반자는 상대방을 온전한 사람으로 만든다는 교훈이 쟁쟁하게 내 귀에 들려온다. 그런 까닭으로 하나님은 성경에서 부부는 "불공정하게 멍에를 지어서는 안 된다"라고 말했던 것이다.

　내가 크리스천 생활을 하면서 겪었던 계시적이고 감동적인 일들은 세속의 기준으로 본다면 사소한 것일지도 모른다. 하지만 하나님은 그런 일들을 끊임없이 일으켜서 나를 하나님 당신과 그 크신 사

랑 쪽으로 이끄는 것이다. 예를 들어, 이 원고를 쓰고 있는 동안, 한 가지 간단한 사건이 나에게 일련의 행복한 생각들을 가져다주었다.

우리가 댈러스 발 시카고 행 비행기를 타고서 오헤어 공항의 게이트로 미끄러져 들어가던 순간, 스튜어디스가 선반에서 휴대용 짐을 꺼내들면서 장난스럽게 밴조를 연주하는 자세를 취했다. 나는 그녀에게 노래도 한 곡조 하라고 권했으나 그녀는 조종석 쪽을 가리키며 노래하지 않는 게 좋겠다고 말했다. 이어 내가 말했다. "내가 대신 노래해 주고 싶으나 난 목소리가 엉망이에요. 미치 밀러Mitch Miller는 친히 내게 편지를 보내어 절대 노래하지 말라고 했어요(서른 살 이상의 남녀는 이 말의 의미를 잘 알 것이다)." 이어 내 아이들도 아빠는 교회에 가면 노래 부르는 데에는 나서지 말라고 했다는 얘기도 덧붙였다. 그러자 스튜어디스가 이렇게 물었다. "하나님은 그 점에 대해서 뭐라고 말씀하실까요?" 그 질문은 시카고로 들어가는 내내 따뜻하고 편안한 생각을 내게 불러일으켰다.

HAPPY CHRISTIAN
즐거운 함성을 질러라

우리가 댈러스의 퍼스트 뱁티스트 교회에 나간 지 2-3주쯤 되었을 때 임시 합창단 지휘자인 빌리 힐번은 신도들에게 열광적으로 반응하면서 커다란 소리로 노래 부르라고 요구했다. 힐번은 시편에서도 "즐거운 함성을 질러라"고 했을 뿐 아름다운 소리를 내라고 하지는 않았다고 설명했다. 힐번의 말은 나를 아주 즐겁게 했다. 그래서 나는 그 말을 믿고 아주 열광적으로 반응하면서 커다란 소리로 노래 불렀다.

나는 이 책을 쓰기 시작했을 때 나 자신이 음악으로부터 엄청난 축복을 받았다는 것을 깨닫지 못했다. 하지만 내 생각을 정리하는 동안 하나님은 나에게 많은 것을 확신시켜 주었다. 어느 일요일, 모든 찬송가는 아름다웠고 하나님의 성경 말씀과 약속으로 가득했다. 우리는 '우리 모두가 천국으로 가는 날은 얼마나 영광스러운 날이 될 것인지'를 합창했다. 이어 '모든 축복의 근원이신 하나님을 찬양하라'와 '저기 하늘에서 나를 부르시면 나는 달려가리라'도 불렀다.

예수 그리스도의 완전한 사랑이 주는 기쁨을 맛보지 못한 사람, 하나님을 찬송하는 기독교 신자들에게 둘러싸여 본 경험이 없는 사람은 그게 얼마나 장엄한 체험인지 결코 알지 못하리라. 하나님의 음악처럼 감동, 즐거움, 흥분, 기쁨을 주는 음악은 없으며 이처럼 깊은 여흥을 안겨주는 나이트클럽은 이 지구상에 존재하지 않는다. 우리가 교회에 처음 나간 일요일, 초대의 찬송가는 '십자가에는 당신을 위한 공간이 있네'였다. 이 노래에는 "수백만이 이미 찾아왔으나 당신을 위한 공간이 있네"라는 가사도 있었다. 그 노래는 내 영혼의 심장부를 찌르면서 나를 감동시켰다.

내가 재탄생한 해의 크리스마스, 우리의 목사님 닥터 크리스웰은 온갖 연령대의 어린아이들에게 크리스마스 이야기를 해주었다. 앤 잭슨이 '상냥한 아기 예수'(내가 좋아하는 노래)를 부르자, 하나님의 사랑의 총체적인 아름다움이 내게 절실하게 전달되어 왔다.

과거에 여러 번 초대의 찬송가가 불려졌고 잃어버린 영혼에게 예수 그리스도의 은총을 알려주기 위해 교회의 문이 활짝 열렸지만, 나는 거기에 응답하지 않았다. 그러나 이번에는 사정이 달랐다. 나는 어린아이가 주님에 대한 믿음을 공개적으로 표현하고, 젊은 부부가 예수님에게 그들의 삶과 가정을 다시 바치고, 나이든 분이 평생의 죄악을 회개하면서 용서를 구하는 광경을 쳐다보면서 깊은 감동을 느꼈다. 기쁨의 눈물이 줄줄 흘러내렸다. 아름다운 목소리와 그 보다 더 아름다운 마음과 정신을 가진 베벌리 테렐이 '그분께서 사셨기 때문에'를 부르자 나는 북받쳐 오르는 감정을 더 이상 주체하기가 어려웠다. 첫 부분의 가사는 이러했다. "하나님은 아들을 보내셔서 그 이름을 예수라 하셨다." 그 순간 나는 깊은 경이의 감정에 사로잡혀 머리를 마구 흔들지 않을 수 없었다. 베벌리가 '그분이 사셨기 때문에 나는 내일을 바라볼 수 있네'를 부를 때, 태초 이래의 모든 성인들이 그 합창에 동참하는 듯한 느낌이 들었다.

오늘 나는 게리 무어가 열성적으로 지휘하는 합창단의 노래를 들으면서 다른 신자들과 함께 예배를 보면 따라오는 추가의 혜택이 무엇인지 알게 되었다. 그곳은 교회라기보다 방방 뛰는 곳이라고 해야 알맞았다! 합창단과 오케스트라가 하나님을 찬송하는 노래를 들으면서 가만히 의자에 앉아 있는 것은 사실상 불가능했다. 그 노래는 저절로 움직였고 세속의 노래에서는 찾아볼 수 없는 강렬한 박자를 갖고 있었다. 그리스도 중심의 합창단이 '공화국의 전투 찬가'나 '할렐루야 코러스'를 부르는 것을 들어 보라. 그러면 당신은 하나님에게 한 발자국 더 가까이 다가서는 것을 느낄 것이고 당신 자신과 이웃 사람들을 더욱 사랑하게 될 것이다.

HAPPY CHRISTIAN
예수님을 아는 것은 신나는 일이다

　나는 이 당시 몇 건의 녹음을 하고 있었는데 그때의 세세한 광경이 지금도 눈앞에 선하다. 아무튼 나는 정열적이고 적극적인 남자이다. 아내와 나는 다음 녹음을 위하여 침실로 돌아왔다. 나는 너무 흥분한 나머지 침대를 곧바로 가로지르려고 했다. 그건 킹사이즈 침대였으므로 나는 매트리스를 밟고 지나가야 했다. 침대 회사는 가능하면 그렇게 하지 말라고 안내서에 권했는데도 말이다. 나는 침대를 가로지르면서 아내에게 말했다. "여보, 첫 네 번의 녹음에서 주님이 나와 함께 한 것 같아. 나머지 두 번의 녹음에서도 함께 해주실 거야." 그 순간 성경 말씀이 내 머리에 떠올랐다. "내가 세상 끝날까지 너희와 항상 함께 있으리라 하시니라."(마태복음 28:20) 나는 또 다시 "하나님 찬양 받으소서" 하고 소리쳤다.

　때때로 혼자 혹은 가족과 함께 고속도로를 타고 갈 때 나는 구제 받았다는 느낌이 강하게 들고 너무나 감동한 나머지 소리치고 싶을 때가 많다. 그렇게 하고 싶은 마음을 간신히 억누른다. 사실을 털어놓고 말하자면 때때로 소리도 친다.

　당신은 『사랑이란』 『행복이란』 제목의 만화를 보았을 것이다. 이 만화 중 어떤 것은 정말 훌륭하다. 내가 볼 때 사랑이란, 예수 그리스도가 우리에게 영생을 주기 위해 십자가 위에서 돌아가셨음을 깨닫는 것이다. 내가 볼 때 행복이란 '지금 당장' 그리스도와 함께 하는 나의 영생이 보장되었음을 깨닫는 것이다(로마서 8:35-39). 이 모든 일은 그분이 다 해놓으신 것이기 때문에 나는 그분을 믿고 그분의 은 총을 받아들이기만 하면 된다. 찬송가는 이렇게 아름답게 말하고 있다. "예수님께서 그 모든 것을 지불하셨네. 나는 그분에게 모든 것을 빚졌네. 죄악은 진홍의 얼룩을 남겼지만 그분이 백설처럼 하얗게 바꾸어 놓으셨네." 그렇다. 예수님이 나의 주님이며 구세주라는 믿음, 바로 그것이 나의 영원을 보장해주는 것이다.

HAPPY CHRISTIAN
내가 여호와의 집에 영원히 거하리로다

어느 날 밤 나는 비행기 편으로 시카고에서 집으로 돌아가고 있었다. 여러 가지 일이 많아 아주 흥분되는 날이었는데 그래서 그런지 아주 피곤했다. 나는 기내에서 성경의 시편 23장을 펼쳤다. 이 시는 너무나 아름다워서 커다란 사랑을 가지신 하나님만이 쓸 수 있는 그런 시이다. 나는 어릴 때 이 시를 외웠고 그 후에도 여러 번 읽었지만, 비행기 속에서 맨 마지막 절 "내가 여호와의 집에 영원히 거하리로다"를 읽는 순간, 영원의 느낌이 완벽하게 내게 전달되어 왔다. 그 순간 내 눈에 눈물이 홍건히 괴었다. 나는 경이로움과 놀라움에 머리를 흔들지 않을 수 없었다. 나처럼 죄 많은 삶을 살아온 자가 감히 이 우주의 정화精華를 나의 것이라고 말할 수 있게 되었다니!

HAPPY CHRISTIAN
자, 여기 좋은 은퇴 계획이 있다

이렇게 한번 생각해 보자. 우리는 지구상에서 가장 부자 나라에 살고 있으면서도, 평균 잡아 약 40년 동안 일하지 않으면 안 된다. 그렇게 해야 자기 가족을 부양할 수 있고 은퇴 후의 생활을 유지시켜 주는 자금을 마련할 수 있다. 이 기간 동안 평균적 미국인은 상당한 고통, 가난, 문제, 오염 등을 경험하게 된다. 이어 은퇴를 하면 기존에 겪어오던 그런 문제점들 이외에 노화에 따르는 신체 질환을 감당해야 한다. 보험 회사의 통계에 따르면 40년 동안 현역에서 뛰고 은퇴하면 그때부터 15년 정도 더 살아가야 한다. 흥미로운 것은 40년 동안 열심히 일했는데도 느긋이 즐길 시간은 고작 15년이 되나마나 한 것이다.

하지만 이 평균적인 사람들이 하루에 몇 분간 무릎을 꿇고 예수 그리스도가 그의 삶에 들어와 주기를 빌면, 그때부터는 예수님과 함께 천국에서 영원히 살 수가 있다. 하나님의 은퇴 계획에는 고통, 고민, 문젯거리, 오염 같은 것이 전혀 없다. 그들은 '이해를 뛰어넘는' 평화(빌립보서 4:7)를 누리게 된다. 그래서 어떤 사람은 이렇게 말했다. "임금賃金이 늘 좋은 것은 아니지만, 은퇴 후의 혜택은 끝내줘요. 이 세상에서 주는 것이 아니니까!"

방정식의 반대편에는 쾌락을 행복으로 착각하고, 약간 죄악이 가미되어야 재미가 있다고 생각하는 또 다른 그룹의 사람이 있다. 그들은 이 지상에서 여행하는 동안 사탄의 가락에 춤을 춘다. 그들은 지상에서의 가장 좋은 삶(나는 예수를 만나기 전에 여러 해 동안 사탄의 곡조에 맞추어 춤을 추어왔으므로 이 문제에 관한 한 전문가이다)과 영원한 삶, 이렇게 두 가지를 모두 잃어버렸기 때문에 이중으로 패배자이다.

HAPPY CHRISTIAN
사람이 살아있다는 것, 그것은 정말 신나는 일이다!

성경의 가장 놀라운 점은, 우리가 기도하는 심정으로 성경을 파고들면 하나님께서 심오함, 풍성함, 감추어진 가치 등을 계속 드러낸다는 것이다. 내 친구 브루스 노먼은 나에게 자그마한 팜플렛을 나누어주었는데 그 때문에 나는 시편 23과 관련하여 완전히 새로운 차원에 눈뜨게 되었다. 당신은 시편 23에 나오는 "여호와는 나의 목자시니 내가 부족함이 없으리로다"라는 말을 알 것이다. 나는 과거에 이 문장을 이렇게 고쳐서 말하곤 했다. "내가 음식, 잠자리, 옷 등에 부족함이 없으리로다." 주님은 이런 것에만 국한하여 그렇게 말하신 것이 아닌데도 우리는 그렇게 국한하여 생각한다. 그래서 케네스 해긴은 「그분 안에서」라는 논문에서 "왜 이렇게 말하지 않는가?" 하고 반문하고 있다.

"여호와는 나의 목자시니 내가 사랑에 있어서 부족함이 없으리로다. 왜냐하면 여호와는 사랑이니까. 나는 또한 친구에 있어서 부족함이 없으리로다. 왜냐하면 예수님은 아주 훌륭한 친구이니까."

그렇지만 리스트는 여기서 그치지 않는다. 우리는 힘, 능력, 이

해력, 동정심, 이런 모든 것에서 부족함이 없게 된다. 왜냐하면 하나님은 전능하니까. 사람이 살아있다는 것, 그것은 정말 신나는 일이다! 나는 이 글을 쓰고 있는 지금 댈러스로 돌아가는 비행기를 타고 있다. 지금 고도 35000피트를 날고 있는데 그것은 지상에서 거의 7마일이나 올라온 지점이다. 하지만 개인적으로 예수 그리스도를 안다는 드높은 사랑을 갖고 있으므로, 나는 그보다 더 높게 하늘로 올라온 사람이다.

내가 볼 때 하나님을 섬긴다는 것은 그 깊이를 알 수 없는 무궁한 즐거움이다. 그렇지만 아주 어리석은 생각을 하는 사람들도 있다. 가령 그들의 평생을 주님에게 바치면 미래의 모든 문제점이 사라지고 유혹을 하나도 느끼지 않는 만사형통의 삶을 살아나갈 수 있다고 오해하는 것이다. 이것은 정말 진실이 아니다. 왜냐하면 당신의 삶을 예수 그리스도에 바치고 성경을 열심히 읽어나가는 순간, 사탄이 반드시 당신의 풍경 속으로 들어오기 때문이다. 사탄은 당신을 아주 바쁘게 만들어 성경을 공부할 시간, 기도를 올릴 시간을 없게 만든다. 사탄은 아주 지저분한 패배자이고, 지독한 경쟁자이며, 당신이 주님을 섬기지 못하게 온갖 술수를 다 부리는 초자연적인 존재이다. 당신은 결코 사탄의 상대가 되지 못함을 이해하는 것이 아주 중요하다. 심지어 하나님의 대천사인 미가엘도 사탄의 상대가 되지 못했다. 미가엘은 모세의 시체를 놓고서 사탄과 대적했을 때 그를 물리치기 위하여 전능하신 하나님을 불러야만 했다(유다서 1:9).

그러니 당신은 도전받을 것이고 유혹당할 것이라는 사실을 미리 알고 있어야 한다. 하지만 결국에는 예수 그리스도를 통하여 당신이 승리하리라는 것을 완벽하게 믿어야 한다. 크리스천 형제와 자매들이여, 승리하는 것은 정말 재미난 일이다. 물론 우리는 내일 무엇이 발생할지 미리 알 수 없지만 누가 미래를 장악하고 있는지는 확실하게 알 수 있다. 내가 앞에서도 말한 것처럼, 당신은 밤새 잠을 못 이루며 걱정할 필요가 없다. 왜냐하면 무슨 일이 있어도 하나님이 밤새 깨어 있을 것이기 때문이다. 또 내일에 대해서도 걱정할 필요가 없다. 왜냐하면 그분이 벌써 거기에 가 있기 때문이다.

HAPPY CHRISTIAN
위험물 소포

내가 재탄생한 지 몇 달 후, 나는 약 7-8파운드 무게의 소포를 받았다. 그것은 우리 회사에서 정기적으로 받는 일반 소포와 별반 다를 바가 없었다. 평범한 갈색 종이에 포장되었고 레이블도 별로 눈에 띄는 것이 아니었고 겉봉의 필체도 특별하지 않았다. 하지만 그 소포를 집어 드는 순간 한기가 내 등골을 타고 흘렀다. 그걸 만지면서 이상하게 긴장이 되었고 불안해졌다. 그 소포에 폭탄이 들었을지 모른다는 생각이 들었다. 내가 이제 얘기하려는 것은 여러분에게 바보처럼 들릴지도 모르겠으나 아무튼 실제로 벌어진 일이었으므로 있는 그대로 털어놓기로 하겠다. 나는 너무 겁을 먹어서 일단 레이블을 떼어내 다른 데다 보관했다. 만약 그 안에 폭탄이 들어 있어서 폭발한다면 최소한 어디서 그 소포를 부쳤는지 알 수 있게 하려는 것이었다. 내가 우리라고 말한 것은 내가 그 순간 죽지 않으리라는 것을 확신했기 때문이다. 만약 죽을지도 모른다고 생각했다면 아예 소포를 개봉하지 않았으리라.

개봉해 보니 그 안에는 네 권의 아름다운 책이 들어 있었다. 페이지를 들쳐보니 아주 미려한 인쇄가 눈에 확 띄었다. 책 제목은 오컬트 혹은 극동의 종교와 관련 있는 것 같았다. 나는 즉시 서문과 목차를 살펴보았으나 극도의 불안감을 안겨줄 만한 내용은 발견하지 못했다. 나는 교회의 부목사에게 전화를 걸어 그 책들에 대해서 얘기했다. 당시 나는 진정한 크리스천이 된 지 얼마 되지 않아 해로운 것은 내 머리 속에 집어넣고 싶지 않았으므로(그런 심정은 지금도 마찬가지이다), 부목사에게 책들을 한 번 살펴보고 의견을 말해주겠느냐고 요청했다.

내가 너무 불안하다고 얘기하자 그는 몇 가지 질문을 한 뒤 책의 서문을 다시 살펴보라고 말했다. 나는 그 서문에서 우리 주님의 이름이 '다른 예언자 및 위대한 스승들'과 함께 언급되어 있는 것을 보았다. 그 순간 나는 감을 잡고서 부목사에게 이 책들을 검토해 주실 필요조차 없겠다고 말했다. 나는 이미 결심이 섰다. 전화를 끊은 후에도 내 불안감은 가시지 않았는데, 그 책들을 불태워버리기 전까지는 계속 그러리라는 것을 알았다. 그래서 그날 사무실에서 일찍 퇴근해서 그 책들을 불태워버렸다. 그 즉시 내 불안감은 사라져버렸다. 나는 이렇게 확신한다. 주님이 내 의식 속으로 들어와 그 책들 속에 어른거리는 사탄의 존재를 인식시키면서 그것들을 멀리 하라고 일러주셨던 것이다.

HAPPY CHRISTIAN
사탄은 여러 가지 복장으로 나타난다

이제 그런 불안감의 강도는 훨씬 가셔졌지만 그래도 미국 전역을 여행하면서 그런 불안감을 느낄 때가 있다. 거의 모든 주요 공항에서 크리스천과는 무관한 극동 종교인 크리슈나 신자들이 접근해 온다. 그런 사람을 만나게 되면 나는 아주 불안해진다. 나는 하나님을 특별히 섬기는 어떤 사람에게 이 불안감에 대하여 물어보았다. 개인들이나 집단을 만나서 이야기하는 데에는 아무런 장애도 느끼지 않지만, 크리슈나 사람들을 만나면 아주 불안한 것이었다. 이 아름다운 크리스천은 그 이유를 명쾌하게 설명해 주었다. 그 사람들이 내가 아주 싫어하는 것, 즉 사탄을 대표하기 때문이라는 것이었다. 나는 날마다 주님과 함께 걷기 위하여 노력하면서 점점 더 확신하게 되었다. 내가 주님 가까이 머물수록 주님은 사탄의 존재를 위시하여 각종 다양한 위험을 내게 경고해주신다.

이러한 경고는 중요한 것이다. 왜냐하면 사탄은 간교하기 때문이다(창세기 3:1). 그는 순진한 자들을 더욱 쉽게 속여 넘기기 위하여 그럴 듯한 정의의 옷을 입고 나타난다. 긴 꼬리와 뿔을 가진 모습의 사탄을 그린 화가는(물론 그렇게 그린 것도 사탄의 지시를 받은 것이지만) 많은 사람들을 오도誤導했다. 사탄은 그보다는 훨씬 더 똑똑하다. 그는 순진한 사람들의 신임을 얻기 위하여 빛의 천사 같은 모습으로, 혹은 좋은 목적이나 자선 행위의 외양外樣으로 오기도 한다. 그러다가 트로이의 목마 속에 들어간 그리스 병사들처럼 일단 사람의 내부로 들어간 다음에는 온갖 사탄의 소행을 저지르는 것이다. 바로 이 때문에 하나님은 우리에게 늘 경계하라고 일러주신 것이다.

이 사례는 위의 얘기가 다소 관계가 없는 것처럼 보일지 모르지만, 오병이어五餠二魚(물고기 다섯 마리와 빵 두 개로 많은 사람을 먹이신 기적)의 교훈은 우리의 믿음이 완전하여 늘 주님 곁에 머문다면 모든 필요한 것을 우리에게 내려주신다는 것을 일러준다. 그런 필요한 것들 중에는 사탄에 대한 경고와 사탄으로부터의 보호도 포함된다. 하나님은 이렇게 하여 그분의 자녀들을 지켜주신다.

HAPPY CHRISTIAN
주님, 이게 끝나는 대로 곧 모시겠습니다

많은 사람들이 마음 속 깊은 곳에서 언젠가는 주님을 모셔야한 다고 생각하고 또 더 나은 삶을 살아가야 한다고 다짐한다. 그런데 주님이 우리의 어깨를 두드리며 어서 시작하라고 말할 때 우리는 무수한 변명거리를 늘어놓는다. 그것은 사탕을 먹는 세 어린 소년의 이야기와 비슷하다. 이야기 속에서 사탕을 먹는 애는 하나이고 나머지 둘은 구경꾼이다.

구경꾼인 한 아이가 갑자기 말한다. "사탕 좀 나눠줘." 사탕 먹던 아이는 이렇게 대꾸한다. "안 나눠줄 거야. 원래는 나눠주려고 했으나 네가 탐욕스럽게 요구를 해왔기 때문에 이제 안 줄 거야." 사탕 먹는 아이가 마지막 한 입을 남겨놓았을 때, 아까 아무런 요구도 하지 않은 아이가 말했다. "난 네게 아무것도 요구하지 않았어." 사탕 먹는 아이가 대꾸했다. "네가 요구하지 않았다는 걸 알아. 그래서 사탕 따위는 필요 없는 줄 알았지. 나눠 먹자고 하지 않았으니까." 그러면서 소년은 한 입 남은 것을 먹어치웠다.

어떤 사람들은 모든 것에 대하여 대답을 갖고 있는데 그 대답이라는 게 언제나 자신의 이익과 결부되어 있는 것들뿐이다. 예수 그리스도를 알게 되면 좋은 점 하나는 풍성한 생활에 관한 정보를 많이 알게 된다는 것이다. 성경은 우리가 내어주는 만큼 다시 돌아온다고 분명하게 말하고 있다. 우리가 되를 꾹꾹 눌러서 퍼 담아 주면 그 풍성한 것이 다시 말로 되어 돌아오는 것이다. 이것은 물질적·정신적·감정적 생활의 모든 측면에 그대로 적용된다. 이에 대한 증거는 도처에 널려 있다. 많이 주는 사람이 많이 받는 것이다.

1972년 7월 이래, 나의 필요를 챙기기보다는 내가 줄 수 있는 것을 나눠주는 일에 더 관심을 쏟았다. 이렇게 해보니 정말 위의 말(많이 주는 사람이 많이 받는다)이 정말 100퍼센트 진실임을 알게 되었다. 그러니 크리스천 형제자매들이여, 신앙을 갖고 싶다면 당신의 신앙을 나누도록 하라. 많은 사랑을 받고 싶으면 먼저 많은 사랑을 주라. 많은 행복을 원하면 먼저 남들을 많이 행복하게 하라. 성경에 대해서 더 많이 알고 싶다면 먼저 남들에게 성경을 가르쳐라. 이렇게 해줄 수 있는 리스트는 끝이 없고 그 혜택 또한 그러하다.

HAPPY CHRISTIAN
천상의 뷔페 요리로 되돌아가자

당신은 앞의 몇 페이지들을 읽어 오면서 하나님의 오르되브르(주된 요리)를 맛보았다. 그래서 이제 좀 질긴 고기를 먹을 수 있을 정도로 식욕이 돋워졌을 것이다. 자, 그러면 하나님의 잔칫상에 앉아서 또 다른 축제를 맛보기로 하자.

많은 사람들이 크리스천이라고 하면 심약한 사람, 적극적이지 못한 사람, 자기 자신을 가리켜 죄인이라며 용서를 비는 그런 사람과 동일시해왔다. 하지만 실제는 그것이 아니다. 성경은 비즈니스에 관한 한 인류 고금을 통하여 가장 위대한 책이다. 가령 잠언 10:4는 이렇게 말한다. "손을 게으르게 놀리는 자는 가난하게 되고 손이 부지런한 자는 부하게 되느니라." 이런 말씀은 우리가 심약해서는 안 되고, 소극적이어서는 안 되고, 인간관계에서 미온적이어서는 안 된다고 가르친다.

크리스천은 사업도 어떻게 운영해야 하는지 충분히 깨닫는다. 잠언 28:5는 이렇게 말한다. "악인은 공의를 깨닫지 못하나 여호와를 찾는 자는 모든 것을 깨닫느니라." 이 문장에서 '모든 것'은 상당히 넓은 분야를 포함하는데, 당연히 사업도 거기에 들어가는 것이다.

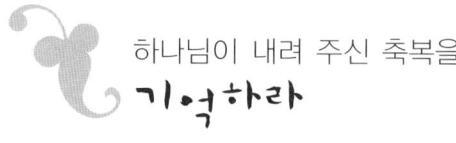
하나님이 내려 주신 축복을
기억하라

▲ 하나님이 내려 주신 축복을 감사하면 할수록 더 많은 것에 대하여 감사하게 된다.
첫 번째 "감사합니다" 날짜 _____
두 번째 "감사합니다" 날짜 _____

주님, 다음의 일을 감사드립니다.

1.
2.
3.
4.
5.
6.
7.
8.
9.
10.
11.
12.

기독교 정신은 어떤 특정한 것들을 실천하는 방식이 아니다. 그것은 모든 것을 실천하는 특정한 방식이다.

당신에게 지상의 혜택을 가져다주는
천상의 생각들

- "우리는 시력이 아니라 신앙으로써 인생의 길을 걸어간다." "신앙은 지구상의 그 어떤 안경보다 더 훌륭한 안경이다." "정상 시력은 우리가 그보다 더 좋은 어떤 것을 알 때까지만 우리에게 소용이 있다." 더 좋은 것이란 다름 아닌 신앙이다. 그것은 정상 시력보다 훨씬 더 뛰어난 길잡이이다.(윌리엄 쿡, 『성공 동기와 성경』)

- 성경은 당신을 죄악으로부터 지켜줄 것이고, 죄악은 당신을 성경으로부터 떼어놓을 것이다.(에블린 베스탈)

- 신학의 학위
  B.A. —Born Again(재탄생)
  D.D. —Disturbing the Devil(사탄을 괴롭히기)
  Ph.D. —Past Having Doubt(전혀 의심하지 않는 상태)

- 하나님을 진정으로 믿는 사람은 근심걱정이 없다.

- 흡연에 대하여: 흡연은 사람을 지옥으로 보내지 않는다. 단지 흡연자의 몸에서 지옥에 다녀온 사람의 냄새가 나게 할뿐이다.

- 나는 가끔 설교단에 올라 연설을 하게 된다. 나의 성경 지식이 보잘 것 없는데도 불구하고, 감사하게도 주님께서 나를 이용하서 메시지를 전하는 것이다. 내가 마음을 열고 주님께 나를 널리 활용해주소서 하고 기도를 올리면 그렇게 해주신다. 복음을 잘 설교하는 사람들이 많이 있지만, 나를 통해 주님이 전달하는 복음보다 더 훌륭한 복음은 없다. 이렇게 생각하면 한결 마음이 푸근해진다.

어느 크리스천의 행복한 고백

CHAPTER **06**

내 아들, 나의 선생

HAPPY CHRISTIAN

내가 예수 그리스도에게 내 평생을 바치겠다는 약속을 했을 때,
그분은 나의 아들 톰을 1인 감시위원회의 위원장으로 삼아서 그것을 감시하도록 했다.
나는 그분이 그렇게 해주셔서 감사드린다. 주님이 그처럼 다양한 방식으로
당신 자신을 계시한 것에 대해서도 정말 감사드린다.

도움을, 주의 손에

　내가 예수 그리스도에게 내 평생을 바치겠다는 약속을 했을 때, 그분은 나의 아들 톰을 1인 감시위원회의 위원장으로 삼아서 그것을 감시하도록 했다. 나는 그분이 그렇게 해주셔서 감사드린다. 주님이 그처럼 다양한 방식으로 당신 자신을 계시한 것에 대해서도 정말 감사드린다.

　재탄생일 며칠 후, 바쁜 연설 일정에도 불구하고 다음 일정까지 며칠이 비게 되어 진과 톰, 나는 코퍼스 크리스티로 갔다. 휴식을 취하면서 수영도 하고 낚시도 할 생각이었다. 그곳에서 휴가를 보내는 동안 신나는 전화 한 통을 받았는데 그것은 주님의 직접적인 메시지나 다름없었다. 약 넉 달 전에 미국의 유명한 세일즈 회사가 내게 전화를 걸어와 그 회사의 연례 국제회의에 나를 초청 연사로 쓸 생각이라고 말했다. 나는 최선의 세일즈 연설을 할 수 있다고 다소 장황하게 나 자신에 대한 홍보를 했고 솔직히 말해서 그 일을 따내리라고 확신했다. 그런데 한 달 뒤 그 회사는 다시 전화해서 연설자 후보 명단에서 나를 탈락시켰다고 통보했다. 나는 실망했고 공연한 허영심이 발동하여(당시 나는 그것을 자신감이라고 생각했다) 대안으로 선택한 연사가 나처럼 효과적이지는 못할 것이라고 생각했다. 나는 표면적으로는 태연했고 직원들과 가족에게 "이길 때도 있고 질 때도 있으며 때로는 한 데서 비를 맞기도 한다"라고 말했다(나는 언제나 적극적인 사고방식을 지지해 왔다). 게다가 다른 연설 건도 있었고 나중에 그 세일즈 회사와 다시 얘기가 될 수도 있었다.

이런 번드레한 외양에도 불구하고 나는 속으로 크게 실망하고 있었다. 그러던 차에 휴가지의 전화벨이 울렸다. 전에 나를 후보에서 탈락시켰던 바로 그 회사였다. 그들은 내가 따내지 못해 실망했던 바로 그 국제 컨벤션에 나를 연사로 쓰기로 했다는 것이었다. 나는 수첩에다 그 회의의 날짜와 장소를 적어 넣으면서 커다란 흥분을 느꼈다. 이어 주님은 내가 알아들을 수 있는 언어로 아주 또렷하게 말해왔다. "이봐, 지그, 자네가 모든 일을 나에게 맡겨 놓으면 내가 다 해준다니까." 하나님, 찬양 받으소서!

HAPPY CHRISTIAN
성경 이야기를 해주세요

우리는 코퍼스 크리스티에서 보람찬 이틀을 보냈고 샌안토니오까지 차를 타고 가서 알라모를 둘러보기로 했다. 우리가 출발했을 때 톰은 나에게 이야기를 하나 해달라고 말했다. 내가 무슨 얘기를 원하냐고 묻자 성경 이야기가 듣고 싶다는 것이었다. 톰은 당시 여덟 살이었는데 애가 그 정도 클 때까지 성경 이야기를 들려준 적이 없었다. 이야기뿐 아니라 하나님, 영생, 예수 그리스도 등에 대해서도 전혀 말해주지 않았다. 이렇게 말한다고 해서 내가 그리스도를 믿지 않았다는 얘기는 아니다. 단지 그분을 무심하게 잊고 있을 뿐이었다. 이런 까닭에 아내와 나는 톰이 성경 이야기를 듣고 싶다고 했을 때 그것을 우연의 일치 이상의 것으로 생각하게 되었다. 내가 하나 말해주니까 톰은 자꾸만 더 해달라고 졸라댔다. 그렇게 여러 번 얘기를 해주다가 마침내 내가 말했다. "톰, 얘기가 떨어졌어. 더 이상 아는 게 없어. 하지만 샌안토니오에 도착하는 즉시 성경을 가져다가 거기서 직접 읽어주마."

우리가 호텔에 도착하여 벨보이가 여행 가방을 방 안에 들여놓자마자 톰이 말했다. "아빠, 어서 책을 가져와요." 나는 성경을 가져와서 이집트로부터 탈출하려고 애쓰는 이스라엘의 자녀들에 대하여 읽기 시작했다. 나는 그 대목을 낭독한 후에 상당한 곁다리와 살을 붙여가며 그것을 설명했다. 마침내 나는 배가 고파져서 저녁 식사를 한 후에 다시 읽어주겠다고 말했다. 식사를 마치고 호텔 방으로 돌아오자마자 톰이 말했다. "아빠, 어서 책을 가져와요." 또 다시 우리는 성경을 파고들었고 피곤해질 때까지 읽다가 마침내 잠이 들었다.

다음날 우리는 짐을 꾸려서 댈러스로 돌아가는 길에 올랐다. 우리가 막 차를 탈 때 아들이 말했다. "아빠, 엄마보고 운전하라고 하고 내게 좀더 얘기를 들려줘요. 나는 성경에서 직접 들었으면 좋겠어요." 여기서 한 가지 덧붙일 것은 우리가 여행을 갈 때마다 운전을 한 것은 주로 나였다는 사실이다. 하나님은 톰을 이용하여 그의 아빠에게 뭔가 교훈을 주려는 것이 분명했다.

우리는 댈러스로 돌아오자 『테일러의 성경 이야기』를 사서 매일 밤 하나씩 톰에게 읽어주었다. 우리는 구약성경부터 시작했는데 거기 나오는 얘기는 흥미진진한 것도 있지만 무서운 것도 있어서 다소 흥미로운 현상이 발생했다. 톰은 밤에 잠을 제대로 자지 못했고 때때로 악몽까지 꾸는 것이었다. 그래서 어느날 밤 신약성경으로 바꾸었다. 하지만 톰은 구약성경으로 되돌아가고 싶어 했다. 이때 크리스웰 부인이 우리에게 도움을 주었다.

크리스웰 부인의 일요학교는 너무나 재미있고 정보가 풍부해서 진과 나는 그 교실에 반드시 참석하려고 애를 쓴다. 참석하지 않으면 정말로 좋은 것을 놓칠지 모른다는 조바심이 앞서는 것이다. 우리는 매주 일요일 무릎을 꿇고 성경학교를 시작하는데 그렇게 하면 더 많은 은총을 받아들이게 된다고 생각하기 때문이다. 일요학교는 웨일스 출신의 자그마한 부인 도로시 윌리엄스의 간곡한 기도로 끝난다. 도로시가 "하늘에 계신 인자하고 은총 넘치는 아버지"하고 기도를 시작하면 실제로 하나님이 천사들을 불러 도로시가 호명하는 사람들의 일을 돌보아주라고 말하는 것만 같다. "예수님의 사랑스러운 이름으로 기도를 올렸습니다"라고 하면서 기도를 마치면 하나님이 도로시가 말한 어려운 사람들의 일을 직접 돌봐주라고 천사들을 내려 보내는 느낌이 든다. 도로시와 다른 신자들로부터 받은 축복은 너무나 감동적이어서 일요학교를 빠진다는 것은 생각조차 할 수 없다.

아무튼 톰의 악몽과 관련하여 크리스웰 부인은 이렇게 설명했다. 하나님의 성스러운 말씀과 사랑을 인간의 마음과 정신 속에 불어넣기 시작하면 이것이 사탄의 존재와 정면충돌을 일으키게 되는데, 그러한 갈등이 불안을 일으키고 다시 그것이 악몽으로 나타난다는 것이다. 하지만 사탄은 하나님의 말씀에 상대가 되지 못하기 때문에 그 갈등과 악몽은 곧 끝나게 되어 있다는, 안심되는 말도 해주었다. 과연 톰의 악몽은 며칠 사이에 멈추었다.

한번은 가족과 함께 장기 휴가여행을 떠났는데 나는 납득하기 어려운 악몽을 자꾸만 꾸었다. 네 번째로 악몽을 꾸자 당시 열 살이던 톰은 그런 나쁜 꿈을 멈추게 해달라고 하나님에게 기도했느냐고 물었다. 나는 하지 않았다고 대답했다. 그럼 그 악몽이 즐거웠느냐고 반문했다. 그렇지 않았다고 하자 아들은 나를 빤히 쳐다보며 물었다. "그럼 왜 하나님에게 그 악몽을 멈추어 달라고 하지 않았죠?" 그런 질문에 무슨 대답을 할 수 있겠는가. 그것은 신앙이 가장 아름답게 발현된 순간이기도 했다.

톰은 내게 이런 얘기를 들려주었다. 어느날 밤 아들은 무서운 영화를 보았는데(애가 영화를 볼 때 나는 어디 있었을까?) 아무래도 잠잘 때 악몽을 꿀 것 같았다. 그래서 "악몽을 꾸지 말고 통나무처럼 잠들 수 있게 해주세요"라고 하나님에게 기도를 올렸는데 100퍼센트 성공이었다는 것이다. 나는 아들의 조언을 받아들였다. 하나님에게 악몽을 중지시켜 달라고 간곡히 요청했는데 그분은 내 부탁을 들어주셨다.

HAPPY CHRISTIAN
골리앗은 용감한 사람

나는 연설을 할 때 이야기를 많이 인용하면서 가능한 한 생생하게 분위기를 전달하려고 애쓴다. 톰에게 성경을 읽어줄 때에도 그런 식으로 했다. 어느날 밤 다윗과 골리앗 얘기를 읽어주면서 그 이야기의 교훈을 분명하게 일러주기 위해 몇 가지 주변 상황을 말해주었다. 다윗의 형제들은 부정적이고 겁이 많았으며 골리앗이 너무 커서 덤빌 수가 없다고 생각했다. 반면에 다윗은 적극적이고 용감했으며 골리앗이 너무 커서 못 맞힐 수가 없다고 생각했다. 형제들은 골리앗의 덩치를 자기들의 덩치와 비교하면서 너무나 거인이라고 말했다. 다윗은 골리앗을 하나님에게 비교하면서 그래봐야 결국은 소인에 지나지 않는다고 얘기했다. 다윗과 그 형제들의 차이는 이처럼 컸다!

바로 그때 여덟 살짜리 아들이 나의 선생이 되었다. 이 에피소드의 진정한 그림을 파악하기 위해서는 톰과 나의 나이를 바꾸어 놓아야만 한다. 그러니까 내 아들이 마흔여섯 살이고 내가 여덟 살이 된 꼴이었다. 나는 다윗과 골리앗 얘기를 마친 뒤 잠시 뜸을 들였다가 톰에게 말했다. "애야, 다윗은 감히 골리앗에게 도전하다니 정말 용감한 소년이지 않니? 당시 면도도 하지 않는 열일곱 살에 불과했는데 말이야. 이에 비해 골리앗은 키가 9피트(274센티)에 체중이 400파운드(180킬로)나 나가는 백전노장이었지."

톰은 나를 빤히 쳐다보더니 이렇게 말했다. "그래요, 아빠, 다윗은 정말 용감했어요. 하지만 실제로는 골리앗이 더 용감한 사람이었어요." 나는 깜짝 놀라면서 왜 그렇게 생각하느냐고 물었다. 아들은 "그것도 모르세요" 하는 여덟 살짜리 특유의 표정을 짓더니 대답했다. "아빠, 이렇게 한번 생각해 보세요. 골리앗은 오로지 자기 혼자의 힘만 믿고 싸움터에 나왔지만, 다윗의 뒤에는 하나님이 있었잖아요." 그 순간 나는 "주님, 감사합니다"라고 나지막이 중얼거린 다음, "그렇구나, 아들아, 난 그건 생각하지 못했구나." 그래, 주님은 어린아이의 입을 통해서도 계시를 하시는구나. 나는 당신이 다윗과 골리앗의 이야기를 들었을 것이라고 생각한다. 만약 듣지 못했을 경우를 위해, 하나님과 다윗이 이겼음을 말해둔다.

HAPPY CHRISTIAN
사람은 누구나 실수를 해요

내가 주님에게 평생을 맡긴 지 얼마 후 우리 가족이 함께 교회에 나갔을 때의 일이다. 아들은 피곤했던지 오전 예배가 끝나갈 무렵 꾸벅꾸벅 졸고 있었다. 우리가 초대의 찬송을 부르고 있는데 아들은 찬송가 책에다 자꾸 머리를 처박았다. 나는 머리를 부드럽게 밀어내며 말했다. "얘야, 아빠가 책을 볼 수가 없잖아." 또 다시 아들의 머리가 찬송가 책 위에 꾸벅거렸다. "얘야, 이러지 마, 아빠가 볼 수가 없잖앗!" 아들이 의자에 도로 앉으면서 머리를 가슴에 처박는 순간, 나는 큰 실수를 했다는 걸 깨달았다. 나는 그 애 어깨에 팔을 두르며 말했다. "아들아, 미안하다. 내가 인내심을 잃고 화를 내서."

예배가 끝나자 우리는 차 있는 데로 나왔다. 차에 앉으면서 다시 아들의 어깨에 팔을 두르고 말했다. "아들아, 오늘 밤에는 정말 열심히 기도해야 할 것 같아." 그러자 아들이 물었다. "뭐에 대해서요?" 내가 말했다. "아빠에게 좀더 많은 인내심을 내려달라고 빌어야지. 아까 너를 거칠게 대한 실수를 저질렀잖니. 정말 미안하다. 난 너에게 용서를 빌고 싶어." 아들은 여덟 살짜리 아이다운 표정을 지으면서 말했다. "아빠, 그게 무슨 소리예요? 사람은 누구나 실수를 해요."

내가 볼 때 그것이 구원의 본질이요, 기쁨이다. 사람은 누구나 실수를 하고 주님은 우리가 앞으로 그러리라는 것을 아신다. 그분은 우리의 실수를 용서해 주기 위해 지상에 오셨다. 그러니 그분의 용서를 빌어라. 그러면 그분은 용서해주실 뿐 아니라 잊어버리기까지 하신다. 내가 사랑하는 예수님은 바로 그런 분이다.

HAPPY CHRISTIAN
세례-주님의 모범

나는 열두 살 때 세례를 받았다. 많은 사람들이 내게 이런 질문을 던진다. 어릴 때 세례를 받는 순간에 당신이 구원을 받았다는 느낌이 있었느냐고. 정확하게 말해서, 1977년 11월 13일 이전에는 그 질문에 대답하지 못했다. 그 11월의 일요일에 크리스웰 부인이 나를 위해 그 문제를 말끔하게 해결해 주었다. 아마 그 이전에도 크리스웰 부인이나 다른 교사 혹은 목사들이 똑같은 말을 했을 것이다. 하지만 나의 경우 그 시점에 이르러서야 비로소 내 마음이 그 말에 응답할 준비가 되었다.

크리스웰 부인은 구제되었느냐 혹은 구제되지 않았느냐를 결정하는 한 가지 기준은 죄악에 대하여 의식적으로 대응하느냐 혹은 무의식적으로 반응하느냐의 차이라고 설명했다. 죄악을 저질렀는데도 아무런 생각이나 자책감이 없다면 그것은 아직 주님을 진정으로 안 것이 아니라고 추가로 설명했다. 그 말을 듣는 순간, 나는 진실을 깨우치게 되었다. 열두 살에 세례를 받은 이후 나는 너무나 멀리 표류하여, 대부분의 행동을 아무런 후회나 자책 없이 해왔던 것이다.

주님에게 평생을 바치기로 약속한 이후, 열두 살의 세례식이 주님에 대한 완전한 믿음 이전의 일이었다는 게 늘 마음에 걸렸다. 내 말을 오해하지 말기 바란다. 나는 세례가 구원에 필수적인 요소가 아니라는 것을 안다. 하지만 신약성경을 보면 획기적인 회심回心이 벌어진 경우에는 그 즉시 세례가 뒤따랐다. 게다가 우리 주님 자신도 세례를 받았다. 모든 것을 정확하게 하고 내 마음의 부담을 덜어버리기 위하여, 나는 또 다른 세례를 통해 나의 재탄생을 공개적으로 알려야겠다는 생각을 하기 시작했다.

그 동안 나를 깊이 생각하게 만들고 나를 사로잡아 편안하게 놔두지 않는 두 가지 일이 발생했다. 나의 재탄생일 직후에 나는 노스캐롤라이나 콘코드에서 있었던 일반인 상대의 주말 부흥회에서 연설을 해달라는 초청을 받았다. 그 직후 또 다른 일이 발생하여, 반드시 다시 세례를 받아야겠다는 생각은 굳어지게 되었다.

HAPPY CHRISTIAN
나의 아들 그리고 나의 형제

내 아들은 나의 재탄생 몇 달 후에 주님을 개인적인 구세주로 받아 모셨다. 그것은 정말 감동적인 경험이었다. 우리 목사님이 새로운 신자들에게 교회 문을 활짝 열었을 때 아들은 준비가 되어 있었다. 부모인 우리가 볼 때도 정말 그런 것 같았고 그래서 적극 나서라고 권했다. 우리는 그 애를 따라서 교회 문 앞까지 갈 때 말로는 다 할 수 없는 감사함을 느꼈다.

톰은 크리스웰 목사님에게 주님에 대한 사랑과 믿음을 고백하면서 너무 감동하여 제대로 말을 하지 못했다. 냉소적이고 냉정한 세속의 사람이라도 여덟 살의 어린아이가 예순셋의 목사에게 신앙을 고백하는 장면을 보았더라면 예수님의 사랑을 감지하고 깊은 감동을 느꼈을 것이다. 닥터 크리스웰은 수천 명의 사람을 은총의 보좌로 인도한 사람이다. 그런 노련한 목사도 그 감동적 순간에 압도되어 얼굴에 눈물이 줄줄 흐르고 목소리가 떨리는 상태로 양팔을 뻗어 톰을 포옹하면서 예수 그리스도의 가족으로 환영했다. 그렇게 하여 내 아들은 주님 안에서 나의 형제가 되었다.

그 후 몇 주 만에 톰은 예수님을 믿는 일의 중요성을 제대로 이해하기 위해 교리반에 다니기 시작했다. 우리 교회는 아이들의 경우 아홉 살이 되어야 세례를 주고 정식 교인으로 받아들인다. 그러나 우리 목사님은 아이가 성령의 인도를 느끼고 공개적으로 그리스도를 개인적 구세주로 받아들인다면 나이와 관계없이 교회에 데려오라고 부모들에게 요청했다. 아이의 경험이 진실하다면(어떤 아이들은 아주 어린 나이에도 그런 경험을 하는 수가 있었다) 아이의 신앙 고백만으로 그 아이에게 구원을 보장할 수 있으며, 이때 세례는 그리 중요한 것이 아니다.

하지만 많은 경우에 있어서 아이들은 그 순간의 분위기에 압도되거나 또래 친구들의 사례에서 지나치게 영향을 받는다. 구원은 너무나 중요한 것이기 때문에 소홀히 할 수가 없다. 우리의 목사님, 닥터 크리스웰은 가능한 한 오류의 가능성을 배제하기 위해 아이들이 아홉 살이 될 때까지 기다리는 것을 일반적 방침으로 정했다.

나는 2월 첫째 주말에 일반인 상대 부흥회의 사회를 보기로 동의했고 나의 예전 세례가 진정한 것인지 알 길이 없어서 다시 세례를 받기로 결정했다. 나의 아들도 같은 때 세례를 받기로 되어 있어서, 부자가 함께 세례를 받게 되니 그 의식이 더욱 성스럽게 느껴질 것이라고 생각했다. 닥터 크리스웰이 톰과 나를 예수 그리스도 안에서 함께 하는 새로운 생활 속으로 담궈넣었을 때 그것은 내 인생 중 가장 의미 깊은 경험이 되었다.

오늘날 나는 예수 그리스도가 살아있는 구세주임을 분명하게 안다. 예수님의 약속은 진실하고, 그분이 나에게 영생을 주었고, 내가 그분과 함께 영원히 살리라는 것을 안다. 하나님이 종지부를 찍은 사항에 대하여 의문 부호를 달지 않아도 된다는 것은 얼마나 푸근한 느낌인지! 하나님이 이미 거기 가 계시므로 내일에 대해서 걱정하지 않아도 된다는 것은 얼마나 커다란 위안인지!

HAPPY CHRISTIAN
나는 언제나 당신을 응원해요

어린 시절의 일로써 기억나는 두 가지는 「예수님은 나를 사랑하신다」라는 노래와 "하나님은 사랑이다"라는 말이다. 나는 예수님을 별로 사랑하지 않던 때에도 예수 그리스도 하면 사랑과 선량함을 머리 속에 떠올렸다. 내가 주님에게 나의 평생을 바친 지 2년쯤 되던 때 벌어진 다음 에피소드는 사랑에 대한 나의 느낌을 잘 표현하고 있다.

나는 골프를 좋아한다. 티에다 공을 올려놓고 몸을 뒤로 한껏 젖힌 뒤 강하게 볼을 때려내는 그것처럼 강렬한 즐거움을 주는 것은 따로 없는 듯하다. 하지만 골프를 자주 하지는 못한다. 아무리 빨리 치든 혹은 아무리 늦게 치든 골프 한 게임 하려면 적어도 5시간은 가져야 하기 때문이다. 나는 주당 6000마일을 여행하고 대부분의 시간을 가족과 떨어져서 보내기 때문에 집에 있는 시간에 골프채를 들고서 필드에 나갈 생각이 별로 나지 않는다. 그렇지만 골프를 좋아한다. 그래서 5년 전쯤 한 가지 좋은 아이디어를 생각해냈다.

나는 아내와 아들 톰에게 각각 골프채를 한 벌씩 사주었다. 아내와 아들은 그 선물을 그리 달갑게 여기지 않았다. 한 다섯 게임쯤 하고 난 뒤에 아내는 말했다. "여보, 당신도 알다시피 난 골프 치는 것을 좋아하지 않아요. 너무 차가운가 하면 너무 뜨겁고 너무 축축한가 하면 너무 건조해요. 그러니 나는 좀 빼줘요. 당신은 톰과 함께 필드에 나가서 그 애와 조용한 시간을 갖도록 하세요." 그렇게 하여 골프 친구 넘버원이 사라졌다. 여름이 끝나갈 무렵 내 아들이 말했다.

"아빠, 난 아빠와 함께 있는 게 좋기는 하지만 골프 치는 건 좋아하지 않아요. 그러니 나도 좀 빼줘요." 이렇게 하여 골프 친구 넘버투가 사라졌고 그 후 이태 동안 거의 골프를 치지 못했다.

2년이 흘러간 어느날 밤 우리는 저녁 식사에서 돌아오다가 댈러스의 노스센트럴 고속도로 근처에 있는 골프 연습장을 지나치게 되었다. 마침 골프채가 내 차 트렁크에 들어 있었는데 톰이 말했다. "아빠, 연습장에 들어가서 몇 타 치고 가요." 내 아들은 아주 구수하게 말했고 그래서 우리는 몇 타 치러 들어가게 되었다.

잠시 뒤 아들이 말했다. "아빠, 아빠 우드 하나 빌려주세요." 나는 반대했다. "얘야, 넌 키가 너무 작아. 내 우드는 아주 길다고." 하지만 톰은 고집했다. "아빠, 한 번만 치게 해 주세요." 그래서 4번 우드를 건네주었다. 아이는 클럽을 꼭 잡더니 몸을 뒤로 쫙 젖힌 후 강하게 때렸다. 평소 아이의 비거리보다 무려 40야드나 더 나갔다. 아들의 미소는 두 번째로 가장 아름다운 미소였다. 나는 이제 확실한 골프 친구 하나를 확보했음을 알았다.

가장 아름다운 미소는 이틀 뒤 골프 클럽에서 나왔다. 이 클럽에는 코스가 두 개 있었는데 하나는 전문가용이었고 다른 하나는 아주 나이든 사람과 어린 사람들을 위한 것이었다. 우리는 비전문가 코스에 들어갔다. 파 포어 홀에서 톰은 우드 클럽을 잡고서 타격하여 공을 중간 지점에 정확하게 떨어뜨렸다. 이어 아들은 아이언 5번을 잡고서 공을 핀에서 40피트 정도 떨어진 그린에 올려놓았다. 이제 버디를 잡을 수 있는 기회였다. 골프를 치지 않는 사람이 본다면 이번 퍼팅에 성공하면 마이너스 한 타로 공을 홀 안에 집어넣은 사소한 일일지 모른다. 하지만 골프를 조금이라도 아는 사람이라면 그게 얼마나 흥분되는 순간인지 잘 알리라. 나는 그에게 지형을 읽어주고 어떻게 공을 굴려야 할지 일러주었다. 아이는 공을 적당히 굴렸고 공은 마치 빨랫줄처럼 일직선으로 홀 안으로 빨려들어 갔다. 그때 아이의 미소는 내가 본 미소 중에서 가장 아름다운 것이었다. 나는 아이를 끌어안았고 우리 부자는 한 2분쯤 축하의 댄스를 추었다. 아이는 나 못지않게 기뻐했다.

그런데 여기서 한 가지 문제가 발생했다. 나도 두 타 만에 공을 그린 위에 올려놓았다. 내 공은 홀에서 약 12피트 떨어진 지점에 있었다. 만약 내가 퍼팅에서 실패한다면 아들은 내가 아들에게 승리를 안겨주기 위해 일부러 실수를 했다고 생각할지 몰랐다. 이렇게 되면 아들은 값싼 승리를 거둔 게 될 것이고 그건 즐거움을 반감시킬 것이었다. 나는 최선을 다해 퍼팅을 하고 싶었다. 만약 내가 실패하면 톰을 정직한 얼굴로 쳐다보면서 "아들아, 넌 아주 정정당당하게 이긴 거야"라고 말해주고 싶었다. 나의 최선의 사업은 언제나 하나님의 도움을 받아서 이루어진 것이었으므로(그것은 골프장이든 어디든 다 통한다) 이번에도 도움을 요청했고 그리하여 성공했다.

나는 확고한 자세로 공을 굴렸고 그것은 마치 누가 잡아당기듯 컵 속으로 쏙 들어갔다. 공을 집으러 가기 전에 나는 톰의 얼굴을 응시하며 물었다. "자, 아들아, 솔직히 말해다오. 넌 아빠를 응원했니?" 만약 내가 퍼팅에 실패했더라면 아들은 난생 처음으로 골프장에서 아버지를 이긴 것이었으므로 대단히 의기양양해 했을 것이다. 12살짜리로서는 제법 큰 일이 아닐 수 없었다. 하지만 아이는 단 한 순간도 망설이지 않고 확고한 목소리로 말했다. "아빠, 난 언제나 아빠를 응원해요." 그렇다. 바로 그런 것이 사랑이다. 순수한 사랑. 미국의 모든 도시, 마을, 촌락에서는 이런 사랑이 더 많이 있어야 한다.

동료들과 함께 일을 할 때 그들의 마음을 꿰뚫어 보면서 그들이 최선을 다하여 승리하도록 응원해 준다면, 그러면 우리는 좀더 생산적이고 좀더 전문적인 사람이 될 수 있다. 독실한 크리스천이 잃어버린 영혼을 위하여 응원하고 기도해 줄 때, 그것은 강력한 힘을 발휘한다. 세일즈맨들이 가망 고객의 이익을 위하여 세일즈를 하고 세일즈 매니저가 세일즈맨의 이익을 위하여 응원하고 지원해줄 때, 세일즈맨이나 매니저는 더욱 효과적인 사람이 된다. 교사가 학생을 응원하고 사장이 사원을, 부모가 자식을, 부부가 서로를 응원할 때 각자는 서로의 가치를 깨닫게 되는 것이다. 서로 더 잘 하라고 도와주는 것이다.

내 친구 캐버트 로버트는 이런 멋진 말을 남겼다. "사람들은 당신이 얼마나 그들을 배려해주는가에 관심이 있지, 당신이 얼마나 많이 아는가에 대해서는 관심이 없다." 그들에게 당신의 사랑을 알리려면 먼저 그들에게 당신의 사랑을 보여주어야 한다. 그들을 위해 기도함으로써 그들을 응원하라.

당신은 거래 중인 사람들이 목적을 달성할 수 있도록 응원하고 도와줌으로써 그들에게 사랑, 배려, 관심을 보여줄 수 있다. 바로 이 때문에 나는 예수 그리스도를 개인적으로 알게 된 데 대하여 깊은 감사를 느낀다. 모든 것을 알고 모든 것을 사랑하는 하나님, 우주의 창조자가 나를 너무도 사랑하여 내가 태어나기도 전에 지상에 오셔서 그분의 목숨을 내어놓음으로써 나의 영생을 보장해 주었다고 생각하는 것은 정말 신나는 일이다. "하나님은 이 세상을 너무도 사랑하여 그분의 독생자를 주셨다. 그분을 믿는 사람은 죽지 않고 영원히 살 것이다." 이 심오한 진리를 아는 것은 이루 말로 다 할 수 없는 즐거움과 위안의 원천이다. 나와 당신을 응원해주는 분이 예수님이라는 사실, 그것을 아는 것은 이 세상에서 가장 커다란 위안이다.

HAPPY CHRISTIAN
어머니의 사랑

나의 가족은 나의 생활에서 아주 중요하면서도 커다란 영향을 미쳤다. 우리 주님은 가정이라는 제도에 아주 강력한 승인의 도장을 찍어주셨다. 사실 내가 예수 그리스도를 하나님의 독생자로 믿게 된 이유는 어머니의 사랑과 관련이 있다. 예수의 어머니 마리아가 아들에게 보여준 사랑은 복음서 전편에 드러나 있다. 그분의 신성이 가장 잘 드러나는 부분은 그분의 재판과 처형 장면이다.

당신은 그 스토리를 잘 알 것이다. 그 재판은 엉터리였다. 대중은 그분의 죽음을 원했다. 명백하게 무죄인데도 불구하고 그것(그분의 죽음)이 아니면 성에 차지 않았다. 그분이 조롱을 당하고, 날조된 죄목으로 고소당하고, 가시에 찔리고, 매질을 당하고, 침 뱉음을 당하고, 마침내 두 명의 도둑과 함께 반라의 몸으로 십자가에 매달렸을 때(게다가 로마인 병사들은 그분의 옷을 놓고 노름을 벌였을 때) 그분의 어머니가 당했을 고통을 당신은 상상할 수 있으리라. 그분의 어머니로 부름 받은 그 여인의 고뇌를 충분히 짐작하리라. 그 어머니는 지상을 걸어 다닌 사람들 중에 유일하게 완벽한 사람이었던 아들의 처형을 지켜보며 고뇌로 온몸의 살이 부들부들 떨렸으리라.

그러나 그 어머니는 단 한 번도 언성을 높이지 않았고 예수가 지상에 보내진 하나님의 외아들이라는 사실을 부인하지 않았다. 이것은 역사적 사실이다. 그녀는 자신이 낳은 아들 예수 그리스도가 하나님의 아들이고, "성경의 모든 말씀을 이루시기 위해"(마가 15:28) 지상에 왔다는 것을 알기 때문에 그처럼 침착할 수 있었다.

HAPPY CHRISTIAN
다시 천상의 뷔페 요리

이번에 당신이 이곳 지상에서 하나님의 뷔페 요리 테이블들을 걸어 내려갈 때, 하나님은 손을 뻗어 당신의 식판에서 뭔가 한 자리를 가져가려 하신다. 그렇게 자리를 덜어내야 당신이 가지기를 바라는 하나님의 좋은 선물을 그 식판(당신의 인생)에 넣으실 수가 있다. 하지만 당신이 협조를 해주지 않으면 하나님이라고 해도 그것(보다 구체적으로 근심걱정)을 당신의 식판에서 덜어낼 수가 없다.

많은 사람들이 나에게 근심걱정을 하느냐고 묻는다. 그때마다 내 대답은 아니오이다. 나는 정말 근심하지 않는다. 왜냐하면 사탄이 아니라 예수님이 내 인생을 통제하시기 때문이다. 예수님을 모르는 사람들에게 나는 근심을 해결하는 아주 현실적인 방법을 제시한다.

먼저 매주 '근심하는' 시간을 따로 정해놓으라고 한다. 가령 목요일 오후 3시로 고정시키는 것이다. 근심은 아주 심각한 문제이므로 특별한 근심의 공간도 있어야 한다. 또 사전 준비도 필요하다. 나는 그 예수님을 모르는 사람에게 주중의 평일에는 근심 필기장을 가지고 다닐 것을 권한다. 그래서 근심거리가 머리에 떠오를 때마다 일련번호를 매겨서 필기장에 적어 넣게 한다. 그가 근심하는 시간에 깊이 생각해야 할 사항들을 하나도 빼놓지 않도록 한다.

하지만 과거의 경험을 한번 살펴보라. 근심했던 많은 사항들은 가만 놔둬도 저절로 사라져버렸거나 별 근심을 안 해도 되는 상태로 변하지 않았던가. 적어도 근심의 방으로 가져가야 할 정도는 아닌 상황으로 바뀌지 않았던가. 그래도 근심걱정이 많은 사람은 필기장에 기다랗게 그것들을 적어두어야 한다. 그렇지 않으면 근심 시간을 고정시킨 것이 공연한 일이 될지도 모르기 때문이다. 자칫 잘못하면 더 이상 근심할 게 없다는 것이 또 하나의 근심거리가 될지도 모른다. 자, 드디어 목요일 3시가 돌아왔다. 누가 그에게 어디로 가느냐고 묻는다면 그는 약간 화가 난 어조로 근심의 방으로 간다고 말한다. 더욱이 그는 '과학적으로' 근심을 할 계획이다.

자, 이렇게 하는 것이 우습지 않은가? 물론 우습다. 그리고 당신이 지금 근심하는 것 또한 우스운 일이다! 근심은 아무것도 하지 않으면서 속만 끓이는 것이다. 그것은 아직 만기가 되지 않은 돈(골칫거리)에 미리 앞서서 이자를 지불하는 것과 같다. 나의 친구 에블린 베스탈이 내게 말했듯이 근심은 하나님이 우리를 위해 대신 일처리 해 주는 것을 방해만 할 뿐이다. 예수님은 우리가 달라고 하지 않았기 때문에 못 받는다고 말했다. 물론 그렇게 달라고 하지 않은 것 중에는 근심의 정반대인 신앙도 들어 있다. 시편 27:1은 말한다. "여호와는 나의 빛이요 나의 구원이시니 내가 누구를 두려워하리요. 여호와는 내 생명의 능력이시니 내가 누구를 무서워하리요."

술꾼이나 수면제 중독자들은 마음을 이완시키기 위해, 고민을 잊어버리기 위해, 긴장을 풀기 위해 그런 것들에 의존한다. 두려움은 근심을 가져오고 근심은 긴장을 불러일으킨다. 만약 당신이 오늘이나 내일을 두려워하지 않는다면 도대체 무엇을 근심할 필요가 있단 말인가? 신앙은 하나님의 능력에 대한 당신의 응답이고 하나님은 우리의 문제를 모두 해결할 능력이 있으므로 기꺼운 마음으로 당신의 뷔페 식판에서 당신의 근심을 제거해주실 것이다. 그분이 그렇게 하도록 당신이 협조만 한다면.

하나님이 내려 주신 축복을 기억하라

- 하나님이 내려 주신 축복을 감사하면 할수록 더 많은 것에 대하여 감사하게 된다.

  첫 번째 "감사합니다" 날짜 _____
  두 번째 "감사합니다" 날짜 _____

  주님, 다음의 일을 감사드립니다.

  1. _____
  2. _____
  3. _____
  4. _____
  5. _____
  6. _____
  7. _____
  8. _____
  9. _____
  10. _____
  11. _____
  12. _____

하나님은 일정한 의도를 가지고 인간을 창조하셨고, 그 의도는 선량한 목적을 가지고 있다.

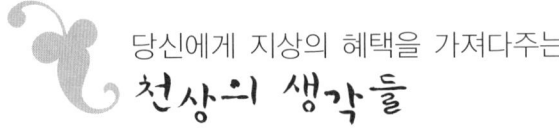

당신에게 지상의 혜택을 가져다주는
천상의 생각들

▲ 최근에 "사람들은 정의롭게 되는 것보다 종교적인 것에 더 관심이 많다"라는 얘기를 듣고 깜짝 놀랐다. 왜냐하면 종교와 정의는 따로 떨어져 있는 것이 아니고 함께 가는 것이기 때문이다. 아마도 이런 오해 때문에 제임스가 정의로운 종교를 소개할 때 그 앞에 '순수한'이라는 형용사를 붙인 듯하다. 거듭 말하거니와, 인간은 본능적으로 종교를 지향한다. 그는 자신의 영혼 속에 그것을 가지고 있다. 하지만 그것이 인간을 구제해주는 것은 아니다. 실제에 있어서 본능과 진정한 종교는 엄연히 다른 것이다. 한 자매가 말했다. "나의 종교는 내가 그와 이혼하는 것을 허용하지 않아요." 하지만 그 자매의 '종교'는 그녀를 상냥한 아내 혹은 좋은 부부관계를 위하여 노력하는 여자로 만들어주지 않았다. 이 경우 그녀는 종교는 가지고 있을지 모르지만 정의로움은 갖고 있지 않은 것이다.(찰스 호지)

▲ 어려운 때에 남에게 관대하지 못하다면, 잘 나갈 때에도 남에게 관대하지 못하게 된다.

▲ 당신은 하나님을 잠시 무시할 수 있을지는 몰라도 그분과의 관계를 영원히 끊지는 못한다.

▲ 내 가슴에는 사랑하는 본성과 미워하는 본성, 이렇게 두 개의 본성이 있다. 내가 늘 느끼는 본성이 결국 다른 본성마저 제압하고 만다.

▲ 당신을 만드신 하나님은 당신을 고쳐줄 수도 있다.

어느 크리스천의 행복한 고백

CHAPTER 07

내가 사랑하는 예수님

HAPPY CHRISTIAN

그분은 과거에도 그랬고 지금도 우리의 주님이다. 그분은 우리 인류를 구제하기 위하여 신성의 외투를 벗어 던지고 인간의 몸으로 지상에 오셨다. 그분은 인간으로 사셨고 나와 당신 같은 인간이 겪는 모든 유혹을 당했지만 아무 죄 없는 삶을 사셨다. 그 삶은 그 어떤 인간도 실천할 수 없는 위대한 삶이었다.

내가 사랑하는 예수님

　로마 병사들은 십자가 앞에서 "확실히 이 사람은 보통사람이 아니다"라고 말했다. 공정한 마음을 갖고 있는 사람이라면 이러한 논평에 동의할 것이다. 전 세계의 유식한 사람 1만 명을 상대로 지구상의 가장 유명한 사람 10명을 꼽아보라면 그 대답은 제각각일 것이다. 그러나 딱 한 명만 들라고 하면 그 대답은 미리 정해져 있다. 바로 예수 그리스도인 것이다. 그 이유는 공정한 마음의 소유자라면 명약관화하다. 그분은 보통사람이 아니었다. 그분은 과거에도 그랬고 지금도 우리의 주님이다.

　그분은 우리 인류를 구제하기 위하여 신성의 외투를 벗어 던지고 인간의 몸으로 지상에 오셨다. 그분은 인간으로 사셨고 나와 당신 같은 인간이 겪는 모든 유혹을 당했지만 아무 죄 없는 삶을 사셨다. 그 삶은 그 어떤 인간도 실천할 수 없는 위대한 삶이었다. 문명 세계의 시간은 그분의 탄생 시점을 기준으로 하여 기원전B.C.과 기원후

A.D.로 나뉜다. 이러한 기준은 타당한 것이다. 그분은 알파요 오메가, 다시 말해 시작이면서 끝이기 때문이다. 필립스 브룩스 주교는 그의 책 『저 외로운 삶』에서 그것을 아주 간명하면서도 아름답게 설명했다.

HAPPY CHRISTIAN
저 외로운 삶

그분은 가난한 마을에서 농부 여인의 아들로 태어났다. 서른 살이 될 때까지 목공소에서 일했고 그 후 3년 동안 여기저기를 돌아다니면서 설교를 했다. 그분은 책을 쓰지 않았고 어떤 직책을 맡지도 않았으며 집을 소유하지도 않았다. 대도시에 산 적도 없었다. 태어난 곳에서 200마일 이상 떨어진 곳으로 여행한 적도 없었다. 그는 세속적 위대함에 수반되는 그 어떤 것도 행한 적이 없었다.

사법당국은 그의 가르침을 비난했다. 그의 친구들은 그를 버렸다. 한 친구는 사소한 금액에 넋이 팔려 그를 적들에게 넘겨주었다. 한 친구는 그를 부인했다. 그는 엉터리 재판에 회부되었다. 두 명의 도둑 사이에 설치한 십자가에 매달렸다. 그가 죽어 가는 동안 집행리들은 그가 지상에서 소유한 유일한 물건인 겉옷을 놓고 도박을 벌였다. 그의 숨이 끊어지자 시신은 내려져 임시로 빌린 무덤에 안치되었다.

그 후 19세기가 흘렀지만 그분은 오늘날에도 인류의 최고 영광이며 지구상 수천만, 수억 신자들의 존경받는 지도자이다. 그 동안 땅 위를 행진했던 모든 육군들, 바다를 항해했던 모든 해군들, 국사를 의논했던 모든 의회들, 백성을 다스렸던 모든 통치자들도 저 외로운 삶을 살았던 그분만큼 심오한 영향을 끼치지 못했다.

HAPPY CHRISTIAN
당신의 시선을 주님에게 고정시켜라

나의 크리스천 형제자매들이여, 마태복음 14:25-31에 나오는 사도 베드로의 이야기를 잠시 기억해 주기 바란다. 이 이야기에서 주님은 바다 위를 걸어서 사도들이 물고기를 잡고 있는 배로 걸어간다. 배에 타고 있던 충동적 성격의 베드로는 자기도 같은 행동을 할 수 있게 해달라고 요청한다. 주님은 간단히 "오너라"하고 말씀한다. 베드로는 자신있게 배에서 나와 바다 위를 걸어 예수님에게로 다가가다가 겁을 먹는다. 성경은 이 부분을 이렇게 적고 있다. "베드로는 거센 바람을 보고서 무서워했다." 바로 그 순간 베드로는 바다에 빠졌고 주님이 손을 내밀어 그를 건져 올렸다.

여기에는 두 가지 중요한 메시지가 있다. 첫째, 베드로가 시선을 주님에게 고정시켰더라면 풍랑을 보지 못했으리라는 것이다. 둘째, 그가 물에 빠지는 즉시 자신의 허약함을 인정하고 도움을 요청했으며 그리스도는 그를 건져 올렸다. 당신의 시선을 늘 주님에게 고정시키고 그분이 언제나 당신을 도와줄 준비가 되어 있음을 깨달아라. 바로 이것이 내가 사랑하는 예수님이고, 우리가 시선을 고정시켜야 할 예수님이다.

과거 한때 주님을 따랐으며 교회와 크리스천 활동에 열심이었으나 지금은 그렇지 않다는 사람을 가끔 만난다. 내가 그들에게 냉담해진 이유를 자세히 물어보면 그들이 우상으로 모셨던 사람에 대한 커다란 실망감으로 인해 교회와 담을 쌓게 되었다고 말하는 경우가 많다. 그 우상이었던 인물은 대체로 크리스천 그룹에서 높은 지도자였는데 진짜가 아니라 가짜인 것으로 판명되었다는 것이다. 그것은 정말 안된 일이었다! 이와 관련하여 나는 두 가지 생각을 해보았다.

첫째, 우리는 그 어떤 사람이든 그를 우상으로 삼아서는 안 된다. 만약 그렇게 한다면 우리는 반드시 실망하게 되어 있다. 그러나 우리가 예수님에게 시선을 고정시킨다면 결코 실망하지 않을 것이다. 이것은 태초부터 또 성경의 역사가 시작된 이래로 그러했고 오늘날에도 달라지지 않았다. 아브라함은 신앙심이 깊은 선량한 사람이었다. 하지만 엄청난 거짓말쟁이기도 하였다. 그가 아흔아홉 살이었을 때 하나님이 그에게 많은 자손이 생겨나리라고 말하자 웃기는 소리라는 듯이 비웃었다. 야곱은 일급의 사기꾼이었다. 그의 이름조차도 '대신 들어앉은 사람'이라는 뜻이다. 다윗은 하나님의 마음에 드는 사람이었으나 유부녀와 간통을 하고 그 남편을 죽인 자였다. 베드로는 우직하고 충성스러운 사도였으나 주님을 부인하였다. 역사상 가장 위대한 크리스천 저술가이고 신학자인 바울조차도 바르나바와 심하게 다투어서 각자 서로의 길을 갔다.

이러한 불완전함의 리스트는 과거와 현재를 통틀어서 아주 기다랗고 앞으로도 결코 줄어들지 않을 것이다. 거듭 말하거니와 어떤 인간을 바라보면서 그에게서 완전함을 추구하지 말라. 애초부터 인간에게는 완전함이란 없으니까. 만약 있다고 생각한다면 틀림없이 실망하게 될 것이다. 다시 한번 말하지만, 오로지 예수님에게 시선을 고정시켜라. 그러면 결코 실망하지 않을 것이다.

둘째, 사람들은 남에 대해서 엉뚱한 결론을 내리는 경우가 많다. 따라서 크리스천들은 늘 주님과 함께 걸으면서 남들에게 엉뚱한 행동의 인상을 주지 않도록 조심 또 조심해야 한다. 이것을 좀더 자세히 얘기하면 다음과 같다.

HAPPY CHRISTIAN
그녀는 술 마시는 걸 좋아하던데요

나는 재탄생한 지 얼마 되지 않아 미주리 주의 스프링필드에 연설을 하게 되었다. 연설이 끝난 뒤 한 제조회사의 임원과 대화를 나누게 되어, 일요일뿐 아니라 일주일 내내 그리스도를 섬기는 일이 대단히 중요하다고 역설했다. 일요일 오전에만 교회에 나타나 혼자 거룩한 체 하다가 나머지 6일은 전혀 크리스천답지 않은 사람은 사탄의 훌륭한 도구라고 생각한다는 말도 했다. 그런 얘기를 나누던 중, 그 임원은 일주일 내내 크리스천다운 삶을 살겠다고 표명한 내 친구 한 사람이 술을 마시는 걸 보았다고 지적했다. "그녀는 술 마시는 걸 좋아하던데요." 그러면서 그녀는 위선자가 아니냐는 것이었다.

나는 그 여자를 잘 알기 때문에 즉각 그의 지적에 의문을 표시했다. 그녀가 오랫동안 크리스천의 삶을 살아왔음을 잘 알고 있기 때문에 술을 마셨을 리 없다고 말했다. 그러자 그 회사 임원은 그녀가 손에 술잔을 쥐고 있는 걸 직접 보았다고 대꾸했다. "그 잔 속에 들어 있는 것이 정말 술이었습니까? 콜라나 세븐업이 아니었을까요?" 그 임원은 청량 음료였을 가능성도 있다는 걸 시인했다. 그리고 다시 한 번 생각하더니 술은 아닌 것 같았다고 말했다.

여기서 나는 두 가지 교훈을 얻었다. 첫째, 잘못 판단할 가능성이 언제나 있으므로 남을 판단할 때에는 극도로 조심해야 한다. 둘째, 크리스천인 우리는 행동을 아주 조심하여 잘못하는 것처럼 '보이는' 것조차도 경계해야 한다.

나는 업무 관계상 칵테일파티나 음료를 서빙하는 공공장소에 자주 가게 된다. 이 에피소드 이후 나는 '잘못하는 것처럼 보이는 것'조차도 피하려고 아주 애를 쓴다. 술이 나오는 곳에서는 콜라나 세븐업도 마시지 않는다. 주님에게 자신의 평생을 바칠 것을 진지하게 고려 중인 크리스천 형제가 나의 행동에서 엉뚱한 결론을 이끌어 낼까봐 두렵기 때문이다. 주님을 모르는 사람이 볼 때 이런 얘기는 좀 고리타분하게 들릴지도 모른다. 하지만 나의 무지나 부주의 때문에 신앙의 초보자들을 머뭇거리게 하거나 등을 돌리게 만드는 것보다는 차라리 고리타분하다는 소리를 듣는 것이 더 낫다.

나는 한 잡지의 기자와 인터뷰를 하면서 이런 조심하는 태도를 털어놓은 적이 있었다. 내가 여성들과는 커피 마시는 것조차도 조심한다고 보충 설명을 하자 그 기자는 충격을 받더니 이어 짜증을 내는 것이었다. 내가 여비서와 점심 식사를 나가는 일도 없다고 하자 나를 아주 괴상한 사람으로 생각하는 것 같았다. 이유는 간단했다. 첫째, 나의 사무 중에는 여비서와(말이 난 김에 모든 여성과) 사무실에서 얘기하지 못할 성질의 사무는 없다. 둘째, 남들에게 오해받을지도 모르는 상황을 미리 피함으로써 인간관계의 게임에서 앞서나갈 수 있다.

잡지사 기자는 선량한 젊은이였지만 나의 이런 태도가 가짜 혹은 황당무계하다고 생각했는지 그 인터뷰를 기사화하지 않았다. 나는 발행 부수 10만 부의 그 잡지에 내 생각이 게재되지 않은 것을 별로 유감으로 생각하지 않았다. 왜냐하면 그 직후 주님께서는 발행부수 1200만 부의 「가이드포스트」에 내 기사가 실리도록 해주었기 때문이다. 주님은 대체로 그런 방식으로 움직이기 때문에 나는 이번 건도 주님의 손길이 작용했다고 생각한다. 그러면서 다시금 이런 주님의 말씀을 듣는다. "이봐, 지그, 자네가 모든 일을 나에게 맡겨 놓으면 내가 다 해준다니까."

HAPPY CHRISTIAN
그들은 우리를 다르게 판단한다

예수님을 모르는 사람들은 우리 크리스천이 남들과는 다르기를 기대한다. 간단한 실수를 하거나 완벽한 행동에서 조금만 빗나가도 우리는 비난의 대상이 된다. 말이 난 김에 하는 말인데 왜 크리스천만이 교회에 다닌다고 생각하는지 알다가도 모를 일이다. 당신이 차고에 아무리 오래 앉아 있어도 자동차가 되지 않는 것처럼, 교회에 아무리 많이 나가도 자동적으로 크리스천이 되는 것은 아니다. 병원을 짓는 것은 아픈 사람을 치료하기 위한 것이지, 건강한 사람을 위한 것은 아니라는 것쯤은 누구나 알고 있다. 왜 사람들은 교회가 완벽한 사람들만을 위한 장소라고 생각하는가? 그곳은 죄인들이 하나님을 예배하고 그리스도에게 좀더 가까이 다가가 의미 있는 관계를 형성하기 위해 노력하는 곳이다. 크리스천은 결코 완벽하지 않다. 하지만 그들은 구제 받은 자이고 그게 정말 중요한 사항인 것이다.

그렇지만 세상은 우리를 다른 기준으로 판단하고 나는 우리 크리스천이 다르다는 사실에 대하여 하나님을 찬양한다. 예를 들어, 당신이 맥주병이나 술병을 겨드랑이에 끼고 미국 어느 도시의 거리를 걸어내려 간다면 사람들은 미소를 지으며 이렇게 말할 것이다. "오늘 밤 재미 있는 시간을 보내려는가 보지요." 사람들은 그것을 전혀 이상하게 생각하지 않고 비판적으로 논평하지도 않는다.

하지만 크리스천 한 사람이 겨드랑이에 성경을 끼고 예수 그리스도의 사랑이 가득한 눈빛으로 찬송가를 부르며 거리를 걸어내려 간다면 많은 사람들은 이렇게 말할 것이다. "저 변태는 도대체 뭘 주장하고 있는 거야?" 하지만 여기서 이런 점을 알아두는 것이 중요하다. 사람들이 겉으로는 그렇게 비판적으로 말하지만 속으로는 그 크리스천을 부러워하면서 존경한다는 것이다.

아니타 브라이언트의 이야기는 이런 점을 분명하게 증명하고 있다. 문제는 그녀에 대한 언론의 비판적 보도에도 불구하고 미국인들과 세상이 아니타 브라이언트에 대해서 어떻게 생각하고 있는가 하는 것이다. 그 대답은 아니타 브라이언트가 이 세상에서 가장 존경받은 여자라는 것이다. 이것은 최근에 실시된 「굿 하우스키핑」의 여론조사로 뒷받침되었다.

HAPPY CHRISTIAN
아니타 브라이언트

이 책을 읽는 분들이 대부분 알고 있으리라 보는데, 아니타 브라이언트는 지금껏 아주 값비싸고 처절하며 외로운 싸움을 치르오고 있다. 하지만 완전하게 적법 절차를 밟아가며 사랑, 결단, 확신 속에서 선한 싸움을 싸우고 있다. 나는 지금 동성애를 공개적으로 반대하는 그녀의 입장에 대해서 언급하고 있다. 그녀는 플로리다 주 데이드 카운티 관내에서 동성애자가 초등학교 학생들을 가르치지 못하게 하는 싸움을 거의 혼자 힘으로 벌여서 승리를 거두었다(물론 겸손한 그녀는 이것이 자기 혼자 힘으로 된 게 아니라고 말할 것이다). 이 싸움은 그녀에게 커다란 대가를 치르게 했다. 그녀의 주 수입원인 방송 출연이 그 싸움 때문에 거의 중단되었다. 동성애자 공동체는 플로리다 산 오렌지 주스를 구매 거부했고 그녀가 텔레비전 광고에 나오지 못하도록 압력을 넣었다. 게다가 많은 토크쇼의 초청 연사들이 그녀와 함께 출연하는 것을 거부했다. 이 때문에 자연 그녀의 출연 기회가 줄어들어 수입이 감소했다.

우리에게 아니타 브라이언트와 그녀를 내내 지원한 남편 봅 그린이 있다는 사실을 나는 하나님에게 찬양했다. 동성애자 그룹의 살벌한 공격과 생명의 위협에도 불구하고 아니타와 봅은 자신들이 옳다고 믿는 것에 미래를 걸었고 자신의 주장에서 한발도 물러서지 않았다. 최근에 벌어진 사건은 예수 그리스도가 아니타 브라이언트와 봅 그린에게 미친 영향을 잘 보여준다.

봅과 아니타가 시사 토론회에 참석하여 언론의 질문에 대답하던 중, 한 동성애자가 파이를 집어 들어 아니타의 얼굴에 던졌다. 그런 공격을 당하면 1000명 중 999명이 과격하게 반응할 것이다. 그렇게 되었더라면 사람들이 몰려들고 아주 심각한 사태가 벌어질 수도 있었다. 그러나 그 무례한 동성애자를 쉽사리 완력으로 제압할 수 있을 정도로 덩치가 크면서도, 봅 그린은 침착하고 단호한 목소리로 말했다. "아니, 그 사람을 그냥 내버려두십시오."

그 동성애자의 폭력 행위는 체포는 물론이고 그를 곤란한 입장으로 몰아갈 수도 있었다. 하지만 아니타 부부는 그 사람을 고소하지 않았고 체포되기를 원하지도 않았다. 그럼, 아니타 부부는 어떻게 반응했을까? 그들은 조용히 머리를 숙이고 그 동성애자를 위해서 기도를 올렸다. 부부는 비록 동성애를 미워하지만 동성애자 그 사람을 미워하는 것은 아니라는 사실을 하나님이 그 동성애자에게 일깨워 주시기를 빌었다. 이 모든 일은 플래시가 번쩍거리고 텔레비전 카메라가 빠르게 돌아가는 가운데 벌어졌다. 바로 그것이 예수 그리스도의 정신이다. 그것이 내가 사랑하는 주님이고, 인간의 마음을 그토록 고상하게 만드시는 하나님의 힘이다.

HAPPY CHRISTIAN
변화의 주파수를 맞추어라

많은 동성애자들은 그들이 "원래 그런 식으로 태어났다"고 말한다. 그런데 한심한 것은, 좀더 의식이 있어야 마땅할 일부 크리스천들조차도 그런 주장에 동의한다는 것이다. 성경을 조금이라도 읽어본 사람은 그런 주장이 허위임을 알 것이다. 레위기 20:13은 동성애가 죽음으로 다스려야 할 죄악이라고 명시하고 있다. 크리스천이라면 이런 것쯤은 알고 있으리라. 모든 것을 사랑하시는 하나님이 인간을 동성애자로 만든 다음에 그를 죽음으로 다스리지는 않으리라는 것을. 가장 최근에 나온 매스터스와 존슨의 연구는 동성애가 '획득된' 혹은 '학습된' 습관임을 분명히 밝히고 있다. 두 연구자는 동성애에서 벗어나고자 하는 사람들 중 72퍼센트를 그 습관에서 벗어나게 하는데 성공했다.

하나님은 동성애자라도 그 인간을 사랑하시고 단지 동성애의 죄악만을 미워하신다. 로마서 제1장을 한 번만 읽어보아도 하나님이 동성애의 죄악을 어떻게 생각하는지 분명하게 알 수 있다. 하나님은 매스터스와 존슨이 치료하지 못한 28퍼센트의 동성애자들도 충분히 고치실 수 있다. 여기에 대해서는 조금도 의심할 나위가 없다.

그러나 내가 이 책의 앞부분에서 이미 말했듯이, 그런 습관을 갖고 있는 사람은 먼저 자신의 평생을 예수 그리스도에게 바쳐야 한다. 왜냐하면 하나님은 자신이 소유하지 않은 것을 고치지는 않기 때문이다. 교회의 독실한 신자이며 예전에 대규모 사업가였던 내 친구 밥 조지는 그것이 라디오와 비슷하다고 말한다. 오늘날 라디오에는 AM과 FM이 있다. 만약 당신이 AM에 주파수를 맞추었다면 FM을 수신할 길은 전혀 없다. 물론 그 반대도 마찬가지이다. 만약 주님이 당신을 소유한다면, 당신은 그분의 채널에 '주파수를 맞춘' 것이다. 그러면 당신이 어떤 죄(가령 동성애, 거짓말, 음주, 간통 따위)를 저질렀건,

주님이며 구세주이신 예수님이 당신을 결정적으로 변경시켜 모든 문제를 해결해 준다.

정신과 의사가 해결하지 못한 문제를 예수 그리스도가 해결할 수 있는 이유는 간단하다. 의사는 오래된 인간의 본성을 상대로 하고 있을 뿐이다. 오래된 본성을 새로운 본성으로 바꾸는 것은 의사의 능력 밖의 일이다. 그러나 예수 그리스도는 오래된 인간의 본성 자체를 바꾼 다음 완전 새로운 사람으로 만들어내는 일을 할 수가 있다. 그래서 성경은 이렇게 말한다. "너희가 성령 안에서 걸을 때, 너희는 육체의 욕망을 따르지 않을지니."

HAPPY CHRISTIAN
계속 읽어 보라

이제 이성애를 지지하는 사람들은 느긋한 자세를 취하며 동성애 집단을 매도하려 들지 모른다. 또한 동성애 집단은 이 글을 읽는 순간 네가 뭔데 우리를 판단하느냐고 화를 내면서 너는 지금 헛소리를 지껄이고 있다고 말하지 모른다. 하지만 계속 읽어주기 바란다.

성경 말씀을 그대로 믿는다면, 동성애는 하나의 죄악이다. 거짓말, 사기, 절도, 위증, 간통, 허영, 자만, 기만, 이런 것들도 모두 죄악이다. 하나님의 성경은 큰 죄와 작은 죄를 구분하지 않는다. 그냥 죄만 있을 뿐이다. 불행하게도 대부분의 인간은(물론 나 자신을 포함하여) 남의 죄는 크게 보고 자기의 죄는 작게 보는 경향이 있다. 하나님이 당신이나 나의 이런 경향에 대해서 어떻게 말씀하실지 모르지만, 그

런 구분을 부질없다고 생각하실 것이다.

나는 아니타 브라이언트의 주장에 동의한다. 나는 동성애자(드러났든 감추어져 있든)가 공립학교에서 우리 아이들을 가르치는 것에 반대한다. 논리적으로 볼 때, 우리 아이들을 가르치는 사람의 감정이 수업 중에 은밀하게 드러날 수 있기 때문이다. 마찬가지 이유로 도둑, 창녀, 마약 중독자, 아내 구타자, 아동 학대자, 과대망상증 환자, 기타 자신의 죄악을 정당시하는 사람이 우리의 2세 교육이라는 민감하고 중요한 일을 담당하는 것에 반대한다. 2세는 우리의 보호와 사탄의 개입 사이에 놓인 유일한 세대인 것이다.

HAPPY CHRISTIAN
예수 그리스도는 중요한 차이를 만들어내는가?

1973년에 최연소 호레이시오 앨저 상의 수상자가 된 내 친구 조지 신은 그리스도가 중요한 차이를 만들어낸다고 힘주어 말했다. 조지는 전대미문의 규모로 사립학교 사업을 대대적으로 벌였다가 실패하여 참모 회의에서 더 이상 살아날 길이 없다는 얘기를 들었다. 참모들은 이런 말까지 했다. "조지, 아무리 기도를 해도 소용이 없을 정도입니다." 조지는 아주 낙담한 상태로 회의장을 나왔다. 그는 차를 몰아 집으로 돌아오는 중, 이제 남은 것은 기도밖에 없다는 생각이 갑자기 들었다. 그는 노견에 차를 세우고 신실한 자녀들의 기도를 모두 들어주시는 살아있는 구세주에게 큰 소리로 기도했다.

그 나머지 이야기는 이제 하나의 역사가 되었다. 그건 너무나 잘 알려진 미담美談이기 때문에 여기서는 더 이상 되풀이하지 않겠다. 하지만 수줍음 잘 타고 배운 것도 별로 많지 않은 젊은이가 어떻게 인생을 완전 역전시켜 수천 명의 사람들을 도와주게 되었는지 자세히 알고 싶으면 조지 신이 지은 『굿모닝, 나의 주님』을 읽어보기 바란다. 여기서는 단지 이런 정도로만 요약해 두기로 하겠다. 조지 신은 하나님을 파트너로 받아들여 하나님에게 사업 일체를 맡김으로써 엄청난 재산을 벌어들였고, 가족들과는 더욱 가까운 관계가 되었으며, 마음의 평화를 얻었고, 사업이 번창했다. 그렇다. 지금 당장 예수님을 받들어 모시는 혜택은 이처럼 큰 것이다!

HAPPY CHRISTIAN
크리스천 가정이라고 해서 반드시 장래가 보장되는 것은 아니다

행실이 바르고 생각이 깊고 부모의 심부름을 아무 불평 없이 잘 해내고 자기 방을 깨끗이 청소하는 아이. 이런 아이가 나중에 커서 마약 밀매꾼, 도둑, 마약 중독자가 되리라고 상상하기는 어렵다. 하지만 크리스천 가정에서 사랑하는 부모님 밑에서 자란 브라이언 로우는 결국 그렇게 되고 말았다. 부모님의 기억에 의하면 브라이언은 열다섯 살 무렵에 반항을 하기 시작했다. 그 무렵 록 밴드에 들어갔고 또래 친구들이 하는 짓은 다 하고 돌아다녔다. 브라이언의 문제가 최초로 시작된 것은 다섯 살 무렵이었다. 그는 약간의 거짓말을 보태면 어른들이 머리를 쓰다듬어 주고 등을 두드려준다는 것을 알게 되

었다. 열세 살이 되면서 절도, 흡연, 욕설을 비행의 리스트에 추가했다. 그리고 예수 그리스도를 산타클로스 혹은 이빨 요정(어린이의 젖니가 빠졌을 때 이것을 베개 밑에 넣어두면 요정이 가져가는 대신에 돈을 두고 간다 함: 옮긴이) 정도로 생각했다.

다른 애들과 마찬가지로 브라이언은 자그마하게 비행을 시작했으나 곧 문제가 커지기 시작했다. 바늘 도둑이 소 도둑 되어 사소한 절도 행위가 무단 가택 침입으로 발전했다. 장난이 광기로 변했고 졸업식 날 겨우 한 잔 하던 것이 하루에 양주 큰 병 하나를 마시는 정도로 심해졌다. 무모한 10대의 운전은 결국 자동차 절도로 끝나고 말았다. 우연히 손을 댄 마약이 점점 심해져서 결국에는 '스피드 프리크 speed freak(각성제[암페타민] 상용자)' '애시드 헤드acid head(환각제[LSD] 상용자)'가 되었고, 급기야 현실과 환상을 구분하지 못하게 되었다. 환각에 빠져들면서 더 강력한 환각을 추구했고 그런 몽롱한 상태에서 깨어나는 것이 싫다고 말했다. 이어 약간 냉소적인 어조로 그의 친구들은 그처럼 영원히 깨어나지 않는 상태에 도달하기는 했지만 결국 정신병원으로 갔다고 말했다.

마약을 상용하다 보니 자연스럽게 마약 밀매꾼이 되었고 대형 범죄자의 길로 나아가게 되었다. 이렇게 나쁜 쪽으로 방향을 트는 데 결정적인 역할을 한 것이 텔레비전이었다. 텔레비전은 체포되지 않는 법을 빼놓고는 모든 방법을 가르쳐주었다. 간단히 말해서 브라이언의 문제는 너무나 심각해서 인간의 힘으로는 해결 불가능한 상태였다.

HAPPY CHRISTIAN
어떻게 하다가 그렇게 되었나?

문제는 왜 그리고 어떻게 그런 일이 발생했는가 이다. 나는 그 애의 부모와 여러 번 함께 일을 했으므로 브라이언을 알고 있었다. 아주 잘 아는 것은 아니었지만 그래도 부모와 거래가 많았으므로 가택 무단 침입으로 8년형을 받았다는 소식을 들었을 때 큰 충격을 받았다. 브라이언이 선고를 받은 지 2주 후 너무나 희망도 없고 막막한 현실 속에서 잠언에 있는 하나님의 약속이 생각났다. 잠언은 아이를 주님의 방식대로 키우면 결코 그 아이가 그 길에서 벗어나지 않으리라고 말했다.

브라이언의 경우 그 아이는 교회에서는 키워졌다. 열네 살 때에는 세례도 받았다. 불행하게도 그의 세례는 확신에서 우러나온 것이 아니었다. 그의 부모와 친구들이 세례 받기를 원하니까 실망시키기 싫어서 받았던 것뿐이었다. 아쉽게도 브라이언의 마음은 주님의 그것을 닮지 못했지만 그래도 하나님의 말씀의 씨앗이 그 가슴에 뿌려졌다. 브라이언은 아무런 종교적 심성도 갖고 있지 않았지만 하나님의 말씀은 결코 공허하지 않다는 말이 나중에 진실로 밝혀졌다.

HAPPY CHRISTIAN
한 발 더 내디딜 데 없는 곳에서

브라이언은 감방의 어둠 속에 갇혀 앞으로 여러 해 동안 좌절과 절망 속에서 철창을 바라보며 살아야 했다. 그때 브라이언은 어릴 적에 읽은 성경과 하나님을 생각해냈다. 목사들은 그 누구보다 성경에 대해서 잘 알고 있으므로 브라이언은 그의 부모님도 믿고 따르는 닥터 폴 프랭클린을 찾았다. 닥터 프랭클린은 즉시 응답했고 조용한 브라이언의 감방에서 구원의 계획을 설명했다. 브라이언 로우는 가슴은 깨어진 채 무릎을 꿇고서 구세주 예수 그리스도를 그의 마음에 받아들였다.

    닥터 프랭클린이 제일 먼저 한 것은 브라이언에게 하나님의 말씀의 중요성을 이해시키는 것이었다. 그래서 브라이언은 매일 열심히 성경을 공부하면서 복역을 해나갔다. 브라이언은 하나님의 말씀을 모두 알아야겠다는 열의가 있었으므로 짧은 시간 안에 많은 것을 배우게 되었다.

HAPPY CHRISTIAN
하나님은 뭐든지 다 할 수 있다

    바로 이 시기에 브라이언은 내게 편지를 쓰기 시작했다. 그 경험은 나에게 커다란 영감을 안겨주었다. 브라이언은 크리스천으로 다시 난 후에 사랑과 격려의 원천이었던 아내 테레사가 곧 첫아이를 낳게 된다는 소식을 들었다. 하지만 새 생명의 소식은 곧 어두운 고민의 그림자로 뒤덮이게 되었다. 신생아가 건강한 아이로 태어날 확률은 절반도 채 되지 못했다. 브라이언은 암페타민과 LSD를 오랫동안 복용해 왔고 다른 사람들보다 더 많은 LSD를 받아들일 수 있는 체질로 악명이 높았다. 다른 크리스천들과 마찬가지로 브라이언은 믿고 사랑하는 하나님에게 절절하게 매달렸다. 그는 아이가 건강하고 정상적으로 태어나게 해달라고 간절히 빌었다.

젊은 부부가 인생의 최고 순간을 맞이한 것은 신생아 저스틴 휘트 로우가 태어났을 때였다. 예쁘고, 건강하고, 아주 정상적인 남자 아이였다. 그에 못지않게 기적적인 사실은 브라이언의 정신이 예전의 명민한 상태로 되돌아갔다는 것이었다. 스피드(암페타민)와 LSD는 뇌 세포를 신속하게 죽이는 것으로 악명이 높은데 그런 회복은 정말 믿기 어려운 일이었다. 시편 103:1-5는 이런 회복이 어떻게 가능한지 설명해 주고 있다. 고린도 전서 2:16은 우리 인간이 '그리스도의 마음'을 갖고 있다고 말한다.

하나님이 브라이언의 의식을 회복시켜준 것보다 더 놀라운 일은 그의 마음을 완전 개조시킨 것이었다. 8년형을 선고받을 때 브라이언은 모든 사람과 제도를 증오하고 저주했다. 특히 자신을 체포하여 감옥에 집어넣은 사람들을 미워했다. 이제 새 사람이 된 브라이언은 그들을 용서해야 하지만 자신에게 그들을 사랑할 능력이 없는 것을 알고서, 열심히 기도를 올렸다. "주님, 나는 이 사람들을 사랑할 수가 없습니다. 그런 능력은 내게 있지 않습니다. 하지만 당신에게는 있으십니다. 그러니 당신께서 나를 통하여 그들을 사랑해 주십시오." 곧 브라이언은 그들을 위해 열렬히 기도했고 날이 갈수록 그들을 사랑하는 자신을 발견했다. 나는 되풀이하여 그에게 말해주었다. "당신은 할 수 없습니다. 하지만 하나님께서는 할 수 있습니다!"

브라이언은 여러 달에 걸쳐 나와 편지 교환을 했다. 그가 보내

오는 성경 구절을 읽으면서 나는 그의 빠른 정신적 성장과 뜨거운 신앙심을 한편으로 기뻐하면서 또 다른 한편으로는 경이로웠다. 나는 그의 찬양과 감사의 노래를 들으면서 점점 더 예수님은 정말 큰 차이를 만들어낸다는 것을 알게 되었다. 브라이언의 죄목은 아주 길었지만(그는 최악의 경우 160년을 선고받을 수도 있었다), 무단 침입 3건에 대해서만 유죄가 인정되었고 나머지 4건에 대해서는 유죄 답변 거래를 했다. 그 결과 8년형을 선고받았다. 브라이언은 2년을 복역한 후인 1978년 2월 보석으로 석방이 되었다. 고맙게도 사회는 보석의 조건만 빼놓고 모든 그의 부채를 탕감해 주었다. 더욱 흥분되는 일은, 그가 주님을 받아들이고 용서를 청하는 순간, 하나님께서는 그의 전과를 깨끗이 말소시켜 주셨다는 사실이다.

HAPPY CHRISTIAN
옛날의 브라이언 로우는 죽었다

브라이언 로우의 이야기는 이제 막 시작되었다. 어쩌면 가장 흥분되는 일은, 브라이언이 나에게 자신의 스토리를 말해주면서 옛날의(그의 말로는 '죽은') 브라이언 로우에 대해서는 거의 얘기하지 않으려 했다는 것이다. 그는 말했다.

"아주 유명한 사람이 아니라면 죽은 자에 대해서는 누구나 얘기를 하지 않습니다. 예수 그리스도를 알기 이전의 브라이언 로우는 죽었습니다. 그래서 나는 새롭고, 신나고, 감사하는 브라이언 로우에 대해서 말하고 싶습니다."

그의 얘기 중 인상적인 부분은 그가 담배를 끊은 스토리이다. 브라이언은 예수님을 받아들여 자신의 가슴속에 모시게 되자 그리스도가 이제 그의 몸속에 들어와 있다는 걸 알게 되었다. 그러니 브라이언이 담배를 피운다면 그건 우리 주님을 향해 연기를 뿜어대는 꼴이었다. 정말 담배를 끊고 싶었다. 하지만 그는 예전에 하루 세 갑을 피우면서 아무리 끊으려 해도 성공하지 못했던 골초였다. 그는 마침내 좌절과 분노를 느끼면서 양팔을 번쩍 쳐들고 말했다.

"주님, 내 능력으로는 도저히 담배를 끊지 못하겠습니다. 만약 주님께서 내가 담배 끊기를 바라신다면 어떻게 좀 해주십시오. 제발 빨리 손을 써주십시오! 나는 금연 노력을 포기해야 될지도 모르겠습니다. 나는 그냥 생각나는 대로 막 피워버릴지 모르겠습니다. 주님, 이 문제를 완전히 주님 손에 맡기오니 내가 이 못된 버릇에서 벗어날 수 있도록 해주소서."

그 다음 날 아침 브라이언은 성경을 읽으면서 파이프 담배를 피웠다. 그날 밤에도 담배를 피웠다. 그러나 낮 동안에는 전혀 피우지 않았다는 것을 발견했다. 그리고 그날 이후 이때까지 브라이언 로우는 흡연의 버릇에서 완전 해방되었다.

이 메시지는 너무나 아름답다. 아니, 간단하면서도 분명하다. 그건 우리는 할 수 없지만 주님은 할 수 있다는 것이다. 그런 분이 바로 우리가 모시는 주님이다. 주님의 힘은 단지 흡연의 버릇을 없애주는 것에 그치지 않는다. 그분은 복원하는 일도 아주 잘 하신다. 그분은 잃어버린 영혼들을 회복시키기 위하여 뭐든지 다 하신다. 그 어떤 죄악이든 가리지 않고, 죄악의 습관까지도 완전히 깨트리신다. 그러니 우리의 책임과 기회는 그저 '기도를 올리면서 주님 앞에 문제를 가져가는 것'이다. 그분은 모든 문제를 다 해결해 주겠다고 약속하셨다. 하나님은 거짓말을 할 줄 모르는 분임을 기억하라.

HAPPY CHRISTIAN
하나님이 원래 의도했던 브라이언 로우의 모습

내가 이 글을 쓰고 있는 현재, 브라이언 로우는 버지니아 주 스톤튼의 주 교도소에서 출소 절차를 밟고 있다. 그는 자신이 목사의 소명을 받았다고 생각하여 매일 그에 걸맞은 성경 공부를 하고 있다. 요사이 브라이언의 부모가 보내오는 편지에는 천상의 아버지에 대한 사랑, 희망, 감사로 가득하다. 이렇게 되기까지 그 부모는 얼마나 많은 불면과 슬픔의 밤을 보냈는지 모른다. 그들은 여러 날 잠 못 이루며 강물 같은 눈물을 쏟아냈다. 그들의 마음은 납처럼 무거웠고 아들의 육체적·정신적 건강과 그의 영혼이 완전 파괴될지 모른다는 두려움에 떨었다. 오늘날 그의 어머니는 이렇게 감사한다.

"내 마음은 우리 주님에게 대한 사랑과 감사로 흘러넘칩니다. 우리가 여러 번 그분의 기대를 저버렸는데도 불구하고 사랑을 베푸시는 하나님 아버지는 우리를 사랑하고 용서해 주셨습니다. 우리에게 힘과 사랑과 어려움을 헤쳐 나갈 친구들을 주신 하나님에게 매일 감사하고 있습니다. 특별히 우리는 램프라이터(합창부)의 부원으로서 예수님의 복음을 노래 부르는 특혜에 대하여 감사드리고 있습니다. 예수님의 이름과 그 힘을 노래로 찬송할 때마다 우리가 하나님의 약속 위에 반석 같이 서 있는 느낌이 듭니다."

휘트와 완다 로우 부부는 이렇게 말했다. "브라이언이 구제되어 성소聖召를 받았을 때, 우리는 그게 정말 보람 있는 일이라는 것을 알았습니다." 브라이언이 주말에 휴가를 받아서 집에 돌아와 부부가 다니는 교회에서 세례를 받고 또 조용조용 말하는 것을 듣고서, 로우 부부는 탕자를 맞아들이는 천상天上 아버지의 즐거움을 조촐하게 느꼈다고 말했다.

그것은 보기 흉한 애벌레가 고치를 뚫고 나와 날개를 활짝 펴며 날아가는 아름다운 모습을 보았을 때의 감동과 비슷했다. 그것이 나비에게 의도된 원래의 모습이었던 것처럼, 로우 부부는 그날 교회에서 브라이언의 의젓한 자태를 보면서 그게 하나님이 원래 의도한 아들의 모습임을 알았다.

그건 정말 주님에게 영광을 돌릴 일이었다. 만약 우리가 그분을 따라가기만 한다면 예수님은 계속 우리를 사랑해 주실 것이고, 그분이 당초 의도한 모습대로 우리를 만들어 가실 것이다. 브라이언 로우 스토리의 가장 좋은 부분은 아직 나오지 않았다. 그는 주님 안에서 아직 정신적으로 '어린아이'에 지나지 않기 때문이다. 다행히도 그는 성경이라는 육식肉食을 열심히 먹고 있으므로 곧 튼튼한 어른으로 성장할 것이다. 그러면 하나님은 그를 더욱 더 유용한 방식으로 사용하실 것이다. 빌 고다드가 말했듯이, 브라이언은 이제 하나님의 이젤畵架 위에 걸려 있다. 하나님은 원래 구상해 두었던 브라이언의 모습을 완성하기 위해 오늘도 열심히 그림을 그리신다.

HAPPY CHRISTIAN

이보다 더 큰 사랑이 있을까?

나는 이 이야기를 몇 년 전에 들었으나 그 진정한 충격은 이 책을 쓰고 있는 지금에서야 완전히 이해했다. 그것은 사랑의 온전한 모습이었다. 한 젊은 사업가가 직장에서 귀가 도중 교통사고를 만나 많은 피를 흘렸다. 그의 생사가 오락가락했고 긴급 수혈이 필요했다. 하지만 그는 희귀한 혈액형 소유자였고 혈액의 기증자는 즉시 발견되지 않았다. 마침내 그의 딸 캐시가 혈액형이 같을지 모른다는 제안이 나왔다. 캐시의 어머니는 아빠를 살려야 하니 피를 좀 내어놓을 수 있겠느냐고 딸에게 물었다. 캐시는 입술을 꼭 깨물고 잠시 생각하더니 그렇게 하겠다고 말했다.

딸의 혈액형은 일치했고 그래서 수혈이 되었으며 위기는 지나갔다. 어린 캐시는 수혈 후에 침대 위에 그대로 누워 있었다. 그녀의 몸은 침대의 시트처럼 하얬다. 잠시 뒤 캐시의 어머니가 병실로 들어와 의사가 가도 좋다고 했으니 일어나 집으로 가자고 했다. 캐시는 충격과 불신의 표정을 지으며 엄마를 쳐다보았다. "엄마, 그럼 나 안 죽어도 되는 거예요?" 어린 캐시는 아버지를 살리기 위해 자신의 목숨을 내어놓으려고 생각한 게 틀림없었다. 그 말을 듣고 젊은 사업가는 깊이 감동을 했으며 이미 사랑하고 있는 딸을 더욱 사랑하게 되었다고 한다. 아, 이보다 더 큰 사랑이 있을까?

나는 과거의 어느 한때에도 이런 사랑을 실천해 보겠다고 생각한 적이 없는 듯하다. 그러다가 예수를 만났고 그분의 깊고 큰 사랑을 알게 되었다. 그분은 천상의 보좌를 포기하고 지상에 내려오실 때 자신에게 무슨 일이 기다리는지 알고 있었다. 자신이 갈보리 언덕으로 올라가리라는 것도 알고 있었다. 십자가의 고뇌가 무엇인지도 알고 있었다. 자신이 고통을 받고 피를 흘리고 그러다가 죽으리라는 것을 알고 있었다. 그러나 그분은 인류를 너무나 사랑하셔서 기꺼이 자신의 목숨을 내어놓으셨다. 그분을 믿는 사람들이 죽지 않고 영원히 사는 길을 마련해 주기 위해서였다. 만약 당신이 영원히 살고 싶다면 얼마든지 그렇게 할 수 있다. 단지 그분을 믿기만 하면 되는 것이다. 당신은 그분을 믿는가? 믿지 않는다면 하나님에게 믿음을 내려달라고 요청해 본 적이 있는가?

HAPPY CHRISTIAN
예수님은 포르투갈 말도 스페인 말도 모두 아신다

이미 앞에서 누구이 말한 것처럼, 나는 아주 다양한 이유로 주님을 사랑한다. 또 그분을 따라다니다 보면 늘 신나는 일이 벌어진다. 어느 날 우리 교회의 일요학교가 소규모 부흥회로 변했다. 그 모임에 오로지 포르투갈 말만 할 줄 아는 선교사 한 분을 모시게 되었다. 그분이 말하면 우리의 통역사가 그 말을 통역해 주었다.

학교가 파한 후에 일요학교 학생이며 우리의 친구인 잭 글래스콕은 이렇게 논평했다. "지그, 그것 아주 멋진 경험이었어요. 좀 더 의미 깊게 하나님을 이해하려면 누군가가 외국어로 기도하는 것을 들어보아야 해요." 그때 나는 환히 깨달았다. 우리의 주님이며 구세주이신 분은 모든 언어를 이해하는 것이다. 그분과 우리 사이에는 아무런 의사소통의 장애가 없다.

그로부터 약 3주 뒤 일요일, 우리 교회는 예배가 끝난 후 예수 그리스도를 주님 겸 구세주로 받아들이는 새로운 성도들을 받아들였다. 그 중에는 귀 먹은 사람이 하나 있었다. 우리는 예배 중 '말없는 친구들'을 위한 시간을 따로 정해 놓았는데 그 어린 소녀는 수화를 통하여 예수 그리스도의 사랑을 알게 되었다. 그녀가 앞으로 걸어 나와 예수님을 주님 겸 구세주로 받아들인다고 수화로 말하자, 성도들 중에는 눈물을 흘리지 않는 자가 없었다. 주님을 가슴에 영접하는 일이라면 인간의 언어조차 불필요하다는 사실을 알게 되자, 이미 그분을 알고 있는 우리들은 커다란 감동을 받았다.

내가 이 책의 원고를 다듬고 있는 동안 또 다른 아름다운 일이 벌어졌다. 새로운 성도를 위하여 교회 문이 열렸을 때, 눈먼 소녀 하나가 앞으로 걸어 나와 자신의 삶을 온전히 주님에게 바친다고 말했다. 성경 말씀에 인간은 겉모습으로 사람을 판단하나 하나님은 인간의 마음을 꿰뚫어보신다고 했다. 나는 그 눈먼 소녀를 보는 순간, 다시 한번 남을 판단하려 들어서는 안 된다는 생각이 들었다. 우리는 그저 우리의 눈만 믿고 겉모습으로만 판단하기 때문이다.

우리는 인간의 시력이 불충분한 것임을 알고 있다. 눈만 있다고 해서 다 보는 것은 아니라는 얘기이다. 예수 그리스도의 이름을 들었지만 아직 그분을 정말로 '보지' 못한 수백만 명의 사람들이 있는 것이다. 차라리 저 눈먼 소녀처럼 마음의 눈으로 볼 수 있다면 얼마나 더 좋을 것인가! 그 소녀는 그분을 분명히 보았다. 이 지상에서 눈먼 여행을 잠시 하다가(베드로 후서 3:8은 하나님에게 천년은 하루와 같다고 했다) 소녀는 하나님의 우주를 영원히 바라보는 삶을 누리게 될 것이다.

HAPPY CHRISTIAN
예수님을 아는 사람은 모두 받아들여라

어느 일요일 30대의 정신지체자가 주님에게 자신의 평생을 바치겠다고 맹세했다. 그는 아마도 교회나 신학교에서 다루어지는 많은 신학적 토론을 이해하지 못하리라. 하지만 이 어린아이의 지능을 가진 남자가 주님과 영원을 보내는 데 필요한 지식은 모두 갖추고 있다는 건 놀랍지 않은가? 이 남자는 예수님이 그를 사랑하고 그를 위해 죽으셨으며 무덤에서 다시 살아났다는 것을 알고 있었다. 이 남자는 신학적 이론을 많이 알지만 신앙심은 전혀 없는 사람들보다 앞서 나가고 있으며 그것을 그 자신도 알고 있다. 이론만 밝고 믿음이 없는 사람들은 구세주의 은총을 잘못 이해한 자들이다. "어린아이들을 용납하고 내게 오는 것을 금하지 말라. 천국이 이런 자의 것이니라" (마태복음 19:14)라는 예수님의 말씀을 제대로 이해하지 못한 것이다.

나는 종족, 주의, 피부 색깔, 힘센 자와 비천한 자, 늙은 사람과 젊은 사람, 부자와 가난한 사람 등의 구분 없이 사회 각계각층에서 성도들이 나오고 있음을 본다. 이곳 지상에서는 신분이 높고 힘센 사람들만이 중요한 사람을 만나볼 수 있지만(그러나 하나님에게는 모든 사람이 중요하다), 하나님의 나라에서는 모든 사람이 똑같이 하나님을 만나고 또 그분과 함께 지낼 수가 있다. 우리가 예수 그리스도를 믿고 그분의 은총을 받기만 한다면 말이다.

나는 재탄생한 후 처음으로 미시시피 주의 야주 시티에 있는 어머니를 만나러 가서 아주 독특하면서도 흥분되는 경험을 했다. 나는 어머니의 침대 곁에 앉아서 성경을 읽어드렸다. 어머니는 그 무렵 치매가 심하여 거의 말을 알아듣지 못했다. 나는 어머니가 내 말을 알아들었는지 어쨌는지 알 길이 없었다. 하지만 그 다음날 어머니는 나의 누이와 매형에게 아들이 집에 돌아왔으며 설교를 해주었다고 말했다. 아들을 대하는 세상 어머니가 다 그렇겠지만, 나의 어머니는 심지어 내가 훌륭한 설교자였다고 말했다 한다. 나는 하나님이 그 순간을 위해 잠시 어머니의 정신을 맑게 해주셨다고 확신했다. 어머니가 평생 동안 나를 위해 기도하고 증언한 것이 결코 헛것이 아니었음을 본인(어머니)이 직접 알 수 있도록.

주님은 내 어머니의 병을 통해 나의 남동생이 예수 그리스도를 새롭게 이해하고 받아들이도록 해주셨다. 남동생은 어머니와 아주 가까웠고, 그 어느 아들 못지않게 어머니를 사랑했으며, 어머니의 말씀과 행동을 모두 존경했다. 동생은 어머니가 이 세상에서 가장 선량한 분이기 때문에 당연히 천국에 가실 것이라고 믿었다. 이때 주님이 내게 역사役事하셔서 동생에게 이런 말을 하도록 시켰다. 물론 우리 어머니는 대단히 선량하신 분이다. 하지만 인간이 아무리 선량하다고 해도 그 선량함만으로는 그리스도와 영원히 사는 것이 보장되지는 않는다. 인간이 선량함만으로 천국에 갈 수 있다고 믿는 것은 참으로 서글픈 오해이다.

처음에 동생은 내 말을 잘 이해하지 못했다. 그가 그토록 사랑하는 선량한 어머니가 예수님과 함께 있게 되는 것이 지상에서의 선량함 때문이 아니라 믿음을 통해 공짜로 주어지는 구원의 은총 때문이라는 것을 납득하지 못했다. 나는 다시 동생에게 설명해 주었다. 누구나 오로지 믿음을 통해 구원을 받는 것이다. 따라서 인간이 지상에 있는 동안 주님과 함께 영원한 생명을 누릴 정도로 선량한 일을 많이 했는가는 기준이 될 수가 없다. 선량함만으로 따진다면 인간은 아무리 노력해도 합격 수준이 될 수 없다. 그런 만큼 지상에서 충분히 착한 사람이었느냐 아니냐는 걱정할 필요도 없고 근심할 사항도 되지 못한다. 내 동생 지글러 판사는 드디어 나의 이런 설명을 이해했다. 예수 그리스도에 대한 믿음과 그분의 은총으로 천국에 들어가는 것이지 그 이외의 것은 그리 중요한 게 아니라는 것을 납득했다. 지글러 판사는 자신의 생활 속에 주님이신 예수 그리스도가 들어오실 것을 간곡히 청했다.

나의 커다란 즐거움 중 하나는 동생이 주님 안에서 점점 영적으로 성숙하여 자기 가족을 모두 그리스도 앞으로 인도했다는 것이다. 동생 또한 평화, 즐거움, 행복, 사랑, 흥분의 '지금 당장' 효과를 즐기고 있다. 그의 신체적·재정적 건강 상태는 몰라보게 좋아졌고 그의 연설 업무도 크게 늘어났다.

우리 가족 모두가 어머니의 병 때문에 또 다시 모인 적이 있었다. 이때 사랑과 동정심이 가득한 내 동생 후이는 우리의 막내 딸 줄리를 그리스도 앞으로 인도했다. 그 애의 신앙은 정말 보기에 아름다운 광경이었다. 그 애의 엄마와 나는 감격했고 우리에게 이런 축복을 내려주신 하나님을 찬양했다. 어머니의 병을 계기로 하여 하나님이 어머니의 아들과 손녀를 그분의 왕국으로 인도했다는 것을 알면 어머니도 대단히 기뻐했으리라!

HAPPY CHRISTIAN
천상의 뷔페 요리는 아직도 열려 있다

시편 34:10은 말한다. "여호와를 찾는 자는 모든 좋은 것에 부족함이 없으리로다." 이 "모든 좋은 것에 부족함이 없으리로다"는 많은 영역을 포섭한다. 행복한 크리스천인 나는 이런 약속에 흥분한다. 왜냐하면 다른 많은 사람들과 마찬가지로 나도 좋은 것들을 즐기기 때문이다. 그분의 자녀들이 자주 오해한다는 것을 잘 알기 때문에 하나님은 같은 말을 여러 번 반복하신다. 시편 37:4는 말한다. "여호와를 기뻐하라. 저가 네 마음의 소원을 이루어주시리로다." 인간은 이런 약속을 감히 하지 못한다. 하지만 거짓말을 전혀 하지 않는 하나님의 약속이기에 그것은 우리를 흥분시키는 것이다.

하나님이 내려 주신 축복을
기억하라

- 하나님이 내려 주신 축복을 감사하면 할수록 더 많은 것에 대하여 감사하게 된다.
  첫 번째 "감사합니다" 날짜 _____
  두 번째 "감사합니다" 날짜 _____

  주님, 다음의 일을 감사드립니다.

  1. _____
  2. _____
  3. _____
  4. _____
  5. _____
  6. _____
  7. _____
  8. _____
  9. _____
  10. _____
  11. _____
  12. _____

당신이 지상에서 벌어지는 모든 게임에서 이긴다고 할지라도 예수 그리스도를 주님으로 받아들이지 못한다면 당신은 최대의 패배자이다.

(그랜트 티프, 베일러 대학, 이 해(1974)의 코치)

당신에게 지상의 혜택을 가져다주는
천상의 생각들

- 사랑을 주시는 분을 모른다면 아직 사랑을 안 게 아니다.

- 기쁜 마음으로 자신의 평생을 그리스도에게 바친 남녀는 잘못된 선택을 할 수가 없다. 그 어떤 선택을 해도 올바른 선택이 된다.
  (닥터 A.W.토저)

- 만약 당신이 하나님의 사랑을 모른다면 그건 당신이 하나님을 사랑하지 않기 때문이다.

- 남에게 봉사하는 법을 배우면 사랑하는 법을 배우게 된다.

- 당신이 하나님의 준엄한 심판만을 기억하고 있다면 당신은 죄를 저지르기 쉽다. 하지만 하나님의 무한한 사랑을 이해하게 되면 죄를 짓기가 대단히 어렵다.

- 크리스천들은 종종 주님에 대한 사랑을 표명하면서 그분을 위해 기꺼이 죽을 각오가 되어 있다고 말한다. 주님이 당신의 삶을 어떻게 관리해 주실지 그것에 대해서 나는 잘 알지 못한다. 하지만 내 생각에, 주님은 우리가 그분을 위해 죽기보다는 그분을 위해 열심히 살아줄 것을 더 좋아하신다.

어느 크리스천의 행복한 고백

CHAPTER **08**

주님, 저는 자동차 할부금을 내야 하는데 그 만기일이 다음 주 목요일입니다

HAPPY CHRISTIAN

인간의 모든 유혹을 몸소 겪었고 죄 없이 사신 예수님은, 우리가 감당할 수 있는 것 이상으로 시련을 주지 않겠다는 약속을 지키신다. 홍해를 가르시고 땅을 공간에 매다는(욥기 26:7) 하나님은 우리가 현재 처한 문제를 해결해줄 수 있으며 심지어 자동차나 주택 할부금 문제도 해결해줄 수 있다.

주님 저는 자동차 할부금을 내야 하는데 그 만기일이 다음 주 목요일입니다

HAPPY CHRISTIAN
죄악의 용서보다는 일용할 빵

당신과 하나님이 해결하지 못하는 그러한 인생의 국면은 없다. 주님은 우리에게 어떤 시련이 닥치든 그것을 견디어낼 힘을 주겠다고 약속하셨다. 하지만 불행하게도 많은 사람들이 거창한 것에 대해서는 완전한 믿음을 갖고 있으면서, 정작 주님이 해주신 매일 매일의 간단한 약속에 대해서는 별로 믿음이 없다. 가령 "태초에 하나님이 땅과 하늘을 창조하셨다" "가라. 네 믿음이 너를 구원하였느니라"(마가 10:52) 같은 말씀을 믿는 데에는 아무런 어려움이 없다. 약 300만 명의 이스라엘 피난민들을 구하기 위해 홍해를 둘로 갈랐다는 사실을 믿는 데에도 어려움이 없다. 그리스도가 물 위를 걸었고, 죽음에서 부활했으며, 오병이어五餅二魚(빵 다섯 개와 물고기 두 마리)로 수천

명을 먹였다는 사실도 곧잘 믿는다. 이처럼 거창한 것은 믿는 데에 전혀 애로가 없다. 하지만 사소한 것에 대해서는 사정이 다르다. 가령 이런 식으로 불평하는 것이다. "주님 저는 자동차 할부금을 내야 하는데 그 만기일이 다음 주 목요일입니다. 그 돈이 근 200달러쯤 됩니다. 주님, 까놓고 드리는 말씀이지만, 바다도 두 쪽으로 가르시는 분이 단 한 번도 금융 회사에 조치를 취해주신 적이 없으십니다."

놀라운 일이다! 소위 '신자'라는 사람들이 만물의 창조주인 하나님께서 부부 사이의 갈등 따위는 얼마든지 해결하실 수 있다는 생각을 하지 못하는 것이다. 물론 바다의 풍랑을 잠재우고 죽음에서 부활하신 예수님은 알코올 중독의 문제도 해결하실 수 있고 부자父子 간의 의사소통 문제도 해결하실 수 있다. 인간의 모든 유혹을 몸소 겪었고 죄 없이 사신 예수님은, 우리가 감당할 수 있는 것 이상으로 시련을 주지 않겠다는 약속을 지키신다. 홍해를 가르시고 땅을 공간에 매다는(욥기 26:7) 하나님은 우리가 현재 처한 문제를 해결해줄 수 있으며 심지어 자동차나 주택 할부금 문제도 해결해줄 수 있다. 이 세상을 만들어내신 분이니 그것을 어떻게 운영할지는 환히 안다고 보아야 한다. 심지어 당신의 생활까지 포함해서.

예수님은 참새 한 마리가 떨어지는 것도 알고서 배려해 주실 정도로 자상한 분이며 우리의 일용할 양식을 걱정하여 주기도문에서 그 양식을 빌라고 말하기까지 한 분이다. 우리의 죄악을 용서해 달라고 빌기도 전에 일용할 양식을 먼저 걱정하신 것이다. 그러니 우리가 간절히 기도를 올린다면 그분은 우리 생활의 모든 분야에 개입하실 것이다. 그렇다. 내가 사랑하고 예배드리는 구세주는 일상생활의 모든 필요를 알고 계시는 분이다. 내가 요청하기도 전에 나의 필요를 미리 아시고 그것을 내려주시는 것이다(마태 6:8).

HAPPY CHRISTIAN
꼭 보아야만 믿는가

모든 것이 세련된 이 1970년대의 세상에서 이렇게 말하는 사람들이 많다. 나는 직접 보지 못하는 것은 그 어떤 것도 믿지 않아. 하지만 그렇게 말을 해놓고는 어울리지 않게 심호흡을 한다. 나의 개인적인 생각을 털어놓자면 눈眼으로 볼 수 있는 공기에 대하여 별로 믿음이 없다. 많은 사람들이 자기가 이해하지 못하는 것을 믿을 수 없다고 하는데 이것은 어리석은 이야기이다. 왜냐하면 우리 주위에서 벌어지는 일은 대부분 이해와는 상관없기 때문이다.

우리는 믿음을 가지고 전원 스위치를 올린다. 우리 대부분은 멀리 떨어진 곳에 있는 강물을 끌어와 우리 거실의 전기로 전환시키는 과정을 잘 이해하지 못한다. 하지만 우리는 아주 능숙한 전기 기사 못지않게 스위치를 올려 전기를 얻고 있다. 그러니 우리가 방 안을 밝히기 위해 전등을 켜는 것은 일종의 믿음의 행위인 것이다. 만약 정글의 오지에서 사는 야만인이 갑자기 우리의 어두운 거실에 들어와 전원 스위치를 올려 불이 켜지는 것을 보았다면 그는 크게 놀랄 것이다. 하지만 여기에 더 놀라운 사실이 있다. 만약 믿음을 가지고 우리의 생활을 예수 그리스도에게 맡긴다면 우리는 전 우주의 힘과 빛을 마음대로 부릴 수 있다.

우리는 고향에서 1000마일 떨어진 곳의 주유소에 들어가서 주유 탱크에 무엇이 들었는지 확인하지도 않고서 기름을 넣어달라고 말한다. 우리의 기동성이 전적으로 그 기름에 달렸는데도 말이다. 우리는 서슴지 않고 아주 낯선 사람에게 자동차에 기름을 가득 채워달라고 말한다. 이렇게 하는 것은 믿음이 있기 때문이다. 우리는 멀리 떨어진 슈퍼마켓에서 전혀 모르는 사람으로부터 사온 우유를 아이들에게 먹인다. 그 슈퍼는 전혀 모르는 배달원으로부터 그 우유를 받았을 것이다. 우유 회사는 가본적도 없는 목축장, 전혀 본 적이 없는 소로부터 우유 원액을 얻었을 것이다. 이처럼 우리 이웃에 대한 믿음이 필수적이다. 그렇지 않은가?

HAPPY CHRISTIAN
신앙은 풋볼 게임

비유적으로 말해 본다면 신앙은 내가 보았던 풋볼 게임에 의하여 가장 잘 설명된다. 그 게임은 댈러스 카우보이와 미네소타 바이킹 사이의 풋볼(미식축구) 경기이다. 나는 아무런 편견 없이 사실 관계만 말하고, 열성적이고 철저한 달라스 카우보이 팬의 입장에서 그 경기를 묘사하겠다. 그건 1975년의 플레이오프 게임이었다. 카우보이 팬들은 우리 팀이 최상의 팀이라고 믿고 있었지만 경기는 바이킹이 우세한 채 종반을 향해 달리고 있었다. 그렇게 되자 카우보이 팬들 중 상당수가 믿음을 잃어버렸다. 우는 사람, 탄식하는 사람, 이빨 가는 사람, 그 반응이 각양각색이었다. "한심한 카우보이. 자멸해 버리다니. 충분히 이길 수 있는 게임인데 놓쳤어. 그것뿐이야." 하지만 경기를 지켜보는 나는 경기 결과에 대하여 전혀 의심하지 않았다. 카우보이 팀에 대한 나의 믿음은 철석같은 것이었다. 나는 함께 있던 사람들에게 경기 결과를 걱정할 필요가 없고, 모든 것이 잘 되어 가고 있으며, 결국 이 위기를 돌파할 수 있을 것이라고 말했다.

우리 팀은 26야드 라인 지점에 도열하여 네 번째 공격을 시도 중이었고 계속 공격권을 유지하려면 19야드를 전진해야 되었다. 댈러스 팀의 쿼터백 로저 스토바크는 롱 패스 작전을 지시했고 와이드 리시버 드류 피어슨은 오른쪽 사이드라인에서 롱패스를 절묘하게 받아내어 20야드를 전진했다. 관중석은 흥분의 도가니였다. 하지만 솔직히 말해서 나는 아무런 감정의 동요도 보이지 않은 채 자리에 차분히 앉아 있었다. 내가 이길 것으로 확신하고 있는 풋볼 게임에 대하여 흥분할 것이 무어란 말인가? 다음 플레이에서 스토바크는 롱패스를 성공시키지 못했고 그러자 관중석에서는 커다란 한숨 소리가 터져 나왔다. 이제 경기 종료까지는 36초가 남았다. 카우보이 팀은 두 번째 공격에 들어섰는데 계속 공격권을 유지하려면 최소 10야드는 전진해야 되었다. 하지만 내 믿음은 여전히 철석같았다. 우리의 승리라는 경기의 결과에 대해서 전혀 의심하지 않았다.

HAPPY CHRISTIAN
걱정할 필요가 무엇인가?

그리고 풋볼 팬이면 다 알 듯이 엄청난 역전극이 벌어졌다. 스토바크는 롱패스를 던지기 위해 한껏 몸을 뒤로 젖혔고 드루 피어슨은 무려 49야드나 떨어져 있는 엔드존(골대)을 향해 미친 듯이 달려가기 시작했다. 쿼터백 스토바크는 후일 많은 사람들로부터 그의 '헤일 메리Hail Mary(원래 '찬미 마리아'의 뜻이나 여기서는 아주 성공 가능성이 낮은 롱패스를 지칭: 옮긴이)'라는 평가를 받은 패스를 성공시키기 위해, 있는 힘을 다해 공을 엔드존 쪽으로 던졌다. 그가 이 동작을 일으키기 전에 텔레비전 카메라는 잠시 그의 얼굴을 잡아 확대 화면으로 보여주었다. 그것은 자신감을 훨씬 뛰어넘는 득의만면한 얼굴이었다. "조금도 걱정하지마"라고 말하는 듯이 약간의 미소마저 어려 있었다. 나는 조금도 걱정하지 않았다.

그 롱패스는 공중에 2분 28초 동안 떠 있었다(오케이, 어쩌면 그렇게 긴 시간이 아닐지도 모른다). 엔드존을 향해 일직선으로 달려가는 피어슨에게는 두 명의 미네소타 바이킹 선수가 블로킹을 하고 나섰다. 하지만 수비수들이 아무리 방해 공작을 해도 피어슨은 침착하게 그 공을 받아서 옆구리에 끼었고 혼신의 힘을 다해 엔드존으로 돌진했다. 상대팀 수비수들의 견제는 아무 소용도 없었다. 역전의 터치다운(득점)이 나왔다. 관중석은 그야말로 폭발했다. 만약 경기장에 지붕이 있었더라면 그것은 틀림없이 내려앉았을 것이다.

하지만 다시 한번 아주 솔직하게 말하거니와, 나는 이때에도 자리에 그대로 앉아 있으면서 당연히 그렇게 될 것이 그렇게 되었다는 미소를 지었다. 또 다시 강조하지만 내 믿음은 조금도 흔들리지 않았다. 경기의 최종 결과에 대해서도 조금도 의심하지 않았다. 카우보이 팀이 이기리라는 사실을 알고 있었고, 그 사실을 다시금 의식했다.

자, 이제 그 절대적인 자신감의 근거를 여러분에게 털어놓겠다. 사실 나는 그 경기의 재방송을 보고 있었다. 이제 독자 여러분은 지금까지의 얘기가 다소 황당하고 생각할지 모르겠다. 결국, 지그, 자네는 최종 결과를 미리 알고 있었단 말이지? 카우보이가 이기리라는 것을 알았기 때문에 걱정도 흥분도 안 했단 말이지? 그렇다. 결국 그게 내가 말하고자 하는 포인트이다. 당신도 알다시피, 풋볼 게임은 미리 정해진 규칙에 따라 진행된다. 만약 당신이 그 규칙을 위반한다면 아무리 당신의 재주가 뛰어나도 그 게임에서 지게 되어 있다.

HAPPY CHRISTIAN
인생이라는 또 다른 게임

이제 또 다른 게임이 있는데 그 이름은 '인생'이다. 그것은 훨씬 규모가 큰 게임이고 경기 시간도 오래 가고 등장 선수들도 많다. 그리고 무엇보다도 훨씬 중요한 게임이다. 이 인생이라는 게임에도 역시 규정집이 있는데 그 이름은 성경이다. 아주 솔직하게 말해서, 나는 성경을 읽었고 또 성경의 맨 마지막 페이지까지 읽은 이후 인생에서 속기도 하고 쓰라림을 당하기도 했다. 하지만 나름대로 깊이 깨우치게 되었다.

깨달음의 요체는 이렇다. 나는 인생이라는 게임이 어떻게 끝나는지 정확히 아는데 내가 결국 이긴다는 것이다. 그러한 결정은 번복 불가능하고 취소 불가능하다. 여기서 나는 이런 질문을 던지고 싶다. "그 게임이 어떻게 끝나는지 알고 내가 이긴다는 것을 안다면, 사소한 규정 위반으로 처벌을 당할 때 또는 근거 없는 처벌을 당할 때 그것에 대하여 걱정할 게 무엇이란 말인가?"

결국 내가 이긴다는 것을 알기 때문에 '사소한 것에 고민할 필요가 없는' 것이다. 설사 누군가가 호루라기를 불며 나를 부당하게 혹은 불공정하게 대우해도 신경 쓸 필요가 없다. 인생을 지나오는 과정에서 벌어지는 모든 일이 흡족할 수는 없겠지만 그래도 결국에는 내가 게임의 승자라는 전적인 확신을 갖고 있다. 내가 그렇게 이길 수 있는 것은 나의 노력이나 선량함 때문이 아니라 주님이며 구세주이신 예수 그리스도의 은총, 사랑, 자비 때문에 가능한 것이다. 내가 인생이라는 게임에서 승리하고 그분과 함께 영원히 살도록 하기 위해 그분은 자신의 목숨을 희생으로 내어놓으신 것이다.

나는 풋볼 경기의 결과를 이미 알기 때문에 경기가 진행되는 동안 조금도 걱정하지 않았다. 구원에 대해서도 같은 말을 할 수 있다. 나는 그(나의 구원)에 대해서 조금도 의심하지 않는다. 왜냐하면 하나님은 최종 결과를 이미 내게 말해주었고 그것도 압도적 승리라는 것을 일러주었기 때문이다. 뿐만 아니라 하나님은 규정집이며 점수 카드인 성경을 통해 지금 이 순간 내가 게임에서 앞서고 있다고 말해주었다. 그분은 나에게 끊임없이 기도하고(살전 5:17), 그분의 말씀과 구원의 갑옷으로 내 몸을 둘러싸라고 말했다. 내가 불의의 일격을 당해 잠시 낙담할 때라도 걱정할 필요 없다고 그분은 말씀하신다. 왜냐하면 "만일 하나님이 우리를 위하시면 누가 우리를 대적하리요?"(롬 8:38)이기 때문이다.

궁극적 승리는 예수 그리스도와 함께 영원을 획득하는 것이고 그 승리는 취소 불가능하게 보장되어 있다. 로마서 8:38-39은 이렇게 말한다. "내가 확신하노니 사망이나 생명이나 천사들이나 권세자들이나 현재 일이나 장래 일이나 능력이나 높음이나 깊음이나 다른 아무 피조물이라도 우리를 우리 주 그리스도 예수 안에 있는 하나님의 사랑에서 끊을 수 없으리라."

내가 볼 때 이 말씀 하나면 모든 것을 덮는다고 본다. 만약 우리가 예수 그리스도의 사랑으로부터 떨어지지 않는다면 우리를 구제하는 힘을 가지신 그분이 우리를 구제할 뿐 아니라 영원히 안전하게 해주시는 것이다. 이제 내 주장은 아주 간단하다. 나의 요점은 다음과 같은 질문에 모두 포함되어 있다. 당신의 모든 내일이 어떻게 끝나고, 그 모든 내일에서 당신이 이기게 되어 있다는 것을 안다면, 당신은 오늘을 더욱 효과적으로 살 수 있지 않을까?

HAPPY CHRISTIAN
나는 고백한다

위의 질문에 대한 대답은 당연히 "예"일 것이다. 바로 그런 까닭으로 나는 이 『어느 크리스천의 행복한 고백』을 썼다. 왜냐하면 사실과는 다르게, 기독교를 '포기' 종교로 생각하는 사람이 너무나 많기 때문이다. 그들은 그리스도를, 주님을 받아들일 때 '포기'해야 하는 것들의 관점에서만 생각한다. 술도 끊어야 하고, 담배도 끊어야 하며, 낚시·사냥·골프를 포기해야 하고, 일요일 아침 늦잠 자는 즐거움도 잊어버려야 한다는 것이다. 그뿐인가. 음담패설도 못하고, 욕설도 하면 안 되고, 남들을 헐뜯거나 비평하는 것도 관둬야 하고, 웃지도 않고 모든 세속적 야망을 뒤로해야 하고 '재미' 혹은 '행복'이라는 딱지가 붙어 있는 오만가지 좋은 일들을 포기해야 한다는 것이다. 재미를 느끼기 위해서는 그 과정에 약간의 죄악이 개입해야 한다는 것은 사탄이 만들어낸 아이디어인데, 이런 황당한 생각이 그처럼 뿌리 깊게 사람들의 마음속에 들어앉아 있는 것이 놀라울 뿐이다.

　이 책은 고백록이기 때문에, 나 역시 여러 해 동안 그런 무리들에 속해 있던 자였음을 고백해야 하겠다. 나는 그런 것들을 포기하고 싶지 않았다. 특히 나는 연단에서 청중들을 즐겁게 만들었던 농담을 포기하기가 싫었다. 물론 그 농담이 아주 수준 없는 것이었다는 뜻은 아니다. 아무튼 음탕한 농담은 문제가 있는 것이었는데, 내가 포기하기를 망설인 이유는 청중들이 그걸 좋아하고 즐겁게 웃었기 때문이다. 하지만 결과적으로 더 좋게 되었다. 내가 칵테일과 음탕한 농담을 그만둔 것은 포기라기보다 하나의 교환이었다. 나는 칵테일과 농담을 포기하는 대신 더 맑은 정신과 더 신선한 농담을 가질 수 있게 되었다. 그 결과는 정말 놀라운 것이었다! 내 마음의 평화는 전에 비해 한결 고요하고 깊어졌다. 흥미롭게도 나는 전의 연설 때보다 더 많은 칭찬과 웃음을 이끌어내고 있다.

　그래서 내가 고백해야 할 또 다른 사항은 이런 것이다. 나는 이 책을 쓰기 이전에 녹음했던 내 연설의 카세트테이프를 다시 들어보았다. 7년 전만 해도 청중이 내 유머에 그리 크게 웃어주지 않아 녹음을 할 때마다 가짜 웃음소리를 집어넣어야 했다. 오늘날 그런 가짜 웃음소리는 전혀 필요 없게 되었다.

HAPPY CHRISTIAN
나는 예수님이 유머가 강하다고 생각한다

　나를 잘 아는 사람들은 내가 연설 도중 각종 에피소드를 자주 인용한다는 것을 안다. 유머는 인생의 커다란 선물이고 주님은 하나님과 인간의 영광을 드높이는 유머를 아주 좋아하신다. 내가 주님에게 평생을 맡겼을 때 이제 최후의 심판일에 하나님 앞에서 하기가 곤란한 농담은 더 이상 해서는 안 된다는 것을 알았다. 하나님은 이 약속을 용납하여 아주 멋진 방식으로 활용했다.

　내 말을 오해하지 말기 바란다. 나는 과거에도 청중들에게 지저분한 얘기, 음탕한 얘기는 절대로 하지 않았다. 사탄은 그보다는 더 음흉하면서도 효과적인 방식으로 나를 써먹었다. 사람들은 자기가 보고 싶은 것을 보고 듣고 싶은 것을 듣는 경향이 있기 때문에, 나는 그들에게 많은 혼란을 불러일으켰는데 그것이야말로 사탄의 특기였다. 나는 약간 음탕한 이야기 외에도 성경을 간간이 언급했는데 그것이 혼란을 일으켰던 것이다! 좋은 친구들은 내가 그들 편이라고 생각했고, 나쁜 친구들도 역시 내가 그들 편이라고 생각했다. 사탄은 내가 그의 부하인 줄 알고 나를 아주 효과적으로 써먹었던 것이다.

　하지만 곧 예수 그리스도가 등장하여 음탕한 얘기들은 싹 사라져버렸다. 그 결과는 정말 놀라웠다. 청중들은 수준 높으면서도 깨끗한 얘기들에 훨씬 더 적극적으로 반응했다(물론 오늘날 나는 훨씬 훌륭한 연설 작성자를 구했다!) 어떤 사람들은 하나님이 유머 감각이 없다고 생각하는데 성경을 자세히 읽어보면 절대 그렇지 않다는 것을 알리

라. 아브라함과 사라의 이야기를 기억하는가? 하나님의 천사가 아흔 아홉 살의 아브라함에게 장차 아들을 얻을 것이며 많은 자손의 조상이 되리라고 말하자, 아브라함은 글자 그대로 땅에 쓰러져 데굴데굴 구르면서 웃었다(창세기 17:17). 사라 또한 웃었지만 임신할지도 모르는 당사자인지라 포복절도하면서 웃지는 않았다.

HAPPY CHRISTIAN
내가 추가로 포기한 것

나는 1972년 7월 4일 다시 탄생한 이후 많은 일이 벌어졌음을 목격한다. 우선 나의 연설이 달라졌다. 나는 요한복음 15:5-7(예수님은 포도나무이고 신자는 가지 : 옮긴이)을 명확하게 이해했다는 것을 감사하는 마음으로 말씀드린다. 하지만 자부하는 마음은 조금도 없다. 사람들은 내 연설에서 전에는 찾아보기 어렵던 새로운 차원, 깊이, 분명한 힘을 느낀다고 말한다. 이것은 사실이다. 왜냐하면 재탄생일 이전보다 훨씬 많은 스케줄을 소화하고 있기 때문이다. 나는 일요일에 교회 가는 것을 막는 연설 약속은 절대로 받아들이지 않고, 일요일에는 일도 하지 않는다.

일을 했던 어느 일요일, 주님은 나에게 귀중한 교훈을 가르쳐 주셨다. 나는 두 건의 제안서와 추가 문서를 작성하면서 그 일요일 오후와 저녁을 보냈다. 나름대로 "일이 아주 화급하다"면서 나 자신을 합리화했다. 당시 두 건의 커다란 세일즈가 거의 손 안에 들어왔다고 확신했다. 실제로 나는 아주 인상적인 제안서를 작성했다. 나는 그것을 우편으로 두 회사에 보냈으나 그 회사들로부터 거부의 답장을 받았다. 나는 과거보다 요즈음에 더 빨리 배우고 있다. 그래서 포기해야 할 사항이 하나 더 있음을 알았다. 그것은 일요일에 일을 하는 것이었다.

재탄생한 크리스천으로서 나는 어떤 것도 포기하지 않았다. 난생 처음으로 내가 하고 싶은 모든 것을 하고 있다. 이제 나의 '필요사항'이 아주 극적으로 바뀌었다는 사실을 인정해야겠다. 왜냐면 옛날의 나는 더 이상 존재하지 않기 때문이다. 나는 새로운 사람이 되었고(고후 5:17) 예전에 나를 즐겁게 했던 것들은 이제 아주 혐오스럽다.

HAPPY CHRISTIAN
영적 성장

사람들은 아주 열광적인 태도로 주님에게 그들의 삶을 바친다. 그들은 열심히 교회에 다닌다. 신앙을 고백하고 성경을 열심히 공부한다. 그러나 몇 년이 지나면 이런 열성이 모두 시들해진다. 다음의 자그마한 이야기는 왜 그렇게 되는지 이유를 설명해준다.

이스라엘에는 요르단 강의 물을 받아들이는 두 개의 바다가 있다. 하나는 갈릴리 바다이고 다른 하나는 사해이다. 오늘날 갈릴리 바다의 해안에는 아이들이 놀이를 하고, 어부들이 일을 하고, 가게들이 북적거리고 있다. 갈릴리 바다는 요르단 강의 물을 한쪽으로 받아들여 다른 한쪽으로 배출한다. 이 바다는 요르단 강의 물 한 방울을 이쪽에서 받아들이면 다시 저쪽에서 한 방울을 요르단 강에게 건네준다. 이렇게 하여 요르단 강은 좀더 하류 쪽으로 흐르다가 사해로 흘러든다. 사해는 이름 그대로 죽은 바다이다. 이 바다에는 생명체가 살지 않는다. 관광객들은 잠시 들러 주변을 돌아다보고는 곧 떠나가 버린다. 이 바다 곁에 오래 머무는 사람은 아무도 없다. 사해는 그저 물을 받아들이기만 한다. 요르단 강에서 받아들인 물을 그 누구에게도 전해주지 않는다. 그 결과 정체停滯와 죽음이 있을 뿐이다.

불행하게도 일부 크리스천들은 이 사해처럼 행동한다. 그들은 다른 사람들의 가르침을 받아들이고 성경을 읽고 심지어 기도까지 한다. 당초 그들의 의도는 선량하고 그들의 흥분도 진정한 것이다. 하지만 그들이 복음을 받아들이기만 하고 전파하지 않는다면 그들의 크리스천다운 삶과 효율성은 제한적일 수밖에 없다. 이것은 하나님이 수천 년 전에 정해 놓은 법칙이다. 뿌린 것이 적은 크리스천 형제자매들은 당연히 거두는 것도 적다. 크리스천의 커다란 기회와 책임은 남들과 함께 말씀을 나누고 우리의 신앙을 널리 전파하는 것이다. 바로 이것이 남들을 주님 앞으로 인도하는 유일한 길이다. 게다가 훌륭한 선생은 훌륭한 학생보다 더 많이 배운다는 것이 만고불변의 교육 법칙이다. 우리의 신앙을 자라게 하고 커지게 하는 가장 좋은 방법은 그것을 남들에게 적극적으로 표시하는 것이다.

불행하게도 많은 크리스천들이 성경에 대한 무지를 호소하면서 일요학교에 나가 가르칠 자격이 되지 못한다고 말한다. 그러면서 다른 성도들이 가르치는 학교에서 '축복'을 받기만 하고 있다. 물론 가르치기에 앞서 성도의 마음을 깨끗이 하고, 말씀을 나누거나 일요학교에서 가르치고 싶다는 소명의식을 느끼는 것도 중요하다. 하지만 신앙을 함께 나누고 일요학교의 유아반에서 가르치는 데 있어서 반드시 신학자이거나 성경학자가 되어야 할 필요는 없다. 모든 것을 안 다음에 남들과 함께 나누겠다고 생각한다면 결코 그렇게 되지 않을 것이다. 왜냐하면 하나님의 신비를 모두 이해한 사람은 일찍이 이 지상에 없었기 때문이다. 마찬가지로 "모든 것이 파란 신호등일 때 마을을 떠나겠다"고 생각한다면 당신은 평생 집안에만 머물러야 한다. 우리는 지금 가지고 있는 것을 하나의 출발점으로 삼아 그 지점으로부터 움직여야 한다. 그러면 하나님께서 우리의 지식을 늘려주시고 남들을 교회로 인도하는 일에 우리를 활용하는 것이다.

나는 주님을 진정으로 사랑하는 사람이 간증인으로서 교사로서 더 효과적이라고 생각한다. 신학지식은 많으나 예수님과 개인적 관계는 없는 사람은 효과적인 간증을 하기도 어렵고 교사 노릇도 제대로 못한다. 그래서 이런 예리한 말이 있다. "사람들은 당신이 얼마나 지식이 많은가에 대해서는 관심이 없다. 당신이 그들을 진정으로 배려한다는 것을 깨달을 때 비로소 당신의 지식에 관심을 갖게 된다."

내가 볼 때, 잃어버린 영혼의 소유자는 무성의한 성경학자보다는 진실한 성도聖徒에게 더 잘 반응한다. 당신이 정말로 진실하다면 그 믿음에 걸맞은 하나님의 진리를 찾아서 나서게 된다. 당신이 애타게 찾는다면 예수님은 이런 약속을 해주실 것이다. "오, 천상과 지상의 주님이신 아버지, 감사드립니다. 당신은 현명한 자와 신중한 자들에게는 심오한 진리를 감추셨으나 어린아이들에게는 그것을 계시하십니다." 따라서 하나님이 우리에게 그 말씀을 계시하리라는 것은 분명하다. 하나님은 아주 짧은 기간 동안에도 보람찬 인생의 축복을 내려주셔서 인생의 신비를 계시하신다. 레스 밀스의 인생 스토리는 그것을 증거하는 미담美談이다.

1977년 10월 25일, 나는 앨라배마 주 버밍엄의 하이야트 하우스에서 저녁 식사를 하다가 오랜 친구 보비 위싱거를 우연히 만났다. 위싱거는 커비 진공청소기 회사의 버밍엄 지역 판매 본부장으로 일하고 있었다. 정력적이고 독실한 보비는 주님을 알게 된 이후 사업과 개인적인 일에서 모두 성공을 거두고 있었기 때문에 그를 만난 것은 여간 기쁜 일이 아니었다. 위싱거는 레스 밀스 얘기를 꺼내면서 밀스가 최근에 사망한 소식을 들었느냐고 물었다. 나는 듣지 못했으므로 좀더 자세히 말해달라고 요청했다. "지그, 레스 밀스를 좋아하고 또 그의 사망을 아쉽게 생각하는 사람이 많다네. 그의 인생 스토리는 정말 많은 사람들에게 영감을 주었어."

그는 레스 이야기를 몇 가지 해주더니 그의 아내 에블린을 만나서 자세한 것을 들어보라고 했다. 다음은 고인의 아내가 나에게 해준 레스 밀스의 이야기이다.

HAPPY CHRISTIAN
청룡열차 인생

레스와 에블린 밀스는 아주 어린 열일곱 살에 만나 그 후 20년을 같이 살다가 레스가 먼저 영원의 집으로 불려갔다. 레스는 빵 배달, 신문배달, 보험, 웨이터 등 이런 저런 직업을 전전하다가 마침내 커비 진공청소기 회사의 세일즈맨이 되었다. 두 사람의 인생은 처음부터 순탄하지 못했다. 타일랜드 출신의 이민자인 대니 보라부디가 첫 번째 자동차를 구입하도록 도움을 주지 않았더라면 레스와 에블린의 삶은 훨씬 더 어려웠을 것이다. 그 차는 운전석 밑에 바닥널이 없는 아주 낡은 1953년형 시보레였다. 레스는 바닥널 대신 낡은 군용 담요를 얹어놓고서 벌벌 떨면서 세일즈를 위해 돌아다녔다.

부부는 겨울 날씨가 차가운 메릴랜드 주 베데스다를 벗어나서 고향인 노스캐롤라이나로 돌아갔다. 노스캐롤라이나 주의 화이트빌에 머무는 동안 부부는 착실히 교회에 나갔다. 레스는 주님에게 평생을 바치기 직전이었고 에블린은 점점 더 주님을 믿게 되었다. 하지만 늘 그렇듯이 교인들 중에는 행동이 성실치 못한 자가 있었고, 그러한 행동은 신앙의 초보자들에게 부정적인 영향을 미쳤다.

에블린와 레스의 경우, 어떤 젊은 목사가 노스캐롤라이나 주 페이예트빌에서 일부러 화이트빌까지 내려와 예배를 집전했다. 그 목사는 레스의 나이 또래였고 레스는 그를 가까이 따르게 되었다. 당시 어린아이가 하나 있던 레스는 아예 화이트빌로 이사하여 어려운 사람들을 상담해주고 병든 사람들을 위로해주는 목사가 되고 싶다는 의향을 밝혔다. 에블린은 남편이 깊은 사랑의 마음에서 그런 제안을 했다고 확신했다. 하지만 현지 교회는 레스에게 일주일 안에 그 교회에서 나가라고 일방적인 통보를 했다. 레스는 거기서 교회의 위선을 절감하고 아예 교회에 등을 돌렸고 에블린 자신도 신앙심이 시들해지기 시작했다.

그 후 레스는 몇 년 동안 우여곡절이 계속되는 청룡열차roller coaster의 인생을 살았다. 술을 마시고 도박을 했으며 아주 거칠고 소란스럽게 행동했다. 이때 그의 친구 대니 보라부디가 다시 나서서 사우스캐롤라이나 주 플로렌스로 이사 와서 같이 일하자고 설득했다. 그 1년 뒤 레스는 사우스캐롤라이나 주 컬럼비아로 이사했고 1971년에는 같은 주의 그린빌로 옮겨갔다. 1973년 6월 전국 세일즈 대회에서 우승한 뒤 부부는 텍사스 주 앤드류스로 갔다. 막 가동을 시작한 새 진공청소기 공장을 돌아보기 위해서였다.

그들은 거기에 도착하자마자 레스의 여동생으로부터 전화를 받았다. 레스의 15세 된 아들 버디(레슬리 E. 밀스 3세)가 차를 갖고 나가 여자 친구와 함께 사라졌다는 것이었다. 옆에서 어떻게 할 거냐고 묻자 레스는 이렇게 대답했다. "애를 찾아와야지요. 그 애는 아버지의 젊을 때 행동을 흉내 내는 것일 뿐이에요." 에블린과 레스는 고향으로 돌아가는 밤 비행기에서 생애의 가장 비참한 밤을 보냈다. 부부는 비행기 안에서 하나님을 향해 열렬한 기도를 올리면서 점점 하나님에게 가까이 다가가는 느낌이 들었다. 그들은 노스캐롤라이나 주 뉴번에서 아들을 찾아냈고 간신히 설득하여 고향으로 데려왔다.

그것은 여러 모로 아주 충격적인 경험이었으나 그래도 하느님에게 평생을 바치겠다는 결심은 그 훨씬 뒤로 미루어졌다. 또 다시 주님은 당신의 사랑을 보여주기 위하여 다른 상황을 이용하셨다. 어떤 VIP 컨벤션에서 버디와 그의 아내, 그리고 버디의 친구들과 함께 레스 부부는 함께 술을 마시고 있었다. 그때 레스와 버디 부자는 격렬한 언쟁을 벌이게 되었다. 술기운이 거나했던 아들 버디는 아버지를 증오한다고 내뱉었다. 부자는 늘 가까웠고 골프를 같이 쳤으며 서로 깊은 애정을 갖고 있음에도 불구하고 아들한테서 그런 폭언이 나왔다. 불면의 하룻밤을 지낸 다음 레스는 아들을 호텔 방으로 불렀고 둘은 진지한 대화를 나누었다. 아버지 레스는 버디에게 앞으로 단 한 방울의 술도 마시지 않겠으니 너도 같은 약속을 해달라고 말했다. 그것은 부자의 갈등을 치료하는 방향으로 나가는 첫걸음이었다. 하지만 레스를 천상天上의 아버지 앞으로 데려가는 마지막 발걸음은 되지 못했다.

HAPPY CHRISTIAN
사랑의 반석 위에 영혼의 집을 짓고

그 마지막 발걸음은 사우스캐롤라이나 주 그린빌의 에지우드 침례교회가 에블린에게 전화를 걸어 커비 진공청소기를 사고 싶다고 말했을 때 다가왔다. 그녀는 교회를 찾아가 커비 청소기의 시범을 보였고 그곳 사람들의 호의와 다정함을 온몸으로 느꼈다. 그 후 레스에게 그 교회를 한번 찾아가 보라고 권했다. 레스와 에블린은 자녀를 다른 교회에 보내고 있었으나 정작 부부는 교회에 나가지 않았다. 그곳 교인들로부터 사랑이나 온정을 느끼지 못했기 때문이었다. 에지우드 교회에서 부부는 성도들, 목사, 주변 환경을 모두 사랑하게 되었다. 바로 이곳에서 레스 밀스는 아무 조건 없이 예수 그리스도에게 자신의 한 평생을 바치겠다고 맹세했다.

6주 뒤 테네시 주 내시빌의 세일즈 회의에 참석했던 레스는 목 뒤에 덩어리가 있음을 느꼈다. 의사는 선부종腺浮腫이라고 진단하면서 약을 처방해 주었고 덩어리가 가라앉지 않으면 다시 찾아오라고 말했다. 2주 뒤 부종이 여전하자 의사는 조직검사를 했고 악성 종양의 진단이 내려졌다. 종양 제거 수술은 성공적으로 끝났으나 부부는 의사들이 종양의 뿌리를 도려내지 못했다는 말을 들었다. 수술 후 7주에 걸쳐 29번의 코발트 치료가 실시되었다. 그 동안 레스의 체중은 당당한 212파운드(96킬로그램)에서 156파운드(70킬로그램)로 줄어들었다. 코발트 치료를 중단한 지 3주 만에 또 다른 종양이 나타났다. 만약 크리스천이 아니었더라면 그 후의 상황은 정말 참고 견디기 힘들었을 것이다. 뉴욕주 버팔로에서 다섯 번의 수술을 받았고 추가적인 치료를 받기 위하여 에블린과 함께 펜실베이니아 주의 필라델피아로 여러 번 여행을 했다. 그는 1-3주 동안 필라델피아에 있다가 다시 그린빌로 돌아왔는데, 고향으로 온 지 얼마 안 되어 다시 필라델피아로 가야 하는 일이 흔했다. 레스 부부는 이 기간 동안 그린빌에 있을 때면 빠짐없이 교회에 나갔다. 레스는 아내에게 주님을 구세주로 받아들여 하늘나라로 가게 되기까지 15개월이 그의 인생 중 가장 행복한 때였다고 말했다. 암의 고통은 지독했지만 그는 단 한 번도 불평하지 않았고 단 한 번도 아프다는 말을 하지 않았다.

예수 그리스도는 레스와 에블린 밀스의 생애와 스토리를 아름다운 방식으로 활용하셨다. 레스는 주님에게 아주 헌신적이었고 그 때문에 6개월 만에 교회의 집사가 되었다. 그것은 정말 전대미문의 일이었다. 하지만 이 책의 앞부분에 이미 언급했듯이 예수 그리스도에게 당신의 인생을 통째로 맡겨버리면 생활에 엄청난 변화가 오게 되어 있는 것이다. 다른 크리스천들도 레스의 영혼에 일어난 변화를 쉽사리 알아볼 수 있었다. 레스는 최단시간 내에 집사에 임명되었을 뿐 아니라 아무도 그러한 조치에 대하여 의문을 표시하지 않았다. 레스의 목사 조지프 D. 시이는 이런 일은 평생 처음 본다고 말했다. 그의 동료 집사들과 교회 멤버들은 레스가 주님의 손을 꼭 잡고 걷는 사람이라는 데 동의했다.

레스 밀스는 주님에게 평생을 맡기면서 많은 변화를 일으켰다. 레스의 헌신적 사랑과 열광 덕분에 교회의 신자 수는 크게 증가했다. 그는 주님을 모시는 일에 커다란 즐거움을 느꼈다. 그래서 암으로부터 회복하면 세일즈 일은 아내에게 맡기고 자신은 전적으로 교회 일에만 매달리겠다고 말하기도 했다. 에블린은 사업을 운영하는 능력이 뛰어났고 주님은 부부에게 예전 같으면 생각조차 하기 어려운 재물의 축복을 내려주셨다. 레스는 운동에 취미가 많았고 교회의 레크리에이션 프로그램을 설치하기를 열망했다. 교인들이 레스 밀스 추모 운동장에서 운동을 하며 체력 단련을 하는 동안, 레스는 이제 천상의 관중석에서 흐뭇한 마음으로 그들을 내려다보고 있다.

HAPPY CHRISTIAN
내가 당신을 위해 울어야 한다니까

레스 밀스의 인생 스토리는 정말로 아름답다. 그러나 가장 아름답고 의미심장한 스토리는 숨을 거두기 24시간 전에 벌어진 일이었다. 레스는 1977년 3월 24일 임상적으로 사망이 선언되었다. 가족들은 옆방에 모여서 장례 절차를 의논했다. 그 직후 간호사가 레스의 방으로 들어가 보았는데 그에게서 생명의 기미가 있어서 의사를 불러왔다. 의사가 그의 임상적 죽음을 선언한 후 20분 만에, 보비 위싱거는 병원 복도를 걸어내려와 에블린에게 레스가 아직 살아 있으며 기적적으로 의식을 회복했다고 말했다.

그날 밤, 레스 밀스는 침대 한쪽에 앉아서 친구들, 동료 세일즈맨들, 목사에게 마지막 말을 건넸다. 그는 한 사람 한 사람에게 자신이 주님에게 평생을 바친 에피소드를 들려주면서 그들도 그렇게 해야 한다고 말했다. 예수 그리스도야말로 유일한 길이고, 그분을 모시는 것이 인생의 가장 아름다운 생활 방식이며, 지난 15개월이 36년의 한평생 중 가장 행복하고 보람찬 기간이었다고 말했다. 그의 말은 참석자들에게 커다란 감동을 주었다. 그래서 그들 중 한 사람이 평생을 주님에게 바치겠다고 맹세했다. 다른 사람들은 그리스도를 더욱 가까이 모시게 되었다.

그날 밤 에블린과 작별 인사를 하면서 레스는 말했다. "여보, 당신이 나 때문에 우는 것을 바라지 않아. 난 주님과 함께 있게 될 거야. 그리고 당신도 알다시피 천국은 아주 아름다운 곳이야." 그는 아내에게 이런 말도 했다. "당신이 나 때문에 울기보다는 내가 당신을 위해 울어야 한다니까!" 이어 그는 자신이 조금 전에 본 노란 리본과 아름다운 꽃들에 대해서 말해주었다. 레스는 에블린이 분명 그것들을 같이 보고서 기억하지 못한다며 약간 의아해했다. 에블린도 목사도 나도 그것은 레스가 예수 그리스도와 함께 하는 영원 속으로 몇 발자국 들여놓은 것이라고 동의했다. 그는 천국을 흘깃 보고 온 것이었다. 모두들 이렇게 느꼈다. 레스가 자신이 가야할 곳을 미리 알고 있다는 것이 그가 떠난다는 사실보다 훨씬 아름다운 것이었다.

그 다음날인 3월 25일 레슬리 E. 밀스 2세의 육체는 이 지상에서 소임을 다하고 그 기능을 멈추었다. 그는 이제 주님과의 영원한 발걸음을 시작한 것이다. 그가 에블린에게 한 마지막 약속은 하나님의 캘린더가 작동하면 부부는 곧 다시 만나게 되리라는 것이었다. 그는 아내에게 오래 전부터 하기로 마음먹었던 것을 행하라고 요청했다. 예수 그리스도와 함께 걸으면서 그분을 위해 살라는 것이었다.

내가 우리 주님의 사랑을 많은 사람들과 나누고, 다른 사람들이 나와 함께 주님의 사랑을 나누는 것은 엄청난 은혜가 아닐 수 없다. 나는 레스 밀스의 이야기를 듣고 그것을 당신에게 말해주는 이 순간, 내 가슴에 감동의 물결이 흘러넘치는 것을 느낀다. 36년 동안 청룡열차의 인생을 살아 온 남자, 주님의 의지 바깥에서 생애 대부분을 살아온 남자, 이런 남자를 단시간 내에 바꾸어 놓는 주님의 역사役事는 얼마나 놀라운지! 그렇게 바꾸어놓는 남자를 단 15개월 만에 사랑, 헌신, 봉사의 화신으로 만들어놓음으로써 가족, 교회의 성도들, 그 밖의 수백 명, 아니 수천 명이 그 새 사람으로부터 감동을 받고 영감에 넘치는 생활로 나아가게 하신 것이다!

내가 들어본 수많은 신앙의 이야기들 중에서 레스 밀스의 스토리처럼 아름다운 것이 또 다시 있을까? 이 글을 쓰는 순간 내 가슴은 사랑과 희망으로 흘러넘친다. 만약 당신이 주님을 모른다면 이 이야기가 예수님과 하늘나라로 당신을 인도하는 계기가 되기를 간절히 바란다. 만약 이 순간 당신이 예수 그리스도의 놀라운 사랑과 힘을 어렴풋이 이해하고 있다면 당신은 이곳 지상에서 배식配食되는 하나님의 천상 뷔페 요리에 참여하고 있는 것이다.

하나님이 내려 주신 축복을 기억하라

- 하나님이 내려 주신 축복을 감사하면 할수록 더 많은 것에 대하여 감사하게 된다.

  첫 번째 "감사합니다" 날짜 _____
  두 번째 "감사합니다" 날짜 _____

  주님, 다음의 일을 감사드립니다.

  1. _____
  2. _____
  3. _____
  4. _____
  5. _____
  6. _____
  7. _____
  8. _____
  9. _____
  10. _____
  11. _____
  12. _____

마음이 없는 말을 갖고 있기보다는 말이 없는 마음을 갖고 있는 편이 훨씬 낫다.(루이스 판토하 교수)

어느 크리스천의 행복한 고백

CHAPTER **09**

"증거"하지 않는 게 좋을 거야

HAPPY CHRISTIAN

크리스천들은 이 세상에서 최고로 팔아먹기 좋은 상품을
가지고 있으면서도 막상 세일즈는 아주 한심하게 한다는 것이다.
예수 그리스도를 통해 구원이라는 상품을 사들인 나는, 모든 사람들에게
영원한 생명의 복음을 나누어주고 싶었다.

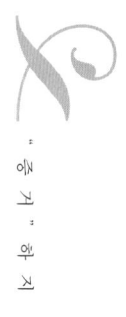

"숨기"워지 않는 게 좋을 거야

　　내가 평생을 주님에게 바치기로 결심했을 때 나의 친구와 동료들은 '나를 위한다'며 이 세상을 바꾸려고 애쓰지 않는 것이 좋으리라고 말했다. 지금 사업도 잘 되어나가고 있는데 괜히 연설 중에 장황하게 예수 그리스도를 언급하여 청중을 화나게 하거나 당황시킬 필요가 없다는 것이었다. 정말 흥미로운 조언이다. 그렇지 않은가? 어떤 사람은 음탕한 농담과 욕설은 해도 아무 문제없고 어떤 사람은 예수 그리스도 얘기는 하지 않는 게 좋다는 충고를 들으니 말이다.

　　나는 전국을 여행하며 여러 단체를 상대로 연설하기 때문에 날마다 많은 사람들에게 예수 그리스도를 증거할 기회가 있다. 공개적으로 신앙 간증하는 나에게 감탄하는 사람들이 그처럼 많다는 사실에 나 역시 놀라게 된다. 내가 왜 이런 이야기를 하는고 하니, 나도 어느 정도 용기가 있는 사람이기는 하지만 간증을 하지 않아도 된다고 생각할 만큼 용기가 있지는 못하기 때문이다.

내가 다른 세 명의 연사들과 함께 나란히 연설을 하게 되었을 때 나에게 주의를 주던 행사 주최 측의 책임자를 아직도 기억하고 있다. 그는 청중들 중에는 유대인, 무신론자, 힌두교 신자 등 다양한 사람들이 섞여 있으므로 그 누구도 '기분 나쁘게 하지' 않았으면 좋겠다고 말했다. 나는 무슨 말인지 잘 알겠다고 대꾸하면서 혹시 내가 음탕한 농담을 해도 상관이 없느냐고 되물었다. 그 주최측 책임자는 깜짝 놀라면서 그런 문제는 연사 자신이 잘 판단하여 처리해야 한다고 대답했다. 나는 그에게 슬쩍 이렇게 말해주었다. "나 자신은 물론이고 크리스천 형제들은 욕설과 외설을 무척 싫어하는데, 다른 세 명의 연사들에게 우리 크리스천들을 기분 나쁘게 할 말은 하지 말라고 조언했는가?" 그는 그들에게도 '잘 판단하여' 연설하라고 주문했다고 대답했다. 그래서 나도 잘 판단해서 할 테니 걱정 말라고 했고 실제로 그 약속을 지켰다.

그것은 아주 신나고 재미있는 연설회였다. 내가 주님을 위한 '광고'를 내 연설 속에 살짝 끼워 넣자 우레와 같은 박수소리가 터져 나와서 잠시 얘기를 중단해야 되었다. 나는 그 순간 주최측 책임자에게 고개를 돌리면서 이렇게 말하고 싶었으나 간신히 참았다.

"자 보세요. 세상 사람들은 이처럼 복음에 목말라 있어요. 만약 선택을 하라고 한다면 욕설과 외설보다는 구세주에 대한 연설을 듣는 걸 더 좋아할 겁니다!"

HAPPY CHRISTIAN
크게 말하라, 크리스천이여

지난 5년 동안 나는 이런 느낌을 갖게 되었다. 간증을 하지 말라고 조언하거나 당신의 생활이나 언변이 신앙의 증거가 되는 일을 피하라고 말하는 사람들은 사탄과 공포(결국 사탄과 같은 개념)의 조종을 받고 있는 자들이다. 사탄은 독실한 크리스천의 입을 다물게 했을 때 커다란 성공을 거두는 것이다. 여기 정직하고, 사려 깊고, 충실하고, 열성적이고, 남을 배려할 줄 알고, 낙관적인 성격을 가진 사람이 있다고 해보자. 사람들은 그런 인물을 보고서 자동적으로 그런 성격의 형성 경위를 알게 되는 것은 아니다. 노골적으로 자신이 크리스천임을 떠벌리는 사람보다 종교적 신앙이 전혀 없으면서도 좋은 성품을 가진 사람을 나는 많이 보았다.

나는 다양한 컬트에 소속된 자들을 많이 만났는데, 만약 그들의 말을 그대로 믿어준다면, 그들은 전혀 예수님을 모르는 사람들이었다. 그렇지만 이런 사람들도 좋은 성품을 많이 가지고 있었다. 세상의 눈으로 볼 때 좋은 사람이라는 것과 구제를 받는 것은 완전히 별개의 문제이다. 크리스천인 나는 아주 영광스러운 크리스천의 삶을 살아야 한다("너의 빛을 사람 앞에 비추라", 마태 5:16). 그리하여 기회가 있을 때마다 내가 이런 승리의 삶을 살게 된 이유와 경위를 남들에게 말해주어야 한다. 이것은 결코 나의 막연한 '느낌'이 아니다. 그것은 천상의 아버지가 내리신 명령인 것이다("너희는 온 천하에 다니며 만민에게 복음을 전파하라." 마가 16:15, 로마서 10:9-10).

HAPPY CHRISTIAN
나는 고용될 뿐, 매수되지는 않는다

공개연설회에서 무슨 말을 해야 할지 나는 뚜렷한 신념을 갖고 있다. 누군가가 나를 연사로 초빙한다는 것은 최선의 상태의 나를 초빙한다는 뜻이다. 그런데 나는 주님에 대한 얘기를 어느 정도 해야만 최선의 상태에 올라 최대의 능력을 발휘할 수 있다. 따라서 연설 도중 예수 그리스도를 언급하지 않는다는 것은 나로서는 생각조차 할 수 없다. 연설 중에 예수님 얘기를 하면 나의 크리스천 형제들이 격려를 받게 되어 예수 그리스도와 개인적 관계를 맺게 될 가능성이 더욱 높아지는 것이다.

내가 간증에 이용하는 시간은 1-2분에 지나지 않는다. 하지만 나는 분당 280단어(컨디션이 아주 좋을 때에는 550단어)를 말할 수 있으므로 60초 혹은 120초라도 많은 분야를 커버할 수 있다. 나는 하나님이 나의 간증을 격려하고 있다고 확신한다. 왜냐하면 그분은 나의 그런 행동을 여러 모로 축복해 주고 있기 때문이다. 연설회 주최측은 내 연설을 들었거나 연설 테이프를 들은 후에 나를 연사로 초청하기 때문에 내가 예수 그리스도 얘기를 연설 중에 한다는 것을 사전에 알고 있다. 설혹 내가 기독교 얘기를 해서 하나의 연설 건수를 잃어버린다 해도 주님은 그 대신 나에게 두 건의 연설 계약을 내려주신다. 나는 솔직히 말해서 주님의 이런 계산법이 정말 마음에 든다.

그리스도는 우리가 이곳 지상에서 그분을 증거하지 않으면 천상에서 우리를 증거하지 않겠다고 분명히 말했다(마태 10:32, 33). 따라서 내가 보기에 메시지는 아주 분명하다. 그리고 이것은 정말 중대한 문제이다. 나는 신앙 간증에 나설 때 나의 메시지에 유머를 적절히 섞어 넣는다. 사람들이 '행복한' 크리스천에게 보다 적극적으로 반응하기 때문이다.

내가 주님과 함께 걷고 있음을 공개적으로 또 개인적으로 증거하는 또 다른 이유가 있다. 그것은 댈러스의 치과 의사이며 독실한 크리스천인 닥터 진 알렌이 내게 건네준 카드와 관련이 있다. 그 카드에는 이런 도발적인 질문이 하나 적혀져 있다. "만약 내가 크리스천이라는 이유로 기소가 되었을 때 나는 유죄 판정을 받을 만한 충분한 증거가 있는가?"

나는 이 카드를 본 이후, 크리스천으로 판결 받을 만한 사유들을 증가시키기 위해 날마다 노력하고 있다. 그래서 내가 크리스천이라는 이유로 재판을 받아야 한다면(이럴 가능성이 희박하다고 생각하는 사람들은 성경을 꺼내들고 좀더 깊이 연구해보는 것이 좋으리라), 12명의 남녀 배심원 모두가 나를 유죄로 판정하기를 바라고 있다.

나는 어떤 세미나가 끝나고 한 남자가 나에게 다가와 당신이 크리스천일 것이라는 '느낌'이 들었다고 말해준 에피소드를 잊을 수가 없다. 나는 당시 그에게 이렇게 대답했다. "그저 느낌만 준 것이라면 저의 행동을 되돌아보아야겠습니다. 왜냐하면 나의 신앙에 대하여 사람들이 그저 막연하게 느끼는 정도라면 아직 덜 된 크리스천이기 때문입니다."

HAPPY CHRISTIAN
조건을 다는 크리스천들

연설회 주최 측은 내가 연설하기 전에 긴장하거나 불안한 느낌이 드느냐고 자주 물어온다. 한동안 나는 수백 명의 사람들 앞에서 한 시간 가까이 연설하는 것이 전혀 부담이나 고통이 아니라고 말하는 게 공연한 자부심의 표시인 것처럼 느꼈다. 하지만 정말로 긴장이나 불안을 느끼지 않기 때문에(그리고 그 이유가 무엇인지 잘 알기에) 나는 주최 측에 이렇게 조용히 말한다.

"아니요, 긴장되지 않습니다. 왜냐구요? 내가 평생 동안 이 연설회를 준비해 왔기 때문입니다. 더욱 중요한 사실은, 내가 이 연설을 주님에게 온전히 맡겼다는 것입니다. 주님에게 메시지를 내려달라고 빌었으므로 내려주시는 메시지를 그대로 전달만 하면 되는 겁니다. 주님은 언제나 메시지를 주십니다."

모든 크리스천은 그의 일이나 사업에서 주님을 위한 홍보를 주기적으로 할 수가 있다. 하지만 문제는 조건을 다는 크리스천들이 너무 많다는 것이다. 그들은 이렇게 말한다. "신앙 간증을 하고 싶어요. 하지만…" "십일조를 착실히 내고 싶어요. 하지만…" "일요학교에 나가서 가르치고 싶어요. 하지만…" "집에서 성경 공부를 열심히 하고 싶어요. 하지만…"

HAPPY CHRISTIAN
어떻게 홍보할 것인가?

나는 여러 해 동안, 전문적인 세일즈맨, 세일즈 훈련가, 동기유발 연설가 등으로 활동해 왔다. 나의 주특기 중 하나는 서로 다른 여러 회사들을 위하여 회사별로 맞춤 세일즈 자료를 준비해주는 것이다. 그런데 주님을 내 마음에 받아 모신 이후에 이런 생각이 들었다. 크리스천들은 이 세상에서 최고로 팔아먹기 좋은 상품을 가지고 있으면서도 막상 세일즈는 아주 한심하게 한다는 것이다. 예수 그리스도를 통해 구원이라는 상품을 사들인 나는, 모든 사람들에게 영원한 생명의 복음을 나누어주고 싶었다.

'위대한 세일즈 회의'에서 주님은 분명 말씀하셨다. "너희는 온 천하에 다니며 만민에게 복음을 전파하라." 나는 이런 명령을 실제로 받았을 뿐 아니라 그것을 진정으로 실행하고 싶다. 내 생활을 가지고 나의 신앙을 증거해야 그게 진정한 신자인 것이다.

나는 세일즈맨에게 세일즈의 가장 중요한 원칙은 '느낌의 전이'라고 가르친다. 만약 세일즈맨이 어떤 제품에 대하여 가지고 있는 좋은 느낌을 가망 고객에게 그대로 전이轉移시킬 수 있다면, 가망 고객은 그 제품을 구입할 가능성이 많다. 따라서 세일즈맨은 전이에 중점을 둘 것이 아니라 먼저 제품에 대한 좋은 느낌을 형성하는 것이 필수적이다. 이와 관련하여 흑인 영가 가수인 윌라 도시는 아주 좋은 말을 남겼다. "형제여, 남을 납득시키고자 한다면 먼저 당신 자신이 납득되어야 하네!" 그녀가 부른 영가 '내 영혼 속의 평화'를 꼭 들어

보기를 권한다. 이 노래는 영혼의 높은 상태를 잘 표현하고 있다.

나는 예수 그리스도의 좋은 점을 확신한다. 하지만 일부 크리스천들은 무기력, 무지, 잘못된 노력 등으로 인해 주님을 증거하는 일을 제대로 하지 못하고 있다. 내 말을 오해하지 말기 바란다. 나는 하나님의 말씀이 공허하게 끝나는 일은 결코 없다고 확신한다. 그러나 거의 비어 있는 것(공허한 것)과 넘쳐 흐르는 것 사이에는 분명한 차이가 있다. 나는 날마다 내 연설이 충만한 것이 되게 해달라고 빈다. 그래서 내가 받고 있는 이 축복을 남들도 함께 누리게 해달라고 기도한다. 또 내 간증을 잘 인도해 달라고 빌기도 한다.

돌이켜 보면, 하나님은 평생 동안 지금 내가 하고 있는 일을 준비시켜 왔다고 확신한다. 나는 연사 자격으로 해마다 50만 명 가까운 사람을 상대한다. 나는 개인적으로도 많은 사람을 만나지만, 주로 하는 일은 대중을 상대로 연설하는 것이고, 청중의 숫자는 적을 때는 1000명, 많을 때는 17000명에 이른다. 이처럼 많은 사람을 상대하는 연설회는 간증을 실천할 수 있는 커다란 기회이다. 하지만 이 기회는 아주 조심스럽게, 간절한 기도 속에서 활용되어야 한다. 간증은 고상한 수준을 유지하면서 이루어져야 한다. 많은 사람들을 대상으로 하는 것이기 때문에 어떤 사람에게 영향을 줄 수도 있지만 반대로 어떤 사람의 기분을 불쾌하게 할 수도 있는 것이다. 나는 내 말이 효과적인 간증이 되게 해달라고 간절히 기도를 올린다. 나는 주님을 홍보할 수 없는 연설 제안은 장소, 시간, 주제를 불문하고 결코 받아들이지 않는다. 그건 주님과의 약속이다.

HAPPY CHRISTIAN

주님, 이제 어떻게 하면 좋겠습니까?

그 약속을 한 직후 나는 아주 어려운 문제에 직면하게 되었다. 아주 좋은 내용을 대단히 멋지게 말하는 재능 있는 연설자와 한 프로그램에 나가게 된 것이었다. 청중은 그의 연설 내내 '그의 페이스대로' 움직였다. 그는 연설의 한 3분의 2 지점에 이르더니 초월명상에 대한 자신의 견해를 청중들에게 홍보하는 것이었다. 그런 다음 이 명상방법을 아는 사람이 있느냐고 물었다. 여러 사람이 손을 들었다. 이어 그는 "그 방법을 어떻게 생각하느냐?"고 물었다. 청중 속의 한 여자가 그것 덕분에 자신의 인생이 바뀌었다고 말하여 사람들의 박수를 받았다. 나는 충격을 받았고 어이가 없었다. 저 동양 종교를 세일즈하는 연사에게 어떻게 대응해야지? 그런 생각을 하면서 깊은 고민에 빠졌다.

과거의 나는 이런 좌우명을 갖고 있었다. 의심스러울 때에는 아무 것도 하지 마라. 하지만 그리스도를 받아들여 새 사람이 된 지금 그것을 이렇게 바꾸었다. 의심스러울 때나 의심스럽지 않을 때나 모두 주님에게 물어 보라. 나는 주님에게 물었다. "주님, 이제 어떻게 하면 좋겠습니까? 나는 연설에 나서면 이 문제를 거론하지 않을 수 없습니다. 하지만 조심하지 않는다면 일부 사람들의 기분을 불쾌하게 할 수도 있습니다. 저 연사는 사람을 매혹시키는 사람이고 청중은 그의 말에 매혹되어 있습니다."

연사는 초월명상을 하면 건강, 장수, 긴장 이완, 마음의 평화 등이 찾아온다는 다소 파격적인 약속을 하고 있었다. 그래서 나는 어떤 말을 해야 할지 알려달라고 주님에게 기도를 올렸다. 그러자 그 즉시 (그 초월명상의 연사가 말을 다 마치기도 전에) 주님은 나에게 말할 내용을 일러주었다.

그날 나의 연설 제목은 세일즈 훈련이었다. 연설의 일부분은 세일즈맨에게 질문하는 요령을 가르치는 것이었다. 세일즈맨은 가망 고객을 상대로 질문을 던지게 되는데 요령 있는 질문은 제품이나 서비스에 대한 고객의 필요를 이끌어내고, 구매 결정으로 이어지는 경우가 많다. 나는 질문을 던지는 요령 몇 가지를 말했다. 이어 청중들에게 말했다.

"여러분 중 질문을 던지는 요령을 가르쳐주는 책자가 하나 있었으면 하고 생각하는 분이 많을 것입니다. 그런 질문의 원칙과 배경을 아주 확실하게 가르쳐주는 책자가 있습니다. 그것은 성경이라고 하는 책입니다. 나는 이것이 당신의 신앙과는 아무런 상관이 없음을 강조하고 싶습니다. 질문을 던지는 요령을 가르쳐주는 기존의 책들 중에서 가장 좋은 '매뉴얼'은 성경입니다. 공정한 마음을 가진 사람이라면 그 책의 저자인 예수 그리스도가 지금껏 생존한 세일즈맨들 중에서 가장 위대한 세일즈맨이었음을 인정할 것입니다. 그는 12명의 제자를 받아들여(물론 그 중 한 명은 배신자였습니다) 가장 단시간 내에 세계의 문명 지역에 복음을 퍼트렸습니다. 그리스도의 말씀이 붉은 색으로 인쇄되어 있는 붉은 글자 성경을 입수해 살펴보시면, 그리스도가 질문을 받을 경우 반드시 질문 혹은 비유로 되묻고 있는 것을 발견하실 겁니다. 따라서 정말로 질문하는 방법을 알고 싶다면, 성경을 읽으십시오."

이어 나는 말을 잠시 끊었다가 청중에게 미소를 지으며 말했다. "여러분은 성경 속의 질문을 읽는 순간 곧장 답변을 읽는 것이 좋을 겁니다. 왜냐하면 곧 그분이 여러분에게 질문을 던져올 텐데, 그분의 질문을 받으면 꼼짝없이 걸리기 때문입니다." 그 순간 청중은 웃음을 터트렸다. 이어 나는 앞선 연사를 똑바로 처다보면서 말했다. "성경은 당신에게 마음의 평화를 가져다줄 뿐 아니라 앞으로 당신이 흥분할 때마다 열기를 식혀줄 것입니다!" 청중은 다시 한번 폭소를 터트렸다. "주님, 감사합니다"라고 나는 말했다.

HAPPY CHRISTIAN
위선자가 당신보다 더 하나님에게 가까운가?

위의 경험은 너무나 신나고 보람 있는 것이어서 나는 이렇게 말했다. "주님, 이제 필요한 것은 내가 한 말들에 일치하는 '영적 세일즈 프레젠테이션'을 만드는 것입니다."

내가 볼 때, 위의 경험은 세일즈 훈련 상황에 딱 어울리는 사례였다. 그래서 나의 다음 번 프로젝트는 동기유발 상황에서도 기독교가 잘 활용될 수 있음을 증거하는 것이었다. 주님은 나에게 또 다른 사례를 내려주셨다. 나의 책 『정상에서 만납시다』를 쓰던 중 나는 체중을 37파운드(17킬로그램)나 뺐다. 나는 그 책에서 어떻게 그 정도로 체중을 줄일 수 있었는지 자세히 기술했다. 이어 전국 각지에서 연설을 하면서 이 체중 줄인 얘기를 하나의 비유로 삼았다.

나는 『정상에서 만납시다』에서 당신은 가고 싶은 데는 아무 데나 갈 수 있고, 하고 싶은 것은 뭐든지 할 수 있으며, 되고 싶은 대로 될 수 있다고 주장했다. 하지만 나의 41인치(104센티미터) 허리둘레와 202파운드(92킬로그램)의 몸무게를 내려다보면서 탄식을 하게 되었다. 얼마든지 되고 싶은 대로 될 수 있다고 말해놓고, 정작 나 자신은 202파운드의 거구를 이끌고 단상에 오른다는 것이 말이 되지 않았다. 그래서 나는 매일 자기 암시를 걸었다. "누군가가 너에게 네가 쓴 모든 것을 믿느냐고 묻는다면 어떻게 대답할래?" 물론 나는 "모든 것을 믿는다"고 대답할 터였다. 그런데 그 누군가가 나의 41인치 허리둘레를 가리키며 정말 네가 쓴 것을 문자 그대로 믿느냐고 묻는다면 어떻게 대답할 것인가? 과연 이것이 얼마든지 되고 싶은 대로 되는 그런 사례의 표본인가? 이어 나는 이런 질문을 던졌다. "나는 위선자인가?" 거기에 나는 이렇게 대답했다. "위선자 소리를 듣는 거 좋아하는 사람은 아무도 없으니 그런 얘기 나한테 하지마." 하지만 그 순간 이런 말이 생각났다. "교회에는 위선자들이 너무 많이 있기 때문에 거기 가기 싫다고 하는 사람들도 많잖아."

나는 이 말에 대해서는 언제나 이렇게 대답해 왔다(미소와 함께). "당신과 하나님 사이에 위선자가 서 있다면 그건 당신보다 위선자가 하나님에게 더 가까이 있다는 뜻이죠." 그러니 '여기서' 소수의 위선자들과 시간을 좀 보내던가 아니면 다수의 위선자들과 모든 시간을 보내던가 둘 중의 하나를 선택해야 한다. 나는 후자를 선택하지 않으리라는 것을 안다. 그렇지만 교회에 위선자가 많다는 말을 하는 사람들에게 그래도 교회에 나오라고 말하고 싶은 심정이다. 교회에 위선자 한 명 더 추가되었다고 해서 별반 차이가 있을 것 같지 않으니까.

이 말을 하면 청중들은 예외 없이 웃어버린다. 어떤 경우에는 아주 커다란 소리로 웃는다. 그러면 나는 미소를 지으면서 이렇게 덧붙인다. "어떤 것 뒤에 숨으려면 당신은 당연히 그 어떤 것보다 작아야 한다." 그러면 청중석에서는 더 많은 웃음이 터져 나온다. 나는 계속 말한다. "성경을 읽어보지만 무슨 소리인지 모르겠다고 말하는 사람들도 있다. 물론 그런 사람들을 괴롭히는 부분은, 잘 이해하게 안 되는 성경의 어떤 부분이 아니다(장내에 침묵이 감돌다가 웃음이 터진다). 실제로 하나님은 아주 분명하게 말씀하신다. 예를 들어 하나님은 십계명을 '10가지 제안'이라고 말하지는 않았다(더 많은 웃음)." 이어 나는 미소를 지으며 말한다. "성경을 읽어 보라. 그 책의 저자에게 그 내용을 안내해 달라고 요청하면 더욱 이해하기 쉬워질 것이다. 그분은 늘 거기에 있다."

HAPPY CHRISTIAN
무식하다는 것은 변명이 되지 않는다

나의 형은 중1때 학교를 그만 두었지만 33년 동안 하나님의 말씀을 가르치고 있고 또 수백 명의 신자들을 하늘나라로 인도했다. 형은 벽난로 옆, 석유램프의 불빛으로 매일 자정 너머까지 성경을 공부했다. 그렇게 하기를 여러 해 동안 그치지 않았다. 형의 성경 지식은 오로지 그의 근면한 노력과 하나님의 계시에 의해 얻은 것이었다. 형은 머리에는 지식을, 가슴에는 감정을 갖고 있었다. 성경이 부분적으로만 하나님의 말씀이라고 생각하는 신학생과 형이 성경 토론을 벌인다면 형이 이길 것이라고 나는 확신한다.

많은 사람들이 나에게 당신은 직업을 잘못 선택했다, 목사가 되는 편이 더 좋을 뻔했다고 말한다. 나는 이런 말을 들으면 한편으로는 기분이 좋고 다른 한편으로는 흥미롭다는 생각이 든다. 나는 비록 설교는 하지 않지만 하나님의 말씀을 널리 퍼트리고 있기 때문이다. 사실 말씀을 널리 전파하는 것은 목사들의 일이 아닌가. 나의 경우 연설을 자주 다니다보면 자연스럽게 교회에 다니지 않는 수천 명의 사람들에게 신앙을 증거할 기회가 생긴다. 이러한 사정은 당신도 마찬가지이다. 물론 당신은 수천 명의 청중을 상대로 연설할 기회가 없을지 모르나 한두 명의 대화 상대는 반드시 만날 것이다.

내 말을 오해하지 말기 바란다. 이렇게 말한다고 해서 당신이 만나는 사람마다 모두를 상대로 간증을 해야 한다는 뜻은 아니다. 단지 우리가 일생 생활을 해 나가는 데 있어서 매일 우리의 신앙을 남들에게 알려줄 기회가 있다는 것이다.

이렇게 생각하는 크리스천들도 있다. 좋은 모범을 보이고 좋은 생활을 영위하되 주님에 대한 신앙은 공개적으로 고백할 필요가 없다. 나는 이런 사람들을 만나면 기이하다는 생각과 함께 화가 치밀어 오르기도 한다. 로마서 10:9는 예수 그리스도를 주님으로 모신다는 사실을 남들에게 말하라고 명시하고 있다. 다음의 에피소드는 복음을 널리 전파해야 할 우리의 책임을 잘 보여준다. 나는 이 이야기를 테네시 주 멤피스의 벨뷰 침례교회의 에이드리언 로저스 목사로부터 들었다. 목사님은 키가 크고 잘 생기고 뚜렷하게 말하며 운동선수

같이 생긴 분이었다. 나는 그분의 설교를 처음 들었던 그 순간을 결코 잊지 못할 것이다. 그 목소리를 들으면 그분이 하나님의 말씀을 전하는 진정한 메신저라는 생각이 저절로 든다.

HAPPY CHRISTIAN
당신은 너무 무식해

1855년 킴벨Kimbell이라는 일요학교의 교사는 19세의 구두닦이 소년의 머리에 떨리는 손을 얹고서 구원과 예수 그리스도에 대해서 말해주었다. 구두닦이는 고개를 숙이고서 그리스도가 자신의 생활 속에 들어오기를 빌었다. 그는 교회에 입교하려 했으나 너무 무식하다는 이유로 거부당했다. 1년 뒤 교회는 그를 받아들였고 그는 일요학교 교사가 되었다. 하나님은 그를 아주 효과적으로 쓰셨고 그래서 영국으로 건너와 설교를 해달라는 초청을 받았다. 그의 이름은 드와이트 L. 무디Dwight L. Moody였다.

무디는 프레더릭 B. 메이어Frederick B. Meyer라는 위풍당당하고 유식하고 명성 높은 신학자가 담당하는 교회에서 설교를 했다. 무디는 미국식 영어로 성도들의 죽음을 이야기했다. 한 이야기는 특히 슬픈 것이었는데 어떤 일요학교 교사가 자신이 암으로 죽어가고 있다는 것을 발견하고 학생들을 전원 주님 앞으로 인도했다는 얘기였다.

무디가 설교하는 동안 메이어는 불안한 듯 몸을 뒤척였다. 그는 무디가 그런 설교를 하리라고 예상하지 못해서 당황하고 있었다. 나중에 메이어 씨는 합창단 소속의 여자 성도에게 전도 사업이 어떻게 되어가고 있느냐고 물었다. 그녀는 열광적인 목소리로 대답했다. "무디 씨가 여기 온 이래로 아주 잘 되어 가고 있어요. 나는 일요학교의 학생 전원을 주님에게 인도했어요."

HAPPY CHRISTIAN
영혼의 언어

메이어는 그날 처음으로 무디로부터 영혼의 언어를 배웠다고 말했다. 나중에 F.B.메이어는 복음 전파차 미국으로 건너왔다. 메이어가 설교하는 동안, 낙담한 젊은 목사인 윌버 채프먼Wilbur Chapman이 청중 속에 앉아 있었다. 그때 하나님의 영혼이 F.B.메이어를 통하여 윌버 채프먼에게 건너갔고 채프먼은 그 후 미국의 유명한 복음 전파사가 되었다. 채프먼의 사업 규모가 점점 커지자 세세한 일을 거들어 주고 때로는 복음 전파 일을 대신 담당해줄 조수가 필요하게 되었다. 그가 선택한 젊은 조수는 YMCA에서 일하고 있는 전직 야구 선수였다. 그의 이름은 빌리 선데이Billy Sunday였고 학력은 고졸이 전부였다. 하지만 빌리 선데이는 윌버 채프먼의 뒤를 이어 100만 명도 넘는 사람을 예수 그리스도에게 인도했다.

빌리 선데이는 1924년 노스캐롤라이나 주 샬로트에서 엄청나게 감동적인 부흥회를 진행했는데 이때 감동 받은 사람들이 기도 그룹을 구성했다. 이 기도 그룹은 그 후 주기적으로 만나서 기도를 올렸다. 미국에 경제 대공황이 닥쳐오자 그들은 미국의 죄 많은 생활 방식에 대한 하나님의 심판이라고 생각했다. 그들은 또 다른 부흥회가 노스캐롤라이나 주 샬로트에서 개최되게 해달라고 빌었다. 이 기도에 응답하여 모르데카이 햄Mordecai Ham이 파견되었다. 그는 지옥의 뜨거움과 천국의 포근함을 설교하는 불 뿜는 듯한 설교가였다. 햄이 설교하는 동안 청중석에 있던 16세의 농촌 소년은 몸을 뒤척였다. 소년은 햄 씨 뒷자리를 잡기 위하여 합창대에 들어가기까지 했다. 하지만 하나님의 성령이 움직였고 빌리 그레이엄Billy Graham은 마침내 응답했다. 그는 전 세계의 왕, 대통령, 총리들에게 설교를 했다. 그가 얼마나 많은 사람을 구원했는지는 하나님만이 알고 계신다.

우리는 미래에 무슨 일이 벌어질지 알지 못한다. 하지만 우리가 그 미래를 '후대에 전해주는' 것만은 틀림없다. 그런데 흥미로운 것은 그 모든 일이 킴벨이라는 일요학교 교사로부터 시작되었다는 것이다. 그것이 무식한 구두닦이에게 전수되었고 이어 '재능 있고 유식한' 사람들이 나타나기 시작했다. 이 스토리는 다음과 같은 교훈을 강조한다. 당신이 가진 것을 가지고 최선을 다하라. 그러면 하나님이 당신의 사업을 가상히 여겨 그것을 '후대에 전해준다.'

이 에피소드에서 정말 흥미로운 부분은 교회 사람들이 드와이트 L. 무디를 교인으로 받아들이기까지 1년이나 걸렸다는 사실이다. 그들은 무디가 예수 그리스도를 받아들여 교인이 될만한 자격이 없다고 보았다. 그리고 일요학교 교사가 되기까지에는 그보다 더 많은 시일이 걸렸다. 그리고 그 나머지 얘기는 이제 하나의 역사가 되었다.

이제 내가 당신에게 하고자 하는 얘기는 간단하다. 가령 당신이 근무하는 사무실, 가게, 공장, 조립라인 옆에 드와이트 L. 무디가 있다고 상상해 보라. 만약 그가 제2의 드와이트 무디라는 것을 안다면 당신은 그에게 예수님의 복음을 전해주지 않겠는가(당신이 이미 기독교 신자라고 가정하고). 이에 대한 대답은 너무나 뻔하다. 당신은 전혀 망설이지 않고 전해줄 것이다.

나의 두 번째 질문 또한 뻔한 것이다. 당신과 같이 출퇴근하는 사람, 당신 집 옆에 사는 사람, 직장에서 점심을 같이 먹는 사람, 이런 사람들이 제2의 드와이트 L. 무디 혹은 빌리 그레이엄이 되지 말라는 법이 어디에 있는가? 하나님의 말씀은 결코 공허하게 돌아오지 않는다. 이것은 하나님의 약속이기도 하다. 만약 예수님을 아는 것이 당신에게 많은 것을 의미한다면 혹은 이미 많은 것을 가져다주었다면 하나님의 인도를 청하며 쉴 새 없이 기도할 것을 권한다. 그러면 당신은 하나님의 인도 아래 그분을 강력하게 증거하게 될 것이다.

HAPPY CHRISTIAN
하나님의 천상 뷔페 요리에서 나온 또 다른 신나는 음식

크리스천과 관련된 한 가지 엄청난 오해는 공포와 관련이 있다. 많은 크리스천들이 공포에 대해서 말하는데 성경은 그 어디에서도 공포에 대하여 언급한 적이 없다. 오히려 거듭하여 "두려워하지 말라"고 말한다. "악마에게 저항하라. 그러면 너에게서 달아날 것이다"라고 말하기도 했다. 진리의 갑옷을 입고 예수 그리스도의 뒤에 숨는다면 우리는 전혀 두려워할 필요가 없다. 우리가 믿는 분이 누구이고 그분의 힘이 얼마나 대단한지 너무나 잘 알기 때문이다. 이렇게 해서 공포(나는 근거 없는 공포를 말하고 있다)가 제거되면, 우리의 효율성과 생산성은 크게 높아질 것이다. 이것은 우리에게 많은 '지금 당장'의 혜택을 가져다준다.

하나님이 내려 주신 축복을
기억하라

🌿 하나님이 내려 주신 축복을 감사하면 할수록 더 많은 것에 대하여 감사하게 된다.

첫 번째 "감사합니다" 날짜 _____

두 번째 "감사합니다" 날짜 _____

주님, 다음의 일을 감사드립니다.

1. _____
2. _____
3. _____
4. _____
5. _____
6. _____
7. _____
8. _____
9. _____
10. _____
11. _____
12. _____

"하나님이 그것을 말했고, 내가 그것을 믿으니, 그걸로 끝이다"라는 말은 부분적으로만 진실이다. 만약 하나님이 그것을 말했다면 그걸로 끝이다. 당신이 그것을 믿든 말든 그리 중요한 문제가 아니다.

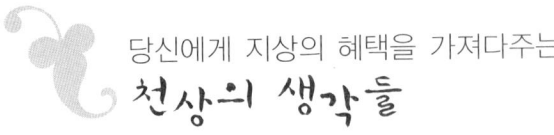

당신에게 지상의 혜택을 가져다주는
천상의 생각들

- 실수는 서로 서로 고백하라. 그러나 죄악은 하나님에게만 고백하라.

- 허약함이 아니라 온유함과 함께 걸어가라.

- 온유한 자는 땅을 상속받을 것이다. 하지만 그리스어 원어에서 온유한 자는 절제된 힘을 가진 자를 뜻했다.

- 우리가 하는 모든 일에 대하여 지금보다 더 행복하게 느낄 수 있고 더 열광적으로 해낼 수 있다. 단 우리가 예수님을 위해서 그것을 한다면.

- 미국에 이민 오는 사람은 미국 시민이 되기 전에 그 전의 국가에 대한 충성심을 포기하고 미국에 대한 100퍼센트 충성심을 맹세해야 한다. 이런 맹세를 할 때 비로소 미국 정부는 그에게 시민권을 부여한다. 이러한 방식은 예수님에게 있어서도 마찬가지이다. 당신이 그리스도를 주님이며 구세주로 받아들인다면 사탄을 완전히 포기해야 한다. 당신은 사탄에게 일시 봉사하고 다시 그리스도에게 일시 봉사하는 양다리 걸치기는 절대로 할 수가 없다.

- 만약 전에 사탄을 직접 대면한 적이 없다면 그것은 당신이 사탄과 같은 방향을 바라보며 달리기 때문이다. 인간은 건강 없어도, 돈 없어도, 명성 없어도, 이름 없어도, 학식 없어도, 교양 없어도, 아름다움 없어도, 친구 없어도, 기타 오만가지 다른 것들이 없어도 천국에 갈 수가 있다. 하지만 그리스도가 없으면 결코 천국에 가지 못한다!

어느 크리스천의 행복한 고백

CHAPTER 10

열린 마음과 열린 성경이 당신을 크리스천으로 만든다

HAPPY CHRISTIAN

나는 소, 닭, 양이 똑같은 풀을 먹고서 전혀 다른 제품을 생산하는 과정을 전혀 알지 못합니다. 이에 대해서는 아마 과학자도 설명하지 못할 것입니다. 하지만 그 생산 과정을 모르기 때문에 계란을 먹을 수 없고, 우유를 마실 수 없으며, 양모 옷을 입지 말아야 합니까?

열린 마음과 열린 성경이 당신을
크리스천으로 만든다

나는 인생을 늘 논리와 분석의 관점에서 접근하는 사람을 보면 참으로 의아하다는 생각이 든다. 그들은 진화론이 논리적이기 때문에 믿을 수 있으나 창세기는 그렇지 못하기 때문에 믿지 않는다고 말한다. 나는 그들에게 텔레비전 화면에서 개구리가 왕자로 변하는 것을 보았을 때 무슨 생각을 하냐고 묻는다. 그러면 예외 없이 그건 동화라는 대답이 돌아온다. 그런 대답을 하면서 잠시도 망설이지 않는다. 그런데 그들이 믿는 진화론이라는 것이 개구리가 왕자 되는 것과 비슷한 것이다. 진화론은 자연 그 자체에 의해서 반박되고 있다. 100마리의 우량마優良馬, 한 떼의 우량우優良牛, 한 무리의 순혈견純血犬을 외딴 지역에다 풀어놓아 보라. 각 종은 몇 세대가 지나지 않아 진화는커녕 퇴화되어 잡종이 되어버린다.

나는 한 권위 있는 학자로부터 이런 얘기를 들었다. 파리의 루브르 박물관에는 한때 통했으나 지금은 헛소리가 된 과학 서적들이 무려 3.5마일의 길이로 보관되어 있다. 정밀하게 관찰되고 과학적으로 입증된 수 천, 수만 건의 과학적 '사실들'도 발표된 지 몇 년 뒤에는 새로운 과학적 증거에 의해 낡은 것이 되어버린다. 이것을 하나님의 완벽한 말씀과 한번 비교해 보라. 전 세계의 과학자들은 성경 말씀 안에서 그 어떤 과학적 오류도 발견하지 못했다. 그런데도 '논리'를 내세우며 '과학'은 믿되 하나님은 의심하는 사람들이 있다.

HAPPY CHRISTIAN
달에서 발견한 손목시계?

전직 클리블랜드 브라운스 프로 미식축구의 올스타 선수였으며 현재는 뛰어난 복음 전도사인 빌 글래스가 진화론에 대하여 재미있는 이야기를 남긴 것이 있다. 두 명의 우주비행사 갑과 을이 달 위를 걷다가 째깍째깍 거리며 정확한 시간을 가리키는 손목시계를 하나 발견했다. 갑이 물었다. "저건 뭐지?" 을이 손목시계라고 대답했다. 갑이 의아하다는 듯이 말했다. "하지만 우리가 달 표면을 걷는 최초의 인간이 아닌가?" 을은 그렇다고 동의했다. 그러자 갑이 더욱 당황하면서 물었다. "우리가 여기 최초로 온 인간이라면 저 손목시계는 어떻게 된 거지?"

을은 약간 답답하다는 어조로 말했다. "그건 처음부터 손목시계였던 게 아니야." 이어 을은 손목시계의 존재에 대하여 완벽하게 '논리적인' 설명을 하는 것이었다. "수십억 년 전에 쇠의 분자가 있었는데 그게 진화하고, 성장하고, 변화하여 강철이 되었어. 그리고 또 여

러 해가 지나가면서 스프링, 무게중심, 보석, 균형 장치, 수정 따위로 세분하여 진화했지. 원래는 회중 시계여서 체인이 있었는데 사람들의 필요가 바뀌면서 그 체인은 사라지고 그 자리에 손목시계가 '들어서게' 된 거야. 바로 이런 과정을 거쳐서 손목시계가 여기 달 표면에 나타나게 된 거야."

누구나 손목시계가 그런 경로를 통해 생겨난 게 아니라는 것을 아는 것처럼, 인간 역시 원숭이로부터 생겨난 것이 아니다. 비록 일부 인사들이 그렇게 생각하고 그게 사실인 것처럼 행동하지만. 진화론을 과학 혹은 과학적 이론이라고 가르치는 것은 커다란 재앙이다. 그것은 남녀노소를 불문하고 사람들의 자기 이미지에 아주 파괴적인 영향을 미친다.

이걸 한번 생각해 보라. 만약 어떤 사람이 자기가 하나님의 이미지에 따라 창조된 것이 아니라 원숭이로부터 진화해 왔다고 생각한다면 그는 자기 자신을 우습게 생각하지 않겠는가? 가령 세 살짜리 아이 둘을 상대로 이렇게 말했다고 해보자. 한 아이에게는 그가 원숭이로부터 유래했다고 끊임없이 말해준다. 다른 아이에게는 하나님의 이미지를 따라 창조되었다고 말해준다. 이 두 아이가 나중에 커서 자기 자신을 어떻게 생각하겠는가? 자기가 하나님의 이미지대로 창조되었다고 생각하는 아이가 훨씬 더 자기 자신을 소중하게 생각하지 않겠는가?

HAPPY CHRISTIAN
다윈은 의심했는가?

　진화론의 주창자인 찰스 다윈은 비글 호를 타고 세계 일주를 하다가 남아메리카의 남단과 티에라 델 푸에고 지역을 방문했다. 그 가난한 지역의 사람들은 도덕적으로, 정신적으로, 사회적으로, 신체적으로 너무나 타락해 있어서, 다윈은 원숭이와 호모 사피엔스 사이의 잃어버린 연결고리를 발견했다고 생각했다. 그곳 원주민들은 너무나 타락하고, 방탕하고, 나태하여 도덕적 의식이 전혀 없다는 것이었다. 그들은 동물과 같았고 어느 모로 봐도 잃어버린 연결고리였다.

　영국의 크리스천 그룹은 이 원주민 부족의 비참한 상태를 알게 되었다. 그리하여 런던의 교회 선교회는 이들 원주민에게 복음을 전파하기 위하여 전도사를 파견했다. 원주민들은 참회와 믿음 속에서 주님에게 귀의했고 많은 사람들이 모범적인 크리스천이 되었다. 다윈은 이들 원주민의 마음속에 일으킨 그리스도의 기적에 놀라서 그 후 런던 교회 선교부의 정기적인 후원자가 되었다. 다윈은 임종의 자리에서 전능하신 하나님의 존재를 인정했다.

　영국의 선교사들이 티에라 델 푸에고의 원주민들에게 예수님을 설교하여 커다란 변화를 일으킨 것이 다윈의 심경 변화에 영향을 주었던 것이다. 여기서 이런 질문을 하나 던지고 싶다. 심지어 이런 원주민들까지도 그 마음을 열어서 커다란 생활의 변화를 가져온 예수님이니, 당신에게 그렇게 하는 것은 한결 수월하지 않을까?

HAPPY CHRISTIAN
꼭 다 알아야 즐길 수 있는 것은 아니다

1973년 중반 경에, 클라호마시티에서 비행기를 타려고 황급히 차를 몰고 가다가 길을 잘못 들어서 비행기를 놓친 적이 있었다. 나는 그 무렵 주님을 열심히 내 마음속에 모시고 있었기 때문에 그날 비행기를 놓친 데에는 이유가 있다고 믿었다. 그래서 주님에게 그 이유를 알려달라고 기도했다. 그분의 지시에 따라 라디오를 틀었더니, 한 평신도(그는 미 육군의 상사였다)가 자신의 신앙에 대해서 얘기하면서 모든 것을 다 알아야 즐길 수 있는 것은 아니라며 이렇게 말했다.

"가령 암소, 닭, 양은 모두 한 목장에서 똑같은 푸른 풀을 먹습니다. 닭은 풀을 자신의 체내로 받아들여 계란을 낳습니다. 소는 풀을 뜯어먹고 우유를 줍니다. 양은 풀을 먹고 양털을 생산합니다. 나는 소, 닭, 양이 똑같은 풀을 먹고서 전혀 다른 제품을 생산하는 과정을 전혀 알지 못합니다. 이에 대해서는 아마 과학자도 설명하지 못할 것입니다. 하지만 그 생산 과정을 모르기 때문에 계란을 먹을 수 없고, 우유를 마실 수 없으며, 양모 옷을 입지 말아야 합니까? 그렇게 생각하는 사람은 아무도 없을 겁니다."

계란, 우유, 양모는 중요한 물건이지만 우리의 필요와 소용을 일시적으로 만족시킬 뿐이다. 하나님의 어린 양이요 생명의 빵인 예수 그리스도는 우리의 갈증을 영원히 꺼주는 생명의 물을 주신다(요한 6:35, 58; 요한 4:10, 11). 암소가 우유를 생산하는 과정을 모른다고 해서 우유 마시기를 거부한다는 것은 현실적으로 말이 되지 않는다. 그러니 신학의 모든 점을 알지 못한다고 해서 영원한 생명을 거부하는 것에 있어서랴. 사실 나도 개인적으로는 왜 하나님이 우리 인간을 이토록 사랑하시는지 잘 알지 못한다. 아무튼 그분은 우리를 너무 사랑하셔서 2000년 전 독생자를 이 지상에 보내 우리 인간의 죄를 대신하여 십자가 위에서 죽게 하셨다. 그러나 내가 하나님의 이런 커다란 사랑을 제대로 이해하지 못한다고 해서 그 사랑을 거부해야 할 필요는 없는 것이다.

HAPPY CHRISTIAN
성경과 과학 사이에는 불일치가 없다

내 말을 오해하지 말기 바란다. 성경이 하나님의 말씀이라는 압도적인 '과학적' 증거가 있다. 게다가 과학과 성경 사이에는 그 어떤 불일치나 모순도 존재하지 않는다. 과학은 여러 모로 성경보다 뒤쳐져 있지만 결국에는 따라오리라 본다.

나는 이 책의 최종 교정쇄를 손보던 중 애틀랜타에서 연설을 하면서 진화론을 언급했고 그것이 우리 인간의 자기 이미지에 커다란 해악을 끼친다고 말했다. 청중들 중에는 국제적으로 널리 알려져 있고 50여 편의 중요한 논문을 발표한 과학자 클린턴 J. 워샘Clinton J. Washam이 앉아 있었다.

닥터 워샘은 연설회 후에 나를 찾아와 얘기를 나누었는데 그는 정말 대단한 인물이었다. 그는 태권도 유단자였고 과학자로서 또 크리스천으로서 하나님의 천지창조를 믿는다고 말했다. 그는 인간, 어머니, 목사 등을 즐겁게 하기 위해서가 아니라 하나님의 창조 과정을 잘 알게 됨으로써 그런 결론에 도달했다는 것이었다. 나는 닥터 워샘의 얘기에 대단한 흥미를 느꼈고 그 생각을 글로 적어줄 수 없겠느냐고 물었다. 그는 선뜻 써주겠다고 했고 다음은 박사의 글 전문이다.

HAPPY CHRISTIAN
진화론을 경계하라

우리 지구의 부피를 계산해 보면 약 4×10^{27} 세제곱 센티미터다. 내장에 기생하는 박테리아 세포의 부피를 계산해 보면 대략 1세제곱 미크론(1미터의 100만 분의 1)이다. 따라서 지구의 부피에 맞먹는 박테리아의 숫자는 4×10^{39} 세포이다. 이 글을 전개시켜 나가는 데 있어서 이 숫자를 유념하기 바란다.

단세포 생물인 박테리아는 약 20분이 한 세대이다. 이것은 1개의 세포가 2개의 세포로 분열하는 데 20분, 다시 2개의 세포가 4개로 분열하는 데 20분이 걸린다는 뜻이다. 인간의 한 세대는 대략 20년이다. 아무런 제지 없이 24시간 동안 그대로 내버려두면 박테리아는 72회의 세대를 겪게 되고 이것은 인간의 햇수로는 1440년이 된다. 이 시간이 경과한 후에 박테리아는 여전히 오리지널 단세포의 복제 모습을 갖고 있다. 그 세포의 DNA가 돌연변이를 위한 200억 개의 염기를 갖고 있어도 여전히 원래의 단세포 모습을 간직하고 있는 것이다. 이런 속도로 발전하면 48시간 후에는 원래의 오리지널 세포로부터 4×10^{42}의 박테리아 세포가 생겨나게 된다.

　이 정도의 세포 덩어리는 지구의 부피보다 4000배나 크지만 그래도 여전히 박테리아에 지나지 않는다. 물론 모두 똑같은 세포는 아니겠지만 '그 종류와 비슷한' 세포를 재생할 것이다. 인류의 역사를 통틀어서 1×10^{10}명의 사람이 지상에 살았고, 박테리아 배양의 1년이 인간의 생활 50만 년과 같다고 볼 때, 논리적인 과학자인 나는 어떻게 창조론을 무시하고 진화론을 받아들일 수 있겠는지 의아해진다.

　나는 학부 시절에 지질학을 공부하여 강물이 깊을수록 강의 방향 변화가 어렵다는 것을 배웠다. 진화론의 강은 폭이 50마일이라면 깊이는 1인치밖에 안 된다. 사실 그것은 강이라기보다 흙탕물이 가득한 늪에 가깝다. 그것은 계속 변하고 있는 이론과 사상의 흐름에 맞추기 위해 꾸물꾸물 흘러가는 바보 같은 강이다. 이와는 대조적으로 창조론의 강은 측량하기 어려울 정도로 깊고 그 방향도 일직선이다. 너무나 깊기 때문에 그 깊은 심연을 깊이 들여다보면 시각 장애를 일으킬 정도이다. 그리고 성경의 빛은 그 심연을 꿰뚫어보기 위한 것이 아니다. 그 강의 맨 윗부분은 아주 맑아서 그 윗부분과 우리의 일상생활을 접촉하고 있는 것이다. 그 강이 우리에게 얼마나 깊게 보이는지는 당신이 어렸을 때 부모와 교사(텔레비전 포함)에게 어떤 교육을 받았느냐에 따라 결정된다. 그 교육은 강물이 아주 맑고 깊다고 가르칠 수도 있고, 진화론의 돌과 진흙이 잔뜩 끼어서 바닥이 아주 얕다고 가르칠 수도 있다.

진화론은 인간의 자기 이미지에도 나쁠 뿐 아니라 과학적 원칙으로서도 부정확한 것이다. 과학자들이 그 이론을 최초로 구성하고 수용했지만, 그것은 과학이 아니다. 진화론은 과학적 원칙에 바탕을 둔 체계가 아니다. 그것은 실제로는 역사학이고, 그것도 아주 한정되고 박약하고 한심하게 선택된 데이터에 근거한 역사학이다. 진화론을 믿는 역사학자는 산더미 같은 자연의 기록들 중에서 그가 원하는 자그마한 조각들을 떼어내서, 역시 자그마한 바구니에 집어넣어 잘 맞지 않는 그림을 만들어낸 것에 불과하다. 그 그림은 시력이 신통치 않은 사람들에게는 아무런 문제도 없어 보인다. 하지만 그 시원찮은 시력은 산더미 같은 자연의 기록들과 그것들이 만들어내는 전반적인 그림을 무시하고 있다. 진화론이라는 것은 현대판 장님이 코끼리를 만진 이야기인 것이다.

미시적 진화가 실제로 발생했다는 것은 부정할 수가 없다. 붉은 고양이는 늘 붉은 고양이를 낳는 것은 아니지만 그래도 개를 낳는 법은 없다. 푸들 강아지는 100년 전에 존재하지 않았고, 산타 거트루디스 소도 존재하지 않았다. 하지만 그들의 조상은 진정 '그들의 종'을 닮은 것이었다. 하나님은 지금 여러분이 보고 있는 그대로의 생물을 창조한 것은 아니었다. 그분은 시간의 경과에 따라 적응하는 잠재력을 가진, 오리지널 종을 창조하셨다. 그렇지만, 내가 입고 있는 니트 셔츠가 어느 정도 스트레스에 견디는 성질을 가지고 있다고 해서, 그 셔츠가 암소나 염소의 신체 형태에도 적응하리라는 뜻은 아니다. 그런 적응을 내다보

> 는 것은 미시 진화에서 거시 진화로 뛰어넘는 것인데 실제로 그런 일은 벌어지지 않았다. 진화론자는 바로 그런 엄청난 간격을 건너뛰려고 하는 것이다.

HAPPY CHRISTIAN
그 외에도 얼마든지 있다

하나님은 이사야서에서 세상이 원형(이사야 40:22)이라고 말했다. 2000년 뒤에 인간은 "야, 지구는 둥글다!"라고 말했다. 하나님이 모세에게 창세기를 구술했을 때 인간은 먼지로부터 만들어졌다고 했다(창세기 2:7). 수천 년 뒤 과학자들은 인간의 몸을 형성하는 16개 화학 원소가 역시 먼지도 만들어냈다는 것을 발견했고, 그리하여 인간 먼지설說의 과학적 타당성을 증명했다. 하나님은 3000년 전에 피가 곧 생명이라고 말했다(레위기 17:11). 최근 들어 이것이 과학적 사실임이 확인되었다. 인간의 피는 동물의 피와 다르기 때문에 이 사실 하나만으로도 진화론의 오류를 반증할 수 있다(만약 두 피가 같은 것이라면 도살장에서 무제한의 혈장을 얻을 수 있다는 얘기가 된다).

여기에 나를 깜짝 놀라게 하는 사실이 하나 있다. 서로 다른 3대륙 출신의 50여 성도가 3개의 다른 언어로, 약 15세기에 걸쳐 벌어진 일들을, 66권의 책(성경)으로 저술했다. 각각의 책들은 마치 장갑에 손이 쏙 들어가듯이 그 내용이 서로 일치한다. 단 한 군데의 모순도 없다. 이것은 하나님의 손길이 작용한 일종의 기적이라 아니할 수 없다. 이것을 의심하는 사람은, 같은 위치에서 같은 교통사고를 5분 전에 목격한 두 증인의 말이 서로 다르다는 얘기를 들어본 적이 없는 사람이다. 예언자 이사야는 무려 750년 전에 그리스도가 나무에 매달릴 것이라고 예언했다. 그 당시 이스라엘은 로마의 통치를 받고 있지도 않았고 유일한 처형 방식은 돌로 쳐 죽이는 것이었다.

HAPPY CHRISTIAN
하나님은 정말로 성경을 썼는가?

내가 성경은 글자 그대로 진실이라고 말하면 많은 회의론자와 불신자들은 "정말 믿지 못하겠다"는 표정으로 나를 쳐다본다. 그럴 때마다 나는 "정말로 그렇게 생각한다"고 간단히 대답한다. 때때로 그들은 "이런 한심한 친구를 보았나"라는 듯 고개를 흔들다가 다른 데로 가버린다. 또 어떤 사람은 성경은 모순투성이라면서 내 말에 반박하려 든다. 그런 사람에게 나는 언제나 온유하면서도 정중한 어조로 말한다. "나를 무례하다거나 주제넘다고 생각하지 말기 바랍니다. 당신이 괜찮다면 이 문제의 양쪽 입장을 거론하면서 얘기를 마무리 짓고 싶습니다. 만약 내가 당신의 말을 잘못 들었다면 당신의 용서를 구합니다. 괜찮습니까?" (그들은 가볍게 놀라면서 내 말에 동의한다).

"당신은 성경에 모순이 많다고 했습니다. 나는 이렇게 묻겠습니다. '그런 모순 사항을 내게 하나만 지적해 주시오.' 그러면 당신은 이렇게 말할 겁니다. '어디에 있는지 모르지만 많다고 하던데.' 그러면 나는 이렇게 대답합니다. '그렇게 막연하게 말하지 말고 구체적으로 지적하세요.' 이렇게 얘기는 반복되지만 지금까지 내게 구체적으로 지적해준 사람은 단 한 명도 만나지 못했습니다. 그 이유는 간단하고 명백합니다. 성경에는 모순이 존재하지 않기 때문입니다. 거짓말을 하지 못하는 하나님은 자기 자신과 모순이 될 리가 없습니다."

HAPPY CHRISTIAN
크리스천은 힘과 권위를 갖고 있다.

최근에 아내와 나는 샌안토니오에서 31번째 결혼기념일을 축하하면서 에티오피아에 의료 선교사로 나갔다 온 닥터 샘 칸나타Sam Cannata의 연설을 들었다. 닥터 칸나타는 에티오피아에 정변政變이 일어나자 단기간 감옥에 억류된 적이 있었다. 그는 아주 인상적인 말을 많이 해주는 독실한 크리스천이었다. 사회 각계각층의 크리스천들이 해주는 간증 이야기를 듣는 것은 언제나 격려가 된다. 우리는 그런 얘기로부터 다양하면서도 의미 있는 비유와 교훈을 이끌어낼 수 있는 것이다. 닥터 칸나타는 의약醫藥과 인간은 죽음을 상대로 한 싸움에서 언제나 패배해 왔다고 지적했다. 하지만 예수 그리스도를 알기만 하면 천국에서 영원히 살 수 있으므로 죽음 따위는 상대가 되지 못한다는 것이었다.

닥터 칸나타는 하나님이 예수 그리스도를 통하여 우리에게 위임장을 써주었다고 말했다. 우리가 그분을 대리하고 그분의 이름과 권위로 행동할 수 있는 위임을 받았다는 것은 정말 신나는 일이다. 박사는 사탄이 힘은 있지만 권위는 없다고 하면서 운전사와 교통순경의 비유를 들었다. 교통순경은 운전사에 대하여 권위를 행사할 수 있기 때문에 손만 들면 수십 톤 트럭을 정지시킬 수 있다. 운전사는 수백 마력의 강력한 엔진을 작동시키는 힘을 갖고 있지만 그 엔진의 힘은 언제나 교통순경의 권위에 굴복한다. 이와 마찬가지로 사탄은 힘만 가지고 있을 뿐 권위는 없다. 그리스도는 그분을 믿고 그분의 거룩한 이름을 부르는 사람 전원에게 권위를 부여했다.

HAPPY CHRISTIAN
머리로부터 떨어지지 마라

    닥터 칸나타가 제시한 가장 분명하고 의미심장한 사례는 다리가 마비된 사람들의 경우였다. 대부분의 마비 환자들은 다리 자체에는 아무런 이상도 없었다. 단지 척추 신경이 뇌중추와 단절되어 있었다. 머리에서 내려오는 신경계의 명령이 더 이상 다리에 전달되지 않아 다리를 움직이지 못했다. 이런 일이 일부 크리스천들에게도 벌어진다. 정신적인 측면에서 머리인 예수 그리스도로부터 떨어져 있는 사람들은, 당연히 그들의 행동과 업무 수행이 마비될 수밖에 없다.

    다리 마비 환자들은 뇌중추의 신경이 연결된다면 다시 걸을 수 있다고 생각하면서 그 다리를 고치기 위해 무엇이라도 할 것이다. 설령 그런 연결이 이루어진다고 해도 그들이 할 수 있는 것은 다리를 다시 움직이는 것뿐이다. 반면에 수백만 명의 크리스천들은 선택, 무관심, 부주의 등으로 인해 그리스도의 몸으로부터 멀리 떨어져 있다. 이런 크리스천이 다시 그리스도와 연결될 때 얻을 수 있는 혜택은 마비된 다리를 고친 사람의 그것에 비할 바가 아니다. 우리는 몸과 마음을 그분에게 활짝 열어젖힘으로써 모든 힘과 권위의 원천에 연결될 수 있다.

HAPPY CHRISTIAN
크리스천은 어디에서 생겨나는가?

조각가가 대리석을 열심히 조각한 결과 거기서 사람의 형상이 생겨 나오는 것을 보고서 한 어린 소년이 감탄했다. 조각 작업이 완료되었을 때 소년은 조각가에게 물었다. "저 대리석 덩어리 안에 사람이 있다는 걸 어떻게 알았죠?" 조각가는 대리석 덩어리 중 사람답지 않은 부분을 쪼아서 없애버린 것뿐이라고 대답했다.

이 말은 사람에게도 그대로 적용시킬 수 있다. 이 지상을 걸어다니는 모든 사람의 내부에는 크리스천이 깃들어 있다. 단지 누군가가 다가와 크리스천답지 않은 부분을 쪼아내 버리면 예수님에게 몸과 맘을 모두 바치는 크리스천이 나오게 되어 있다. 많은 사람들이 하나님이 그들 자신을 잘 활용하지 않는다고 불평한다. 하지만 하나님은 일단 우리의 내부로 들어오신 후에야 비로소 작업에 돌입하신다. 그리스도가 우리 내부에 들어오는 순간, 그분은 크리스천답지 못한 부분을 쪼아 내버리기 시작한다. 그리하여 마침내 다시 태어난 크리스천이 탄생하고, 그 사람은 그리스도의 재판석 앞에 아무런 결점 없이 서게 될 것이다.

HAPPY CHRISTIAN
어린아이가 실종되었다

　미네아폴리스 출신의 내 친구 A.C. 칼슨은 이런 생각을 보내왔다. 우리는 "어린아이가 실종되었다"라는 얘기를 들으면 걱정과 우려 때문에 온몸에 식은땀을 흘린다. 그 어린아이를 잘 모르는 수백 명의 사람들이 그 아이를 찾기 위해 기꺼이 수색 작업에 나선다. 사람들은 만사 젖혀놓고 여러 시간 동안 혹은 밤을 새워가며 아이를 찾으려고 애쓴다. 그들은 황무지, 산꼭대기, 하수구, 기타 아이가 있을 만한 곳이면 어디든 달려가 수색한다. 그렇다. "어린아이가 실종되었다"는 말은 동정심 많은 사람들에게 심한 고통을 안겨준다.
　이어 A.C. 칼슨은 이렇게 지적한다. 그런데 이 세상에는 수백만 명의 실종자가 있는데도 우리는 그것을 의식하지 못한다. 그 중 어떤 실종자는 바로 당신 옆집의 사람일 수도 있다. 이 사람들도 실종된 어린아이 못지않게 사랑과 관심의 대상이 되어야 한다. 하지만 우리는 그들을 무시해 버리는 경향이 있다. 바로 옆집에 살고 있는데도 말이다.

HAPPY CHRISTIAN
욕설, 술, 담배

　약 3년 전 나는 연설회에 참석하기 위해 인디애나 주 인디애나폴리스에서 오레곤 주 세일럼으로 날아가고 있었다. 시카고 공항에서 비행기를 갈아타야 했는데 마침 다리가 부러진 스튜어디스 옆자리를 배정 받게 되었다. 내가 좌석에 가보니 그녀는 미리 자리 잡고 앉아 책을 읽고 있었다. 나도 할 일이 많은 사람인지라 그녀가 독서로 바쁜 것을 보고 흐뭇했다. 하지만 기내에서 점심 식사를 하고 난 후에 몇 마디 간단한 인사를 나누게 되었다. 약 5분쯤 서로 얘기하는 가운데 그녀가 지저분한 욕설을 마구 사용하는 것을 발견했다. 공연히 우리 주님의 이름을 들먹이며 욕을 해댔기 때문에 나로서는 한 마디 하지 않을 수 없었다. 나는 적당한 순간을 기다렸다가, 그 여성에게 적절한 증인이 될 수 있도록 대화를 이끌어나갈 힘을 내려달라고 하나님에게 빌었다.

곧 기회가 왔고 나는 잡지에서 아주 흥미로운 기사를 읽었다고 그녀에게 말했다. 뉴욕의 한 회사가 여성들에게 출세하는 방법을 가르치는 세미나를 열었다는 기사였다. 그에 따르면 여성다움과 눈물은 더 이상 '남자들의' 세계에서 통하지 않는다는 것이다. 만약 여성이 출세를 하고 싶다면 담배를 피우고, 술을 마시고, 남자처럼 욕설을 해야 한다는 것이다. 나는 옆자리의 스튜어디스에게 그 기사가 하나의 충격이었다고 말했다. 왜냐하면 내가 아는 모든 남자들은 여성다운 매력과 여성성女性性이 여자의 가장 강력한 무기이고 또 눈물도 한몫 톡톡히 거든다고 말했기 때문이다. 그리고 내 아내도 자신이 원하는 것은 뭐든지 나에게서 얻어낼 수 있다고 말했다.

하지만 여성이 눈물 꼭지를 트는 것은 땅 위에 내려앉은 무방비의 새를 쏘는 것과 비슷하다. 그것은 불공정하므로 불법으로 선포되어야 하고 그게 여의치 않다면 부도덕한 것으로 매도되어야 한다. 그럼에도 불구하고 여성의 눈물은 모든 의심과 장애를 제거해주고 여성의 물품 획득 과정을 촉진시킨다. 만약 여성이 '남자처럼' 행동한다면(남성의 욕설, 천박함, 촌스러움을 어떻게 따라올 수 있는지 의문이지만) 나는 그것이 진심이 아니라 연기라고 생각한다고 옆자리 여성에게 말했다. 또한 대부분의 남자들은 '방어할 능력이 없는' 여성들보다는 동료 남자들을 상대로 하는 것을 더 수월하게 여긴다는 얘기도 덧붙였다.

HAPPY CHRISTIAN
그건 그냥 말일뿐인데요

　스튜어디스는 깜짝 놀라면서 왜 그런 말씀을 하시는지 모르겠다고 대꾸했다. 그녀는 약간 화난 어조로 그건 그냥 말일뿐이라고 했다. 나는 오래되었지만 아주 효과적인 세일즈 기법(질문)을 활용하면서 차분한 목소리로 물었다. "그냥 말일뿐라고?" 그러자 그녀는 자신의 말을 설명하기 시작했다. 약 3분이 지난 뒤 그녀는 나를 빤히 쳐다보며 말했다. "그러니 내가 욕설을 내뱉은 것은 아무런 의미도 없다고요." 나는 빙그레 웃으며 대답했다. "정말 아무 의미도 없는 것 같군요. 그러니 아버지나 남동생 앞에서도 그런 식으로 말하겠지요?" 그녀는 재빨리 내 말을 고쳐주었다. "아니요. 아버지와 동생 앞에서는 안 그래요." 이어 내가 다시 미소 지으며 말했다. "왜요? 그냥 말일뿐데요!" 그러자 우리는 동시에 웃음을 터트렸다.
　이어 대화는 정신적인 문제로 흘러갔다. 나는 그녀에게 우리의 비행기가 오레곤 주 세일럼에 도착하지 않으면 그녀는 어떻게 할 거냐고 물었다. 그녀는 내 말을 알아듣지 못해 뜨악한 표정을 지었다. 그래서 그녀가 죽으면 어디로 가느냐고 좀더 직접적으로 물었다. 그녀는 즉시 힘주어 말했다. "천국으로요." 나는 그녀가 천국에 가는 것을 어떻게 그리도 확신할 수 있느냐고 물었다. 그녀는 자신이 '착한 사람'이고, 그 누구에게도 피해를 주지 않았으며, 황금률에 따라 행동했기 때문에 그걸 확신한다고 대답했다(그녀의 이런 대답은 천국행을 자신하는 사람들의 평균적 대답이었다). 약 2분 뒤 나는 그녀를 쳐다보면서 조용한 목소리로 말했다.

"나는 지금 이 순간 우리 어머니가 주님 앞에서 편안히 앉아 계시다는 것을 확신합니다. 물론 우리 어머니는 살아생전에 착하고 아름다운 분이었습니다. 하지만 어머니가 천국에 가게 된 것은 그런 선량함 때문이 아니라고 확신합니다."

이어 나는 교황, 나의 어머니, 마태, 마가, 누가, 요한, 그 누구도 선량함 때문에 천국에 오른 것은 결코 아니라고 설명했다. 바울의 로마서에 따르면 모든 사람은 "죄를 지어 하나님의 영광에는 미달하는 것이다." 자기의 선량함만으로 천국에 갈 정도로 선량한 사람은 이 지상에 단 한 명도 없다.

"그럼 어떻게 해야 천국에 가죠?" 그녀가 물었다. 나는 성경을 펴들고 에베소서 2:8-9를 읽어주었다. "너희가 그 은혜를 인하여 믿음으로 말미암아 구원을 얻었나니 이것이 너희에게서 난 것이 아니요 하나님의 선물이라. 행위에서 난 것이 아니니 이는 누구든지 자랑치 못하게 함이니라."

HAPPY CHRISTIAN
누가 성경을 썼나?

그녀는 성경은 인간이 집필한 것이기 때문에 믿을 만한 기준이 되지 못한다고 대답했다. 나는 성경 전편이 모두 진실이라고 믿는 이유를 여러 가지 알고 있으나 여기서는 그것을 되풀이하여 말하지 않겠다. 그 대답을 듣고 나는 스튜어디스를 슬쩍 쳐다보며 혹시 스포츠 팬이냐고 물었다. 그렇다는 대답이 돌아왔다. 특히 피츠버그 스틸러스와 테리 브래드쇼를 좋아한다고 말했다. 또 과거에 이 팀에 내기를 걸어서 이긴 적도 있다고 했다. 그 얘기를 듣고 나는 이런 질문을 던졌다. "가령 테리 브래드쇼(피츠버그 스틸러스의 쿼터백)가 시즌 전의 시범 경기에서 볼을 하나도 떨어트리지 않고 6000개의 롱 패스를 성공시키겠다고 말한다면 당신은 그 6000개 패스를 놓고 어디다 걸겠는가?"

그녀는 브래드쇼가 결코 6000개 모두를 성공시키지는 못한다는 쪽에다 전 재산을 걸겠다고 말했다. 이어 내가 물었다. "그가 첫 번째 시범 경기에서 39개의 패스를 던져서 모두 성공시키겠다고 말했다면, 그걸 어떻게 생각하겠는가?" 그렇게 되려면 꽤나 열심히 뛰어야 할 것이라고 그녀는 대답했다. 이어 내가 말했다. "시범 경기가 끝나갈 무렵 그가 방해를 받지 않고 총 750개의 패스를 성공시켰다면 당신은 어떻게 생각하겠는가?" "그럼 내가 내기를 잘못 건 게 아닐까 걱정을 하겠지요." 그녀가 대답했다. 나는 계속 질문했다. "그가 3109개의 패스를 던져서 모두 성공했고 이제 3110번째의 패스를 던지기 위해 몸을 뒤로 활짝 젖힌다고 할 때 당신은 어디에다 걸겠는가?" 그녀는 열광적인 목소리로 말했다. "물론 그 패스를 성공시킬 것이라는 쪽에 나의 전 재산을 걸겠어요!"

HAPPY CHRISTIAN
당신은 당신의 인생을 걸고 있다

이어 나는 성경에 손을 얹고 그녀를 쳐다보며 말했다. "당신은 지금 하나님이 약 6000건의 미래사를 예언한 책을 보고 있습니다. 그 중 3000건의 일은 단 하나의 세부사항도 어긋나지 않고 모두 이루어졌습니다. 그분이 예언하신 일 중 하나는 예수 그리스도가 장차 오리라는 것이었습니다. 내가 당신에게 던지고 싶은 간단한 질문은 이것입니다. 당신은 예수님을 만날 준비가 되어 있습니까? 3000번의 패스를 성공시키신 주님이 다음 번 공을 떨어트릴지 모른다는 쪽에다 당신의 영혼을 걸 생각입니까?"

인간은 하나님이 다시 올 시간을 아무도 모르지만 그래도 그 재림의 시간을 대비해야 한다고 성경은 말했다. 내가 젊은 스튜어디스에게 던진 질문은 독자 여러분에게 던지려는 질문과 동일하다. 만약 주님이 지금 이 순간 지상에 오신다면 당신은 그분과 함께 영원의 집으로 돌아갈 준비가 되어 있는가? 도박을 비유의 소재로 사용하는 것이 좀 그렇기는 하지만, 당신은 풋볼 게임에 몇 센트 혹은 몇 달러를 걸 때에도 신중에 신중을 기한다. 그러니 당신의 영원한 영혼을 신앙(가령 하나님이 다시 오지 않는다거나 당신의 편리한 때를 맞추어 하나님이 그 여행을 연기할 것이라고 믿는 것 따위)에 걸 때에는 더욱 더 신중을 기해야 하지 않겠는가.

놀랍게도 스튜어디스는 주님이 반드시 오리라는 쪽에다 걸지 않았다. 내가 알기로 그녀는 아직도 걸지 않고 있다. 내가 신앙에 관련된 자료를 그녀에게 계속 보내주고 있지만 그녀로부터 답장이 오지 않고 있다. 나는 이 책도 그녀에게 보낼 예정인데 이 책을 읽으면 기내에서의 일을 다시 기억하리라. 하나님은 성경에서 자신의 말이 결코 쓸데없거나 공허하지 않으리라고 약속했기 때문에, 나를 그 비행기에 태우신 것은 그 여자에게 말을 건네기 위한 목적이라고 확신하고 있다.

또 위에서 게임의 비유를 든 것은 그녀를 위한 것이지만 동시에 독자 여러분을 위한 것이기도 하다. 이렇게 말하는 것은 두 가지 이유에서이다. 첫째, 무려 2000마일을 날아가 연설회에 참석하려고 했으나 연설은 못하고 비행기 값만 내 호주머니의 돈으로 지불했다(그날 공항에 안개가 짙게 끼어서 비행기가 착륙하지 못했고 그래서 연설은 불발로 끝났고 비행기 요금은 내가 부담했다). 둘째, 전국을 다니면서 연설하는 가운데 미식축구 게임의 비유를 가끔 써먹는데 많은 사람들이 그 비유가 눈을 번쩍 뜨게 만드는 인상적인 이야기였다고 말했다. 그 비유는 내 생각을 아주 분명하게 정리해 주었다.

HAPPY CHRISTIAN
나는 하나님을 증명하려는 게 아니다

내 말을 오해하지 말기 바란다. 나는 하나님을 '증명'하려는 게 아니다. 나는 빌리 그레이엄이 어떤 칼럼에서 한 말을 기억하고 있다. "지성이 아니라 사랑만이 하나님을 '보게' 만든다는 것을 기억하라. 그렇다고 하나님의 영원한 존재가 인간의 이성에 반한다는 뜻은 아니고 단지 그것을 초월한다는 것이다." 바로 그 때문에 바울은 에베소서 1:18에서 '마음의 눈'에 대하여 말하고 있는 것이다.

또한 여호와 하나님은 유일하게 예언서를 쓰신 분이다. 그분이 그 책(성경)을 썼고, 수백 개 언어로 수백만 부를 출판했다. 사탄과 그 무리들의 줄기찬 방해 공작에도 불구하고 그 책은 여전히 살아있고 매해 베스트셀러 리스트의 수위를 달리고 있다. 붓다, 모하메드, 기타 '예언자'와 '신들'은 예언서를 쓰지 않았다. 단 하나의 오류만 발견되어도 그들의 신분(가짜 신, 가짜 예언자)이 들통 나기 때문이었다.

만약 과거, 현재, 미래를 모두 아는 다른 신들이나 예언자가 있다면 왜 그들은 1000년 후는 고사하고 내년에 벌어질 일들에 대하여 책을 써서 우리에게 알려주지 않는가? 20세기 예언자의 대표적 사례는 사람들이 매일 보는 천궁도天宮圖와 진 딕슨Jeanne Dixon 같은 예언자일 것이다. 딕슨은 자신이 하나님으로부터 직접 메시지를 받는다고 주장하고 있으니까.

믿을 수 없는 일은 수백만 명의 사람들이 매일 천궁도를 열심히 읽는다는 것이다. 왜 그런 걸 읽느냐고 물으면 웃으면서 "특별히 할 일이 없어서" "믿지는 않지만 재미있으니까" 등등으로 대답한다. 이와 관련하여 세 가지 생각이 떠오른다.

첫째, 진 딕슨이나 기타 점성술가들은 하나님으로부터 정보를 얻는 게 아니다. 왜냐하면 하나님은 실수를 하지 않는데 진 딕슨의 예측은 자주 틀리기 때문이다. 그녀는 재키 케네디가 그 누구와도 결혼하지 않을 것이라고 예측했다. 하지만 그런 예측이 나온 그 다음 날 재키는 아리스토텔레스 오나시스와 결혼했다. 둘째, 하나님은 천궁도와 그것을 믿는 사람은 사탄의 무리라고 말했다. 매일 천궁도를 읽는 것은 지옥에서 발간된 사탄의 관보를 읽는 것이다(이사야 47:13, 다니엘 서). 셋째, 천궁도가 다소 현실성이 있다고 생각한다면 이 점을 잠시 생각해 보라. 점성술의 '과학'은 태양이 지구 주위를 돈다는 믿음에 바탕을 둔 것이다.

점성술이 사탄의 소행이라는 증거는 얼마든지 있다. 하지만 점성술가의 예언이 어떤 때는 상당히 정확하다는 것을 부인하지는 않겠다. 가령 진 딕슨은 보통 사람들 이상으로 뭔가를 알고 있는 것 같다. 하지만 그녀는 때때로 실수를 한다. 여기서 이런 질문을 던져 보자. 그녀가 일반인들보다는 더 많이 알지만 하나님보다는 적게 알고 있다고 할 때, 그녀의 정보는 도대체 어디서 나오는가? 잠시 생각해 보면 그 대답은 금방 나올 것이다. 잘 생각이 나지 않는 분을 위해 말해 본다면 그것은 사탄이다. 사탄은 지식으로 따진다면 하나님 다음으로 아는 것이 많은 자이다. 당신의 영혼을 위한 싸움에서 2등은 필요 없다. 두 번째 자리 혹은 두 번째 선택은 곧 지옥을 의미하는 것이니까.

HAPPY CHRISTIAN
당신은 언제 태어났습니까?

연설회가 끝난 후 나에게 다가와 "당신은 언제 태어났습니까?"라고 묻는 사람들이 꽤 있다. 나는 그들이 내 천궁도를 보기 위해 그렇게 묻는다는 것을 알고 있다. 나는 이에 대하여 두 가지 접근 방법 중 하나를 사용한다. 때때로 나는 이렇게 말한다. "어느 때 말입니까? 내 인생을 시작한 때 혹은 내 인생에 획기적 변화가 온 때?" 그러면 상대방의 대답은 다양한데 대체로 이렇다. "아니요, 당신이 실제로 태어난 해 말입니다." 그러면 나는 대답한다. "1926년입니다." 그러면 상대방은 화를 내면서 "아니요, 태어난 달 말입니다."라고 말한다. "아, 나의 사인sign(천궁도)을 보겠다는 말씀이군요!" 그들이 그렇다고 시인하면 나는 "십자가의 사인 아래서 태어났습니다"라고 대꾸한다. 그들은 이때 언성이 높아지면서 "태어난 달과 날짜를 말해 달라니까요"라고 한다. 그러면 나는 아주 진지한 얼굴로 대답한다. "그 정보는 알아서 뭐하게요? 나는 말하지 않겠습니다. 그건 사탄의 도구에 이용당하는 꼴이니까요."

불행하게도 날마다 사탄의 소굴로 걸어 들어가 사탄의 관보를 읽는 크리스천들이 있다. 재미 삼아 천궁도를 읽는다고 하나, 그것이 점괘 널빤지(심령술), 오컬트(신비종교), 사탄 숭배 등으로 빠져들어 가는 첫걸음이다. 왜 그걸 모르는가. 천궁도에 관한 나의 조언은 단 세 마디로 간단히 요약될 수 있다. "절대 읽지 마라!"

그리고 보니 나에게 다가와 열광적인 어조로 태어난 때를 묻던 자그마한 여자 생각이 난다. 나는 "1972년 7월 4일"이라고 대답했다. 그 여자는 1972년은 듣지 못하고서 거의 자동적으로 이렇게 말하기 시작했다. "그래요, 그럴 줄 알았어요. 당신의 특징은……" 그녀는 7월 4일에 태어난 사람의 사인(특징)을 숨도 쉬지 않고 주워섬겼다. 나는 그녀가 말을 끝낼 때까지 침착하게 기다렸다가 말했다. "당신은 내 얘기를 끝까지 듣지 않았습니다. 아까 말한 날짜는 내가 다시 태어난 날이었습니다. 어머니가 나를 낳으신 날은 1926년 11월 6일입니다." 그러나 여인은 눈 한번 깜빡거리지 않고 다시 이렇게 주워섬기는 것이었다. "아, 그랬군요. 그러면 당신의 사인은……" 그녀는 11월 6일에 태어난 사람의 천궁도 특징을 주저리주저리 말하는 것이었다. 그 여자는 자신이 모순되는 발언을 하고 있다는 걸 전혀 의식하지 못했다. 다행스럽게도 그녀 주위의 사람들은 점성술의 오류를 간파하고 그게 과학이 될 수 없다는 것을 알았다.

나의 생일이 나의 성격에 결정적인 영향을 미친다는 것은 공정하지도 못하거니와 크리스천다운 생각도 되지 못한다. 우리의 생일은 우리의 존재와는 아무런 상관이 없다. 오히려 우리의 두 번째 태어난 날이야말로 우리의 행동과 성격에 결정적 영향을 미친다. 이것은 결코 공연히 해보는 소리가 아니다. 나의 친구와 친척들은 1926년 11월 6일에 태어난 지그 지글러와 1972년 7월 4일에 태어난 지그 지글러는 완전히 다른 사람이라는 데 동의한다. 나는 그런 평가에 대하여 하나님에게 감사드린다.

HAPPY CHRISTIAN
하나님이 이렇게 해놓았어요!

1977년 야구 예배 프로그램의 일환으로 나는 월드 시리즈 챔피언인 뉴욕 양키스를 위시하여 몇몇 메이저리그 야구팀을 상대로 연설할 기회가 있었다. 예배가 끝난 후 새롭게 크리스천이 된 투수 한 명이 나에게 다가와 간단한 대화를 나누었다. 그 투수는 좋은 성적을 거두는 한 해가 될 줄 알았는데 하나님이 그의 팔을 아프게 하는 바람에 그 해에는 성적이 영 신통치 않았다고 말했다. 그는 혹시 야구를 그만두라는 뜻으로 이렇게 팔의 부상을 내리신 것이 아니냐고 내게 물었다. 크리스천이든 아니든 사람들은 날마다 이런 질문을 던진다. 왜 하나님은 나를 아프게 했을까? 왜 하나님은 내가 해고되도록 했을까? 왜 하나님은 나를 시험에 들게 하실까? 간단히 말해서 하나님은 그 젊은 투수의 팔을 다치게 하지도 않았고 기타 위에서 든 고약한 일들을 하지도 않았다.

이 세상에 벌어지는 모든 일이 일단 하나님의 데스크를 거친 뒤에 벌어지는 것은 사실이다. 그렇기 때문에 하나님이 어떤 일이 벌어지도록 허락했다는 것도 맞는 얘기다. 그러나 하나님이 그것을 직접 한 것은 아니다. 책임이 있는 쪽은 사탄과 혹은 당신이다. 한 가지 사례를 들어보자. 어떤 독실한 크리스천이 뇌졸중으로 쓰러졌다고 해보자. 그는 고도 비만이었고 그것이 혈압을 상승시켜 뇌졸중을 가져왔다. 이 사람처럼 의도적으로 하나님의 법칙을 깨트리면서 하나님이 좋은 건강을 내려주기를 바라는 것은 무리이다. 하나님의 법칙은 어느 일정한 시간이 아니라 하루 24시간, 1년 365일 작용하며 당신이 그 법칙을 믿든 말든 작용한다. 나의 크리스천 형제이며 동료 연설가인 스킵 로스가 지적했듯이 이러한 하나님의 법칙은 우리 인간에게 유리하게 작용한다. 안 그렇다면 우리는 매일 아침 잠에서 깨어나 오늘은 중력의 법칙이 작용할지 안 할지를 걱정해야 한다. 중력의 법칙이 작용하지 않아 침대에서 방바닥으로 발을 내려놓았는데 두 발이 공중으로 둥둥 떠다닌다고 해보자. 그런 경우의 그 당황스러움을 당신은 상상이나 할 수 있겠는가?

그렇다 하나님의 법칙은 공평하게 작용한다. 그 법칙을 잘 지키면 당신에게 유리하게 작용하고 지키지 않으면 불리하게 작용한다. 당신이 먼저 당신의 돈을 낭비해 놓고서 하나님이 당신을 부자로 만들어주기를 바랄 수는 없다. 친구와 가족에게 냉랭하게 대하면서 이웃들의 존경을 받기를 기대할 수 없다. 남들을 마구 이용하면서 정작 자기 자신은 이용당하지 않기를 바랄 수는 없다. 양초를 양쪽에서 불태우면서 그 양초가 천천히 타기를 기대할 수는 없다. 결국 당신이 뿌린 대로 거두는 것이다.

크리스천들이 확실하게 믿는 것은 "주님을 사랑하는 사람들에게는 모든 일이 종합적으로 작용하여 그들에게 이익이 된다"는 것이다. 인생이 당신에게 씁쓸한 레몬을 건네거든 그걸 가지고 달콤한 레모네이드를 만들어라! 설사 불행이 닥쳐와도 당신이 그 이유를 분명히 알고, 모든 일이 하나님의 의지 안에서 움직이고 있다고 생각한다면, 당신은 예전과는 다르면서 더 효율적인 방식으로 그 불행에 대처할 수 있을 것이다. 다시 한번 말하거니와, 하나님은 근심 없고 슬픔

없는 인생을 약속하지는 않았다. 우리가 간절한 기도를 올리면서 주님 앞에 문제를 제시할 때 "우리의 모든 죄악과 슬픔을 대신 지어주겠다"라고 약속했을 뿐이다.

HAPPY CHRISTIAN
나는 왜 그런지 모르겠습니다

설명과 이해가 가능한 일인지 모르겠지만, 정말 설명하기 어렵고 이해하기 어려운 일은 순진하고 무고하고 힘없는 개인에게 벌어지는 비극이다. 가령 어린아이의 강간과 살해, 많은 무고한 사람들을 죽게 하는 비행기 추락사고, 무차별적인 살인, 힘없는 노인에 대한 강도행위, 백혈병에 걸린 어린아이, 음주운전에 의한 대형 자동차 사고 등 그 리스트는 끝이 없는데 이런 저런 방식으로 미국의 모든 가정과 관련이 된다. 희생자 가족들은 많은 눈물을 흘리면서 "왜? 왜? 왜?"라고 질문을 던지지만 아무런 대답도 돌아오지 않는다. 우리 교회의 목사님은 최근 목사 생활 50주기를 맞았다. 그분은 정말로 주님을 사랑하고 성경을 열심히 공부한다. 그런 목사님도 머리를 흔들면서 이런 사고들에 대하여 "나는 왜 그런지 모르겠습니다"라고 말했다. 그분의 말대로 그것은 미스터리이다.

하지만 한 가지 사실은 분명하다. 좋은 일들(가령 획기적인 신약의 개발, 운동 기록의 경신, 개인의 번창하는 사업 등)이 벌어질 때 사람들은 그에 대하여 어떤 설명을 제시할 수 있다. 나는 열심히 연구하여 실험을 많이 했다, 나는 남보다 세 배 이상으로 치열하게 연습했다, 나는 남들 자는 시간에 열심히 일했다 등등 설명을 댈 수 있다. 인간은 자신의 업적에 대해서는 공로를 취하려고 들면서 실패에 대해서는 하나님 탓으로 돌리는 경향이 있다.

HAPPY CHRISTIAN
죽음아 너의 독침은 어디 있느냐?

그러나 비극 중에서도 하나님은 그분과 그분의 말씀을 믿는 사람들에게 희망을 내려준다. 그것은 더 좋은 내일, 영원한 삶, 영원한 평화 등의 약속으로 시작한다. 그것은 소위 신앙이라는 것인데 아무런 희망이 없는 곳에서도 희망을 제공한다. 그것은 슬픔을 제거해주지 못하지만(어떤 때는 완화조차 해주지 못한다) 신앙이 있는 사람이 당하는 슬픔은 그렇지 못한 사람의 그것과는 다르고 또 덜 파괴적이다. 이것은 내 존재의 깊은 심연에서 깨달은 바이기도 하다.

나는 비극적 죽음에 대해서는 '상대적'이라는 말을 결코 사용하지 않지만, 사랑과 슬픔에 대해서는 확신을 가지고 그 단어를 사용한다. 나는 크리스천 자격으로 또 크리스천이 아닌 사람으로서 사랑을 해보았고 크리스천과 비非 크리스천에게 적용되는 사랑을 관찰하기도 했다. 거기에는 분명 차이가 있다. 비 크리스천이 사랑을 덜 한다는 얘기는 아니고, 단지 크리스천은 예수 그리스도를 통하여 더 많이 사랑할 수 있는 능력을 갖게 되었다는 것이다. 나는 크리스천 자격으로 또 크리스천이 아닌 사람으로서 슬픔을 겪어 보았다. 크리스천과 비 크리스천이 겪는 죽음의 슬픔을 목격했다. 거기에는 분명 차이가 있었다. 비 크리스천은 절망, 분노, 무기력의 슬픔을 드러냈고 씁쓸함, 억울하다는 느낌, "이젠 어떻게 해야 하지?" 하는 겁먹음의 슬픔마저도 느껴졌다. 좌절된 꿈을 아쉬워했고 "이젠 모든 게 끝장이야" 하는 인상을 풍겼다.

크리스천들의 슬픔은 더 깊었다. 왜냐하면 그리스도를 통한 사랑이 더 깊기 때문이다. 그것은 종류가 다른 슬픔이었다. "내가 당신을 너무나 사랑하기 때문에 당신을 못내 그리워할 겁니다"라는 슬픔이었다. 크리스천들은 사랑하는 가족과 친지들과의 헤어짐이 하나님의 시간표 안에서는 '눈 깜짝할 시간'에 지나지 않는다는 것을 알기 때문에 그런 다른 태도를 보이는 것이다. 이 세상을 창조하신 예수님이 사후에 모든 것을 다 알아서 처리해 주리라고 믿기 때문에 다르게 보이는 것이다. 우리의 삶뿐 아니라 뒤에 남아 있는 사람들의 삶도 모두 살아있는 구세주에게 맡기는 것이다. 비록 눈물을 흘리는 것은 똑같지만 절망, 분노, 무기력의 느낌은 전혀 없다. 지상에 남아 있는 크리스천들도 세상 떠난 형제 혹은 자매가 더 좋은 곳으로 가서 행복하고 편안하게 살고 있다고 생각한다. 이것은 엄청난 위안이 아닐 수 없다. 그래서 지상에 남은 가족과 친지들은 마침내 슬픔을 극복하고 이렇게 말할 수 있는 것이다. "죽음아 너의 독침은 어디 있느냐?"

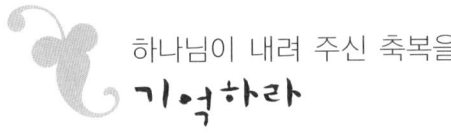

하나님이 내려 주신 축복을 기억하라

🍃 하나님이 내려 주신 축복을 감사하면 할수록 더 많은 것에 대하여 감사하게 된다.

첫 번째 "감사합니다" 날짜 _____

두 번째 "감사합니다" 날짜 _____

주님, 다음의 일을 감사드립니다.

1. _____
2. _____
3. _____
4. _____
5. _____
6. _____
7. _____
8. _____
9. _____
10. _____
11. _____
12. _____

당신이 진정으로 독실한 크리스천이라면 당신이 기르는 개도 그것을 알리라. (루이스 판토하 교수)

어느 크리스천의 행복한 고백

CHAPTER 11

우연의 일치

HAPPY CHRISTIAN

적극적 사고방식이나 적극적 믿음이나 낙관적
희망이라는 점에서는 마찬가지이다. 그러나 적극적 믿음은, 어떤 일을
이루어낼 수 있는 객관적 증거의 단단한 바탕을 갖고 있다는
점에서 적극적 사고방식과는 다르다.

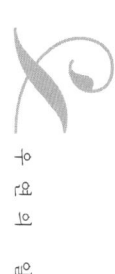

수요일의 일치

여러 해 전 외딴 농촌 지역의 어린 두 소년이 이웃 주州의 친척 집을 방문하기 위하여 기차에 올랐다. 그 부모는 도시락과 기차 여행 중 사용할 용돈 1달러를 두 소년에게 각각 주었다. 집에서 100마일쯤 떨어진 첫 번째 정거장을 지날 무렵, 땅콩, 캔디, 팝콘 등을 파는 차내 장사가 통로를 걸어왔다. 장사는 바나나도 팔고 있었다. 두 소년은 바나나를 본 적이 없었으므로 그것을 사서 먹어보기로 했다. 우연하게도 통로 건너편의 승객도 바나나를 사서 막 껍질을 벗기고 있었다. 그래서 두 소년 중 형도 따라서 껍질을 벗기기 시작했다. 소년은 껍질을 절반쯤 벗기고서 크게 한 입 베어 물었다.

바로 그 순간 기차는 짧지만 아주 어두운 터널로 들어섰다. 정말 눈 깜짝할 사이에 밝은 대낮에서 깜깜한 어둠 속으로 빨려 들어갔다. 기차가 터널을 빠져 나오는 순간, 형은 동생이 막 바나나를 먹으려 하는 것을 보았다. 형은 즉시 동생의 손을 잡으며 소리쳤다. "그

어느 크리스쳔의 행복한 고백

CHAPTER 11

우연의 일치

HAPPY CHRISTIAN

적극적 사고방식이나 적극적 믿음이나 낙관적
희망이라는 점에서는 마찬가지이다. 그러나 적극적 믿음은, 어떤 일을
이루어낼 수 있는 객관적 증거의 단단한 바탕을 갖고 있다는
점에서 적극적 사고방식과는 다르다.

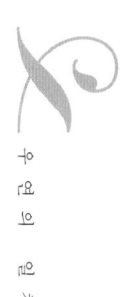

수요일 일자

 여러 해 전 외딴 농촌 지역의 어린 두 소년이 이웃 주州의 친척 집을 방문하기 위하여 기차에 올랐다. 그 부모는 도시락과 기차 여행 중 사용할 용돈 1달러를 두 소년에게 각각 주었다. 집에서 100마일쯤 떨어진 첫 번째 정거장을 지날 무렵, 땅콩, 캔디, 팝콘 등을 파는 차내 장사가 통로를 걸어왔다. 장사는 바나나도 팔고 있었다. 두 소년은 바나나를 본 적이 없었으므로 그것을 사서 먹어보기로 했다. 우연하게도 통로 건너편의 승객도 바나나를 사서 막 껍질을 벗기고 있었다. 그래서 두 소년 중 형도 따라서 껍질을 벗기기 시작했다. 소년은 껍질을 절반쯤 벗기고서 크게 한 입 베어 물었다.
 바로 그 순간 기차는 짧지만 아주 어두운 터널로 들어섰다. 정말 눈 깜짝할 사이에 밝은 대낮에서 깜깜한 어둠 속으로 빨려 들어갔다. 기차가 터널을 빠져 나오는 순간, 형은 동생이 막 바나나를 먹으려 하는 것을 보았다. 형은 즉시 동생의 손을 잡으며 소리쳤다. "그

바나나 먹지 마. 그걸 먹으면 곧바로 눈멀게 돼!"

물론 이 소년의 경우, 바나나 먹기와 눈멀기는 우연의 일치이지만, 1972년 7월 4일 주님께 내 인생을 모두 바친 이래 나에게는 꼭 그렇게만 볼 수 없는 '우연의 일치'가 많이 벌어졌다.

HAPPY CHRISTIAN
하나님은 나의 필요를 아신다

나는 학교, 교회, 기업 등에서 사용할 동기유발 교육 책자를 만드는 데 있어서 조수의 도움이 절실히 필요했다. 그 조수 후보는 크리스천으로 다시 태어난 교육자였으면 좋겠다는 생각을 했다. 폭넓은 지식을 갖추고 있어야 했고 몸으로 뛰는 일이든 생색나는 일이든 적극적으로 일하겠다는 의욕이 있어야 했다. 나는 이런 사람을 찾기 위해 크리스천 간행물에 광고를 낼 생각이었다. 광고 의뢰를 하기로 된 바로 하루 전날, 캐롤 필립스가 전화를 걸어왔고 그녀가 그 자리에 채용되었다.

회의론자들은 이렇게 말할 것이다. "그러니 그게 어쨌다는 것인가?" 하지만 하나님은 내가 어떤 필요를 언명하기도 전에 그것을 알고 계신다. 하나님을 믿기로 한 사람은 하나님의 미리 알고 계심도 믿어야 하는 것이다.

HAPPY CHRISTIAN
비행기 예약의 취소

어느 토요일 나는 정오에 미네아폴리스에서 세미나를 마무리 짓고 오후 2시에 댈러스로 돌아오는 비행기를 타기로 되어 있었다. 금요일, 항공사는 나에게 전화를 걸어 나의 귀향 비행 편이 취소되었다고 통보했다. 이유는 말하지 않았다. 그들은 나와 동료 캐롤 필립스(아주 '우연'하게도 나는 마지막 순간에 캐롤을 세미나 장에 데리고 가기로 결정했다)를 3시 20분 비행기에다 예약시켜 놓았다. 나는 약간 불만스러웠다. 특히 토요일 날에는 일찍 집에 돌아가고 싶었기 때문이다. 게다가 2시 비행기는 직통인데 비해 3시 20분 비행기는 세 군데를 거쳐서 댈러스로 가는 것이었다.

나는 금요일 저녁 예정대로 연설을 했고 그 과정에서 주님에 대한 홍보도 잊지 않았다. 하지만 그날 저녁 인상에 남는 사건은 없었다. 그리고 다음날인 토요일의 세션은 예정보다 좀 늦게 시작되었기 때문에 좀 늦게 끝났다. 비행기 시간이 늦춰진 것이 오히려 다행이라고 생각될 정도였다. 나는 연설을 끝내고 저자 서명 장소로 가서 내 책에 서명을 해주면서 캐롤이 카세트테이프를 판매하는 일을 도왔다.

오후 2시 25분 우리는 일을 마무리 짓고 공항으로 나갈 준비를 했다. 그때 세미나에서 일을 거들어주던 여성 한 분이 내게 다가와 지난밤의 내 연설이 부부 갈등과 알코올 문제로 고통을 받고 있는 젊은 부부를 감동시켰다는 것이다. 그러면서 그 부부를 개인적으로 한 번 만나주지 않겠냐는 것이었다. 나는 손목시계를 들여다보았고 캐롤로부터 자기 혼자 일을 마무리할 수 있다는 신호를 받았다. 이제 시간은 오후 2시 30분이었고 우리는 늦어도 2시 50분에는 그곳에서 떠나야 했다. 내가 온다는 것을 모르던 남편은 우리가 방 안으로 들어서자 당황하는 기색이 역력했다. 하지만 그는 열린 마음의 소유자였고 사람들의 도움을 적극적으로 받아들이려 했다.

HAPPY CHRISTIAN
예수님을 모셔오기

그 젊은 부부를 보는 순간, 그들 앞에 부부와 두 어린 자녀의 삶이 오락가락하고 있다는 것을 느낄 수 있었다. 나는 하나님에게 앞으로 몇 분 동안 나의 모든 생각, 말, 행동을 인도하는 성령을 보내달라고 기도했다. 그 순간 구체적으로 내가 무엇이라고 말했는지는 이제 기억에서 지워져 잘 생각이 나지 않는다. 하지만 하나님의 커다란 사랑, 그들의 문제에 대한 깊은 관심, 그 어떤 죄도 용서하고 망각하시는 은총에 대하여 열렬한 목소리로 말했던 것은 기억난다.

하나님이 가정의 유지와 보존에 깊은 관심을 갖고 있으며 자녀를 키우는 부모는 알코올을 멀리 할 것을 바라신다는 말도 했다. 나는 예수 그리스도를 가슴속에 받아 모실 때 인생이 크게 달라진다는 것도 말해 주었다. 우리 부부가 예수님을 받아들여 그분에게 모든 것을 맡긴 이래 우리의 가정생활이 한결 더 나아지고 더 풍요로워졌다고 말했다. 당연히 부부 사이의 사랑하는 마음과 행복감도 높아졌다고 말했다.

바로 그 순간 젊은 아내는 온 얼굴이 눈물범벅인 채로 예수님을 어떻게 가슴속에 받아 모셔야 하는지 그 방법을 모른다고 대답했다. 나는 친한 친구가 당신 집의 방문을 똑똑 노크하는 것과 비슷하다고 말했다. 그저 문을 열고 예수님을 맞아들이기만 하면 된다고 설명했다. 이어 젊은 부부에게 예수님을 받아 모셔 생활에 커다란 변화를 일으키고 싶으냐고 물었다. 부부는 그렇다고 대답했다. 그들은 머리를 숙이고 마음의 문을 열어 예수 그리스도를 생활의 한 가운데로 모셔왔다.

오후 2시 비행기가 취소되는 바람에 나는 적당한 때, 적당한 장소에서 주님을 알릴 수 있는 기회를 잡았다. 하지만 우연의 일치는 거기서 그치지 않는다. 이틀 뒤 그 젊은 부부는 서부로 날아가 집을 알아보기로 되어 있었다. 그곳에서 멋진 사업 기회를 잡았던 것이다. 그 다시 태어난 크리스쳔 부부 딕과 버니 마크스는 우연하게도 그 직후 훌륭한 목사를 만났다. 우연하게도 그 목사는 이 젊은 부부가 이사하기로 되어 있는 그 마을에 살고 있었다. 이건 정말 놀라운 일이 아닌가. 이렇게 하나님은 당신의 자녀들을 위해 적당한 시간, 적당한 장소에 적당한 사람을 보내 적당한 일을 시키시는 것이다.

HAPPY CHRISTIAN
얼어붙은 혀

크리스천으로 재탄생한 지 얼마 되지 않아, 한 연설장에서 내게 아주 기이한 일이 벌어졌다. 연설 장소는 로스앤젤레스였고 청중은 대략 2500명 정도였고 아주 우호적이었다. 내가 짧은 인사말을 던지자 관중들은 폭발적인 환호로 반응해 왔다. 나는 그 순간 청중을 내 손바닥 위에 올려놓았다고 생각했다. 약 3분 정도가 지나자 청중을 완전 장악했다는 느낌이 왔다. 나는 이렇게 중얼거렸다. "지그, 정말 그들을 자네 마음대로 할 수 있게 되었군!" 그때 주님이 내 혀를 얼어붙게 만드셨다. 놀랍고 당황스럽게도 말을 거꾸로 하는 것이었다. 가령 "I was going to town(나는 시내에 나갈 계획이었다)"이라고 말해야 할 자리에서 "I to going town was"라고 말하는 식이었다.

처음 그렇게 말하는 순간, 나는 내 혀를 믿을 수가 없었다. 두 번째로 말이 헛나오자 나는 그게 어떤 메시지인지 아주 분명하게 알아들었다. 나는 그 즉시 속으로 기도를 올렸다. "주님, 이처럼 거만을 떨면서 사람들을 휘어잡은 게 내 능력이라고 생각했던 것을 용서해 주십시오. 만약 용서하여 나를 고쳐주신다면 앞으로는 더욱 조심하고 또 주님을 내 인생의 왕좌 위에다 모시겠습니다." 그 순간 내 혀는 풀렸고 제대로 연설을 해나갈 수 있었다. 이 일은 전후 모두해서 10초 정도도 걸리지 않았고 청중들 중에 그것을 의식한 사람은 서너 명도 채 되지 않았을 것이다. 하지만 나에게는 아주 의미심장한 사건이었다. 주님이 내가 하는 모든 말에 관심을 갖고 있다는 명백한 증거였기 때문이다. 우주의 창조주께서 나의 말을 모두 들어주고 관심을 표시하다니, 이 얼마나 신나는 일인가!

물론 "그런 일은 누구에게나 벌어진다"거나 "당신이 상상을 하고 있다"거나 "누구나 실수를 하는 법이다"거나 "우연의 일치야"라고 말하는 사람들도 있을 것이다. 물론 이렇게 생각하고 말하는 것은 그들의 자유이다. 하지만 나는 하나님이 분명 내게 말했다고 생각하며 그분이 내 안에 들어와 내 말씀에 귀 기울이신다는 사실에 감사드린다. 연설을 하다가 청중들에게서 좋은 반응이 나오면 나는 "감사합니다, 주님" 하고 말하면서, 내가 주님의 관심과 지도를 받고 있다는 확신 속에서 더욱 열심히 연설을 하게 된다. 지휘자나 감독이 너무나 창조적이고 재능이 있어서 신난다고 말하는 연주자나 배우들이 많다. 인간에 불과한 지휘자와 감독의 지도에도 이토록 신난다면 우주의 창조주가 당신의 인생을 직접 주관해 주신다면 더욱 신나지 않겠는가. 나는 연단에서나 연단 아닌 곳에서나 나의 인생을 모두 지도하는 주님에게 다시 한번 감사드린다.

HAPPY CHRISTIAN
연설회의 취소

1977년 9월 17일 토요일 네브래스카 주의 링컨에 사는 내 오랜 친구 보브 핸스로트가 암으로 사망했다. 나는 그의 부음을 들었을 때 서부의 연설회에 참석 중이었고 월요일인 19일 정오에는 오래 전에 약속을 잡아둔 미시간 연설회에 가야 했다. 하지만 우연의 일치로 미시간 연설회는 며칠 전에 취소가 되었다. 그래서 나는 링컨으로 날아가 보브의 유족들과 몇 시간을 함께 보내며 그들을 위로할 수 있었다. 하나님은 신자들을 더욱 당신의 품 안으로 끌어당기기 위하여 적절한 상황과 기회를 잘 활용하신다.

HAPPY CHRISTIAN
프랑스 양파 수프 한 그릇

결혼 생활에 문제가 있던 친구가 있었다. 그는 어느 날 오전 내게 전화를 걸어서 20년 이상 같이 살아온 아내가 더 이상 같이 살기 싫다며 이혼을 요구했다는 말을 했다. 그는 상심하고 있었다. 그는 아내를 깊이 사랑했으며 하나님이 그들 부부의 이혼을 원치 않을 것이라면서 조언과 기도를 부탁했다. 나는 가능한 한 지원을 아끼지 않겠으며 도움을 주는 카세트테이프 등 유익한 정보를 보내주겠노라고 했다. 며칠 뒤 두 번째 전화가 걸려왔는데 이번에는 부부가 모두 전화기를 들고 있었다. 남편은 나의 기도, 제안, 보내준 자료를 고맙게 생각한다고 말했다. 그들은 신체적으로, 정서적으로, 정신적으로 완전 정상을 회복했다. 이어 아내가 말을 꺼냈다. 그녀 역시 내가 보내준 자료와 조언을 감사한 다음, 본론을 얘기했다.

"지그, 보내준 자료 정말 고마웠어요. 하지만 왜 우리가 당신의 말에 귀 기울이게 되었는지 말할게요. 약 석 달 전에 우리는 댈러스의 페어몬트 호텔에 들었어요. 우리는 식당에서 당신 모르게 당신 부부를 지켜보게 되었어요. 당신 부부는 식당에 들어오더니 저 유명한 프랑스 양파 수프를 시키더군요. 우리는 처음서부터 끝까지 당신의 움직임을 지켜보았어요. 당신 부부의 행동거지는 정말 아름답더군요. 두 사람은 서로에게 너무나 몰두한 나머지 식당 안의 다른 사람들을 전혀 의식하지 못했어요. 둘이 정말 서로를 사랑하고 또 함께 있는 것을 좋아한다는 느낌이 들었어요. 그래서 당신이 연설에서 말

하는 저 깊은 사랑과 소중한 가족애가 진심에서 우러나오는 것임을 알게 되었어요. 다르게 말해서, 지그, 당신과 진은 우리에게 모범을 보인 거예요."

하나님께서 식당의 그런 작은 일을 통하여 한 부부의 관계를 정상적으로 회복시키시다니, 정말 놀라울 뿐이었다. 나는 그 일을 잘 기억한다. 그것은 교회 예배가 끝난 후의 일요일 저녁 식사였다. 갑자기 생각이 나서 우리는 그 호텔 식당의 프랑스 양파 수프를 먹기로 했다. 나의 아내는 그 수프야말로 세계 최고라고 했던 것이다. 그런데 정말 놀라우면서도 또 신나지 않은가? 하나님께서 수프 한 그릇과 그 부부가 마침 그 시간에 식당 안에 있었던 상황(우연의 일치)을 이용하여 그들을 다시 정상적으로 회복시키신 일이 말이다.

HAPPY CHRISTIAN
지글러, 털어 버려

내가 재탄생한 지 얼마 안 되어서였다. 성경을 열심히 읽다보니 '화해'해야 할 친구가 두 명이 있다는 생각이 떠올랐다. 그들은 사업상의 동료였는데 아주 씁쓸한 상황에서 서로 헤어진 바 있었다. 나는 엉뚱한 사람들 앞에서 우리의 잘못된 점을 폭로하는 잘못을 저질렀다. 그 잘못을 용서받고 싶었다. 하지만 나의 영적 기반을 단단하게 다져서 그들에게 전화하는 용기를 불러일으키기까지는 좀 시간이 걸렸다. 일단 접촉은 내가 하고 그 다음은 예수님에게 맡기기로 했다. 마침내 1972년 크리스마스 날 나는 두 사람에게 전화를 해서 나의 잘못을 시인하고 용서를 청했다. 그들은 내 전화를 고맙게 생각하면서 사죄를 받아들이며 그것은 이미 끝난 일이라고 대답했다.

나는 그 전화로부터 추가의 교훈을 얻게 되었다. 사실 따지고 보면 나만 잘못한 게 아니라 그들 또한 나에게 잘못한 것이 있었다. 하지만 흥미롭게도 내 전화를 받은 그 두 사람은 자신의 잘못은 나에게 시인하지 않았고 용서를 구하지도 않았다. 그 순간 인간의 본성이란 참으로 미묘하구나 하는 것을 느꼈다. 그들은 내가 '나쁜 친구'이고 100퍼센트 잘못 했다고 생각하는 것이었다. 아무튼 성경은 분명하게 말하고 있다. 나에게 잘못한 사람을 용서해주고 반대로 내가 잘못을 저지르는 사람에게는 용서를 빌어야 한다. 그렇게 하지 않으면 나와 주님의 관계는 아직 깨끗한 상태가 아닌 것이다. 나는 구세주와 나 사이에 그 어떤 것도 끼여 있기를 바라지 않기 때문에 그 두 사람에게 힘든 전화를 걸었고 그들을 찾아갔다.

나는 예수님을 따르고 그분의 말씀대로 행동했을 때의 현실적 결과를 말씀드리고 싶다. 내가 하나님의 말씀을 따르기 시작하자 나의 재정적 문(정신적인 문은 말할 것도 없고)이 활짝 열려 나의 회사에 수천 달러 이상의 추가 소득을 가져왔다. 아주 비상한 상황을 당하여 현금이 급히 필요한 때에 생각지도 않은 수천 달러 액면의 수표가 우리 회사에 날아들었다. 그 사정은 이렇다. 미국의 한 대기업이 여러 달 전에 나의 연설을 예약해 왔다. 그런데 여러 가지 이유로 그 회사는 금년도 회계에서 그 연설비용을 지불하고 싶어 했다. 그러면서 내게 연설 사례비를 미리 지불해도 좋겠는가 물어왔다. 물론 좋다고 답변했다. 미국의 대기업들을 상대로 13년 동안 연설을 해왔지만 선불을 받은 경우는 그때가 처음이었고 그 후에도 없었다.

HAPPY CHRISTIAN
쓸개 수술로 책을 쓰게 된 사연

1974년 나의 첫 책을 쓰고 있는데 쓸개가 아파 왔고 외과의가 병원의 원인을 파악하는 데 나흘이 걸렸다. 내 평생 아팠던 것을 다 합쳐도 그 나흘 동안의 고통에 미치지 못하리라. 쓸개 수술의 스케줄이 잡힌 때는 공교롭게도 업무가 아주 바쁜 시기였다. 만약 내가 재탄생하지 않았던 시기라면 온갖 비명과 신음을 내지르며 "어떻게 이렇게 시기가 나쁠 수 있을까" 하고 소리쳤을 것이다. 그러나 나는 여러 건의 연설회를 취소하여 많은 사람들을 실망시킨 것이 좀 마음에 걸렸을 뿐, 나는 단 1분도 비명이나 신음을 내지르지 않았다. 사실을 털어놓고 말해 보자면, 우연의 일치로 그 수술을 받게 되었으니 망정이지, 그렇지 않았더라면 책을 쓸 시간이 없었을 것이다.

쓸개 고장이 위장된 형태의 축복이라고 말해도 큰 무리는 아닐 거라고 생각된다. 나는 당시 너무 열심히 일을 하고 있었고 여러 달 단위로 스케줄을 잡고 있었다. 하나님의 충실한 종인 닥터 H. 레오 에델만은 시편 23번을 나에게 지적해 주었다. "여호와는 나를 푸른 초장에 누이시며…" 때때로 우리가 현명한 판단을 내리지 못하니까 주님이 우리를 대신하여 최선의 판단을 내리시는 것이다.

쓸개 수술과 관련하여 내 상태가 심각하다거나 위험에 처해 있다는 생각은 조금도 하지 않았다. 놀랍게도 나는 나 자신의 쾌유를 비는 기도를 올리지도 않았다. 하나님이 나의 현재 문제는 물론이고 장래의 필요도 미리 알아보시고 다 적절히 처리해 주실 것이라고 마음 푹 놓고 있었다. 나중에 외과의는 나에게 말해주었다. 나의 쓸개가 나흘 전에 터져 버려 간 밑에 농양膿瘍이 생겨서 까딱 잘못했더라면 아주 위험한 상황이었다는 것이다. 나는 내 목숨을 보전해 주신 하나님에게 감사했다.

이 일과 관련하여 세 가지 사항을 언급해둘 만하다고 생각한다.

첫째, 수술 받기 9개월 전 나는 다이어트와 신체 조절 프로그램을 실시하여 32파운드의 체중을 뺐다. 나는 그 전 25년보다 그때가 제일 신체 상태가 좋았다. 그러니까 앞으로 닥칠 수술을 미리 내다보시고 하나님이 나를 대비시킨 것이라고 생각하지 않을 수가 없다.

둘째, 그보다 2년 전에 내 아내도 쓸개 수술을 받았는데 당시 닥터 풀로스가 주치의였다. 우리는 이 박사를 좋아하고 존경했다. 그래서 우리 가족의인 닥터 홀트에게 풀로스 박사를 불러달라고 했다. 홀트 박사는 그분은 이제 더 이상 개복 수술을 하지 않는 것으로 알고 있다고 하면서도 전화는 해보겠다고 했다. 다행스럽게도 닥터 풀로스는 수술을 맡아주겠다고 했다. 나는 2년 전에 있었던 내 아내의 수술이 닥터 풀로스를 이렇게 개입시키기 위한 하나님의 플랜 중 일부라고 생각한다. 박사는 유능한 외과의일 뿐 아니라 독실한 크리스천인 것이다.

셋째, 나의 사랑스러운 아내를 위시하여 내 가족들은 끊임없이 나를 성원해 주었고, 열렬하면서도 간곡한 기도를 올려 주었다. 목사님과 일요학교의 학생들에 이르기까지 나의 교회 친구들은 나를 위해 빌어주었다. 이 분들은 깊은 확신을 가지고 나의 쾌유를 비는 기도를 올려주었다. 비행기를 타고 가면서 이 글을 쓰고 있는 지금에도 그분들의 정성을 생각하면 눈물이 나려고 한다. 동시에 우리 구세주의 사랑과 주의 종들의 배려에 대한 감사로 내 마음은 너무나 따뜻해져 온다.

HAPPY CHRISTIAN
달콤한 기도의 시간

1차 수술 이후 두 달을 기다렸다가 닥터 풀로스의 집도로 쓸개를 제거하는 2차 수술을 받았다. 2차 수술은 비교적 순조로웠다. 회복 기간을 이용하여, 첫 번째로 출간하는 책의 마지막 손질을 할 수 있었고 그 직후 출판사로 보냈다.

이 기간에 나는 또다시 주님과 함께 아름답고 신나는 경험을 했다. 나는 교회에 나갈 수가 없기 때문에 텔레비전 예배가 나오기를 기다리며 소파에 앉아 오랄 로버츠의 성가를 들었다. 그 일요일 날 아침 오랄은 아주 직접적인 방식으로 내 마음에 호소했다. 또 다시 주님은 나의 필요를 아시고 그것을 채워 주었다. 그 일요일 오랄의 아들 리처드와 며느리 패티가 우리 어머니의 18번 찬송가인 '달콤한 기도의 시간'을 불렀다. 나는 그 가사의 아름다움에 매혹되었다. 내 친구 지미 드레이퍼가 말했듯이, "하나님이 내 가슴속에다 사랑의 꿀단지를 터트렸다."

잠시 뒤 아내 진이 거실로 걸어 들어와 소파 위에 앉더니 나를 가볍게 포옹했다. 그 순간 나는 예수 그리스도를 통해 나의 아내를 다시 보게 되었다. 내가 그때 느꼈던 아내에 대한 고마움과 사랑! 그런 진실한 감정을 느껴 본 남편은 그리 많지 않으리라.

하나님을 사랑한다면 당신의 가족과 동료를 사랑하지 않는다는 것은 불가능한 일이다. 그 순간 딕 밴 다이크가 결혼에 대하여 아주 아름답게 해놓은 말이 생각났다. 딕에 의하면, 어떤 사람들은 결혼 생활을, 재미난 것을 즐기지 못하게 하는 감옥 같은 것이라고 생각한다. 하지만 행복한 부부들은 결혼 생활이 가장 사랑하는 사람과 물건들을 보호해주는 울타리라고 생각한다. 감히 고백하거니와 나 역시 나의 결혼과 나의 주님에 대하여 그런 생각을 갖고 있다. 그분은 나의 방패요 성채이다. 나와 내 가족과 나의 것, 이런 것들에 해를 가하고자 하는 세력들을 물리치시는 든든한 '울타리'이다.

하지만 이것은 『어느 크리스천의 행복한 고백』에만 국한되는 고백은 아니다. 이 원칙은 인생의 모든 국면에 적용된다. 그리스도는 우리의 자유를 제한하지 않고 오히려 확장시킨다. 배에 가드레일이 있기 때문에 갑판의 가장자리까지 걸어가서 바다를 좀더 가까이 볼 수 있다. 아름다운 산꼭대기에 가드레일이 쳐져 있기 때문에 벼랑 아래로 떨어지지 않으리라는 확신 속에서 가장자리까지 걸어가 험준한 산세를 내려다보며 하나님의 절경을 감상할 수 있다. 운동장 주위에 울타리가 쳐져 있기 때문에 아이들은 자기도 모르게 거리로 나서는 위험 없이 마음껏 뛰어 놀 수 있다(실험 결과에 의하면 울타리가 없을 경우 아이들은 운동장의 한 가운데 몰리는 경향이 있고 그래서 공간 활용도가 훨씬 떨어진다).

내가 재탄생한 지 석 달 만에 벌어진 한 사건을 나는 결코 잊지 못할 것이다. 한 어린 소녀가 납치되어 그 아이의 생명에 대한 우려가 높았다. 수천 명의 사람들이 수만 건의 기도를 올렸는데 나는 그중 한 기도를 특히 잊지 못한다. 성인 담당 목사인 리처드 피콕은 그 소녀 주위에 '불의 고리'를 둘러쳐 달라고 하나님께 기도를 올렸다. 목사님이 그 말을 하는 순간 내 온몸에 활활 뜨거움이 느껴졌고 그 아이가 하나님의 가드레일 안에서 안전하다는 것을 알았다. 예수님의 품안에 안기는 것은 당신을 구속하는 것이 아니라 자유롭게 한다. 잘못, 의심, 공포로부터 자유로워지게 되면 더 멀리 더 빠르게 나아갈 수 있고 더 많은 일을 해낼 수 있다. 나는 이것이 내 인생에서 그대로 실현되었다고 고백한다.

HAPPY CHRISTIAN
감사합니다, 주님. 내 발을 보호해주서서

지난 4월 잔디 깎는 계절이 돌아오자 나는 잔디 깎는 기계를 마당에 내어놓고 '시동'을 걸 준비를 했다. 나는 탱크에 휘발유가 충분히 있는지 확인하고(내가 할 줄 아는 것은 그것뿐이다!) 시동을 걸기 시작했다. 나는 코드를 몇 번 잡아 당겼으나 이상하게도 시동이 걸리지 않았다. 그래서 나는 몸을 뒤로 젖히고 기계를 노려보면서 맹렬한 기세로 여러 번 잡아당겼다. 하지만 여전히 결과는 마찬가지였다. 이어 나는 아래를 내려다보고서 왜 시동이 걸리지 않는지 그 이유를 알아냈다. 얇은 캔버스 천 신발을 신은 내 발이 기계 케이스 아래에 들어가 있었던 것이다. 나는 심호흡을 하고서 감사의 기도를 올렸고 안전하게 발을 빼낸 채 코드를 다시 잡아당겼다. 이번에는 기계가 작동하리라는 것을 확신했다. 과연 왜앵 소리와 함께 시동이 걸렸다.

회의론자와 비판론자들은 "그건 우연의 일치야"라고 말하리라. 하지만 나는 동의하지 않는다. "감사합니다, 주님. 내 발을 보호해주셔서"라고 말하는 순간, 이렇게 생각하는 것이다. 내 영혼을 위해서 목숨까지도 내어놓으신 분이 내 발을 보호하기 위해서 잔디 깎는 기계를 잠시 작동 중지시키는 것은 일도 아니지. 따라서 나와 내 가족 주위에 보호벽을 쳐달라고 내가 기도 올릴 때 하나님이 그것을 진지하게 들어준다고 생각하는 것은 조금도 이상한 일이 아니다. 잔디 깎던 날의 내 기도도 하나님은 틀림없이 들으셨을 것이다.

HAPPY CHRISTIAN
딱 한 자리

1975년 크리스마스 전의 토요일, 나는 오하이오 주 클리블랜드의 연설회에 비행기를 타고 가기로 되어 있었다. 그 이틀 전에 오레곤 주의 포틀랜드에서 집으로 돌아왔는데, 크리스마스 시즌의 승객 폭주로 인한 지체, 연결 불발, 악천후 등으로 인해 굉장히 고생을 했다. 만약 재탄생 이전의 나였더라면 방방 뛰면서 온갖 욕설과 분노를 터뜨렸을 것이다. 그런 비행기 사정을 잘 알기에, 하루 전인 금요일 밤, 안심이 안 되어 항공사로 내 비행 스케줄을 다시 확인했다. 그랬더니 이런 나쁜 뉴스를 전해 주었다. 내가 시애틀에서 비행기를 갈아

타면서 그 예약이 취소되었다는 것이다. 누군가 중간에서 업무상의 실수를 저지른 것이었다. 실수한 사람은 나일 수도 있고, 항공사일 수도 있고, 둘 다일 수도 있었다. 하지만 그건 중요한 문제가 아니었다. 나는 6개월 전에 스케줄이 잡힌 클리블랜드 연설회에 꼭 가야만 하는데 비행기 표가 없는 것이었다.

이럴 때는 대기자 리스트에 이름을 올려놓고 연락 오기를 기다려야 하는데, 당시 클리브랜드 행 비행기를 타겠다는 대기 손님이 많아 무려 26명이나 내 앞에 올라 있었고 그래서 리스트에 추가로 이름을 올리는 것은 이미 끝났다는 것이었다. 이런 상황에서 어떻게 대처해야 할까? 나는 항공권 발매 담당자에게 가능한 한 차분한 목소리로 내 사정을 말했다. 내가 이렇게 곤란하게 된 것은 그녀하고는 아무런 상관도 없으니까. 그녀는 내 얘기를 끝까지 듣더니 상급자에게 보고했고 그 상냥한 상급자는 나에게 한 가닥 희미한 희망의 빛을 안겨주었다.

그녀는 내게 다음날 아침 3시간 전에 공항에 나와서 줄을 서라고 말했다. 다음날 아침, 나는 공항으로 나가면서 지난 밤에 이미 기도 올렸듯이, 하나님의 뜻이 작용하여 비행기에 탈 수 있게 해달라고 다시 빌었다. 하나님은 못 하시는 것이 없으므로 내게 자리를 마련해 줄 수 있는 사람을 만나게 해달라고 기도했다(나는 기도하는 도중 한 술 더 떠서 제일 좋은 비행기의 제일 좋은 좌석을 얻게 해달라고 빌었다). 내가 줄을 섰을 때 내 앞에는 이미 30명이 서 있었고 내 뒤에도 10명은 넘게 서 있었다. 그런데 기이한 우연의 일치로 공항 직원 중 한 사람이 내게 오더니(오로지 나한테만) 다음 터미널(약 100야드 거리)로 걸어가면 그곳은 줄이 이렇게 길지 않을 거라고 말해주었다.

나는 그 직원과 주님에게 감사하고 그곳으로 갔다. 정말 거기에는 단 3명이 서서 기다리고 있었고 곧 내 차례가 돌아와 발권 담당 직원에게 내 사정을 말했다. 나는 그 누구도 원망하지 않고 내 상황의 긴박성만 있는 그대로 말했다. 직원은 상냥하게 내 얘기를 들어주었고 컴퓨터 자판을 계속 두드려 댔으나 머리를 흔들면서 안 되겠다는 표시를 해왔다. 약 10분쯤 뒤에 직원은 그날에는 클리블랜드로 갈 방법이 없다고 말했다. 이 순간 이후 전혀 예상치 않은 일이 벌어졌다. 우연의 일치로 직원의 상급자가 바로 그 옆에 서서 내 딱한 사정을 다 들었는데 그가 컴퓨터 앞에 앉더니 집요하게 자판을 처대는 것이었다. 나는 그처럼 끈덕진 직원은 처음 보았다. 그는 자판을 한 번에 열두 번씩 처대는 것 같았다. 어떻게 해냈는지 잘 모르지만, 마침내 그는 한 자리를 짜냈다. 그는 직원을 쳐다보며 미소를 짓더니 이렇게 말했다. "내 눈에는 클리블랜드 행 좌석 딱 한 자리 외에는 아무것도 안 보이더군."

나는 많은 사람들이 냉소적인 어조로 "거 정말 대단하군"하고 말하리라는 것을 안다. 하지만 크리스마스 직전의 토요일에 댈러스-포트워스 공항에서 비행기를 타본 사람들은, 그 시기에 30일 전의 예약 없이 다른 대도시행 비행기를 잡아타는 게 '정말 대단한 일'이라는 걸 안다. 그것은 하나의 기적이었다! 다행스럽게도 내가 숭배하는 하나님은 그분의 자녀들을 위해 기적을 준비하신다. 다시 한번 말하거니와 그것은 결코 우연의 일치가 아니었다.

HAPPY CHRISTIAN
합석해도 될까요?

1976년 여름, 나는 루이지애나 주 베이턴 루지에서 세일즈맨 단체를 상대로 연설을 했다. 그 다음날 아침 나는 꽤 일찍 일어나서 아침 식사를 하러 내려갔는데 어쩌면 혼자서 식사를 해야 할지도 모른다고 생각했다. 그러나 식당에 들어가 보니 약 20명의 남자들이 아침을 먹고 있어서 그들에게 합석해도 괜찮겠느냐고 물었다. 그들은 열성적인 목소리로 어서 합석하라고 말했다. 비 크리스천들은 주제넘게 낯선 사람들의 모임에 끼어들었다며 나를 비난할 것이다. 하지만 크리스천인 나는 그 젊은이들이 낯선 사람이 아니라 '형제'라는 것을 금방 알아보았다. 그들은 모두 성경을 갖고 있었던 것이다. 그 다음 30분은 아주 신나는 시간이었다. 그들은 각계각층의 사람들로 구성되어 있었다. 그 중 세 명은 1958년 전국을 석권한 루이지애나 대학 미식축구 팀의 선수였고 그들 중 두 명은 저 유명한 차이니즈 밴디트 수비팀이었다. 아무튼 모두 형제들이었다.

예수님을 알고 난 이후의 특별한 혜택은 전국 어느 도시를 방문해도 '가족'을 만날 수 있다는 것이다. 오스트레일리아의 브리스번에서 연설하든 또는 텍사스 주의 프리오나에서 연설하든 내가 주님을 찬양할 때, 청중석에서는 내 형제자매들이 나를 지원하는 기도 소리가 즉시 들려오는 것이다. 또 연설회가 끝나면 청중들 중 몇 명은 내게 다가와 그들의 크리스천다운 사랑을 표시하는 것이다. 나는 이런 지원이 내 인생의 그 어떤 사건 못지않게 행복감을 안겨준다는 걸

고백해야겠다. 이것이야말로 '지금 당장'의 혜택인 것이다.

나는 지금 켄터키 주의 루이스빌에서 일리노이 주의 시카고로 비행기를 타고 가는 길에 이 글을 쓰고 있다. 기내의 통로 저편에 아름다운 젊은 여자가 식사를 하기 전에 기도를 올리는 모습이 보인다. 나는 기쁨으로 가슴이 쿵쿵 뛰고 이어 통로를 건너가 그녀에게 인사를 건넨다. 회의론자들은 기내에서 크리스천 형제자매 얘기를 쓰다가 루이스빌 출신의 코레타 베이더를 만난 것은 우연의 일치일 뿐이라고 말하리라. 나는 그렇게 생각하지 않는다. 주님은 전 세계뿐 아니라 이곳 공중에서도 '가족'을 만날 수 있다고 내게 일깨워 주시는 것이다. 주님, 찬양 받으소서!

HAPPY CHRISTIAN
우연의 일치라면 왜 전에는 그런 일이 벌어지지 않았나?

세월이 지나가고 성경 공부를 점점 더 많이 하면서 내가 얻게 된 지식은 나의 확신과 사랑을 더욱 강화시켰다. 동료들과 주님에 대한 나의 사랑이 점점 커져가자 우연의 일치로는 설명할 수 없는 많은 일이 발생했다. 순전히 선물이나 다름없는 세일즈 건이 내게 생겼다. 내 말을 오해하지 말기 바란다. 나는 전보다 더 착실히 더 열성적으로 일한다. 비신자들은 그런 매출 신장이 적극적 사고방식과 맹렬한 업무추진의 결과라고 말할 것이다. 하지만 '전에 이렇게 좋아 본 적이 없었고' 또 그 과정에서 이처럼 재미를 느끼지는 못했다. 그래서 이런 질문을 던져본다. "그게 다 우연의 일치라면 왜 전에는 그런 일이 벌어지지 않았나? 재탄생 이전의 45년보다 재탄생 후의 7년 동안 더 많은 혜택이 발생한 것은 어떻게 설명해야 하나?"

HAPPY CHRISTIAN
적극적인 사고방식과 적극적인 믿음

이미 앞에서 말한 것처럼 나는 언제나 적극적인 사고방식의 소유자였다. 하지만 나는 적극적인 사고방식과 적극적인 믿음 사이의 차이점을 설명해 보고자 한다. 적극적 사고방식이란 거의 불가능에 가까운 것을 성취할 있다는 낙관적 믿음(하지만 반드시 객관적 사실에 바탕을 둔 것은 아닌 믿음)을 말한다. 적극적인 믿음도 어떤 불가능에 가까운 것을 수행할 수 있다는 낙관적 희망인데, 그런 적극적인 생각을 정당화하는 단단한 증거에 바탕을 둔 것이다. 약간 우스꽝스럽게 들릴지 모르겠지만 한 가지 비유를 들어 설명해 보겠다.

만약 내가 무하마드 알리를 때려눕힐 수 있다고 말한다면 그것은 적극적인 생각이다. 하지만 내가 진짜 무하마드 알리를 때려눕히려고 한다면 그것은 바보 같은 생각이 된다. 나는 너무 나이가 많고 너무 느리고 또 너무 겁을 먹기 때문이다. 게다가 나는 맷집이 약해서 상대방의 반격을 감당할 수가 없으므로 알리는 고사하고 그 누구도 때리고 싶지 않다. 하지만 내가 진짜로 그렇게 할 수 있다고 생각한다면, 내가 할 수 없다고 생각하는 때보다는 더 좋은 실적을 올릴 수 있다. 그래도 나의 입장에서 보면 그 결과는 여전히 재앙일 것이다.

하지만 래리 홈즈가 "나는 무하마드 알리를 때려눕힐 수 있다"고 말한다면 그것은 구체적 증거에 바탕을 둔 적극적 믿음이다. 그렇게 볼 수 있는 데에는 여러 가지 이유가 있다. 첫째, 홈즈는 32연승을 거두었고 이 글을 쓰고 있는 현재 세계 헤비급 챔피언이다. 둘째, 홈즈는 나이가 어리고 그의 별은 떠오르고 있다. 알리는 이미 그 자신이 시인했듯이 내리막길이다. 셋째, 홈즈는 1년 열두 달 연습에 임하지만 알리는 시합의 스케줄이 잡혀야만 연습을 한다.

결론적으로 말해서 적극적 사고방식이나 적극적 믿음이나 낙관적 희망이라는 점에서는 마찬가지이다. 그러나 적극적 믿음은, 어떤 일을 이루어낼 수 있는 객관적 증거의 단단한 바탕을 갖고 있다는 점에서 적극적 사고방식과는 다르다.

비 크리스천 시절 나는 상당한 낙관적 희망을 갖고 있었다. 이런 '적극적 사고방식' 덕분에 나는 멋진 일도 꽤 했고 인생의 어떤 목표에도 도달했다. 하지만 그런 낙관론은 단단한 바탕을 갖고 있는 게 아니었으므로 가끔 문제를 일으키기도 했다. 예수 그리스도에게 내 평생을 바쳤을 때 나는 예전의 적극적인 사고방식과 낙관적 희망을 그대로 가지고 있었다. 그러나 예수님을 나의 주님 겸 구세주로 믿게 되자, 나의 낙관적 희망을 뒷받침하는 단단한 바탕을 갖추게 되었다. 우주의 창조주 자신이 성경 속에서 믿음만 있으면 그 어떤 것도 할 수 있다고 말했다.

내가 도대체 무어 그리 대단한 사람이라고 성경의 말씀을 의심한단 말인가? 그분은 "너희는 요청하지 않았기 때문에 얻지 못했다"라고 말씀했다. 이 경우 그것을 요청함으로써 나의 결핍을 시정하면 되는 것이다. 간단히 말해서 주님을 믿는 사람은 모든 것을 다 할 수 있다는 확신을 지속적으로 갖게 됨으로써 적극적 사고방식은 적극적 믿음으로 바뀌게 된다. 바로 이런 변화 때문에 나는 개인 생활, 가정생활, 직장생활에서 비약적으로 발전하여 커다란 효과를 보고 있는 것이다.

HAPPY CHRISTIAN
걱정하는 부모들을 위한 특별 메뉴
-아이들은 엉덩이를 때리고 교회로 데려가라

훌륭한 부모는 자기 자식에게 최고로 좋은 것만 해주려 한다. 우리 자녀들에게 벌어지는 일들 중에 최악의 것은 마약 중독이다. UCLA의 닥터 포레스트 테난트는 독일 주둔 G.I.(미군 병사)들 사이의 마약 문제를 광범위하게 연구한 끝에 마약 충동을 억제하는 힘은 딱 두 가지밖에 없다고 밝혔다. 15세 이전에 부모로부터 가볍게 엉덩이를 맞으며 교회에 50번 이상 주기적으로 나간 병사들은 그렇지 않은 병사들에 비하여 마약 중독의 비율이 훨씬 낮았다. 크리스천 부모들은 자녀들로 하여금 마약 중독에 빠지지 않도록 하는 확률이 확실히 높으므로 이것은 '지금 당장' 누릴 수 있는 혜택이 아닐 수 없고 또 지금 당장 예수님을 모셔야 할 좋은 이유가 된다.

하나님이 내려 주신 축복을
기억하라

🔸 하나님이 내려 주신 축복을 감사하면 할수록 더 많은 것에 대하여 감사하게 된다.

첫 번째 "감사합니다" 날짜 _____

두 번째 "감사합니다" 날짜 _____

주님, 다음의 일을 감사드립니다.

1. _____
2. _____
3. _____
4. _____
5. _____
6. _____
7. _____
8. _____
9. _____
10. _____
11. _____
12. _____

당신이 한 일들을 세지count 마라. 정말 중요한count 일들을 하라(영어의 count는 세다, 중요하다의 두 가지 뜻이 있음 : 옮긴이).

어느 크리스천의 행복한 고백

CHAPTER 12

나는 이해할 수가 없어

HAPPY CHRISTIAN

재탄생 이전의 여러 해 동안 나는 실제로 믿는 것도 아니고 그렇다고 영 믿지 않는 것도 아닌 회색 지대에서 살아왔다. 지금 나는 주님을 완전히 믿고 또 예수님을 모시는 데 따르는 '지금 당장'의 혜택을 완벽하게 즐기고 있기 때문에, 왜 다른 사람들도 그런 혜택을 누리려 들지 않는지 이해가 되지 않는다.

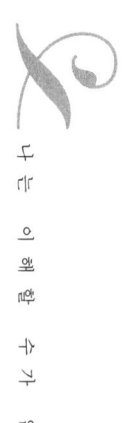

나는 이해할 수가 없소

    이 책의 제목은 『어느 크리스천의 행복한 고백』이기 때문에 나는 이것도 고백해야 한다고 생각한다. 그건 주님에게 내 평생을 바친 이후 왜 다른 사람들도 나처럼 하지 않는지 이해할 수가 없다는 것이었다. 재탄생 이전의 여러 해 동안 나는 실제로 믿는 것도 아니고 그렇다고 영 믿지 않는 것도 아닌 회색 지대에서 살아왔다. 지금 나는 주님을 완전히 믿고 또 예수님을 모시는 데 따르는 '지금 당장'의 혜택을 완벽하게 즐기고 있기 때문에, 왜 다른 사람들도 그런 혜택을 누리려 들지 않는지 이해가 되지 않는다.

    하지만 나는 당신이 직면하고 있는 두 가지 커다란 문제를 잘 알고 있다. 첫째, 당신은 오늘날의 냉소적인 사회의 구성원으로서 오랫동안 엄청난 부정적 쓰레기 더미를 등뒤에 매달고 살아왔다. 그런 쓰레기 더미 중에는 컬트 그룹들의, 의도는 좋으나 결과적으로는 아주 잘못된 프로파간다도 있고 구제 받기 위해서는 이런 저런 것들을 해야 한다고 읊어대는 교회 목사들의 잔소리들도 들어 있다. 그 외에 우리 사회에 자연적으로 스며들어 있는 부정적 사고방식negativism도 한몫을 한다. 심지어 기상 캐스터조차도 해가 날 60퍼센트의 확률을 말하는 것이 아니라 비가 올 40퍼센트의 확률을 말한다! 게다가 그리스도를 섬길 경우 당신이 '포기'하거나 '할 수 없는 일'을 열심히 주워섬기는 사탄의 작용도 있다.

이런 여러 가지 요소들이 작용하기 때문에 수많은 사람들이 마음의 문을 걸어 잠그고, 절망 속에 양손을 쳐들면서 그리스도가 불가능한 것을 인간에게 요구한다고 선언하는 것이다. 그런데 정말 비극은, 어떤 개인이 양손을 쳐들면서 "나는 할 수 없다"라고 선언하는 그 순간이, 실은 하나님에게 가장 가까이 다가간 순간이라는 것이다. 다시 한번 강조하거니와 그 어떤 인간도 저 혼자서는 해낼 수 없다. 사랑을 베풀고 성경을 열심히 읽고 그 가르침을 실천하는 크리스천들은, 바로 그런 절망의 지점에 도달하여 하나님을 보았던 것이다. 성경은 당신 혼자서는 해낼 수 없다고 분명하게 말한다. 당신과 하나님이 함께 하는 것이다.

HAPPY CHRISTIAN
충분히 선량하지 못하기 때문에 교회에 간다

재탄생하기 전 몇 년 동안 내 인생을 곧게 펴고 주변을 깨끗이 한 다음 비로소 교회 생활로 들어가야지 하고 생각하던 때가 여러 번 있었다. 당시 내 상태로는 주님 앞에 나아갈 수 없으며 내가 개과천선하여 주님을 모시기에 적당한 때가 오면 그때 가야지 하고 생각했다.

내가 재탄생한 지 얼마 되지 않아 우리 가족은 미시시피의 부모님을 찾아뵙기로 했다. 그 결정은 갑작스럽게 내려진 것이라서 아내는 세탁을 제대로 하지 못했다. 나는 아내에게 세탁은 내가 알아서 처리하겠다고 했다. 내가 "알아서 처리하겠다"는 얘기는 세탁기를 잘 다루지 못하는 내가 세탁물을 세탁소에 갖다 맡기겠다는 것이었다. 나는 세탁물을 승용차의 트렁크 속에다 처박고 그날 중에 갖다 주면 되겠거니 하고 생각했다. 그런 다음 나는 사흘 동안 그 세탁물을 까맣게 잊어버리고 말았다. 내가 기억해 냈을 때 세탁물은 그야말로 형편무인지경이었다. 트렁크에 든 보조 타이어가 조임 쇠에서 풀려 나와 세탁물을 찍어 누르다 못해 기름 묻은 잭(기중기) 쪽으로 밀어붙였다. 먼지, 기름, 타이어 때 등이 뒤엉켜서 세탁물은 갖다 버렸으면 딱 좋을 법한 그런 형국이었다.

나는 그 세탁물을 꺼내들고 어떻게 해야 좋을지 정말 당황스러웠다. 나는 뒤로 기는 듯한 자세로 세탁소 카운터에 접근했다. 접수 보는 여자는 나의 그런 행동에 놀라기도 하고 재미있게 여기기도 하면서 지금 뭐하는 거냐고 물었다. 나는 수줍은 목소리로 세탁물 상태가 너무 더러워서 과연 맡겨도 되겠는지 자신이 없다고 대답했다. 그녀는 웃으면서 아무 문제없고 기꺼이 세탁을 해주겠노라고 말했다. 나는 적어도 먼지나 털어서 겉모습이라도 그럴 듯했으면 덜 미안하겠다고 기어들어 가는 목소리로 대꾸했다. 그러자 그녀는 내게 아주 커다란 충격을 준, 인상적인 말을 했다. "지글러 씨, 우리가 여기 있는 이유는 더러운 옷을 깨끗하게 해주기 위해서입니다. 그러니 엉망진창이라고 해도 상관없어요. 우리는 당신이 그 옷들을 깨끗하게 유지하지 않은 게 오히려 고맙습니다. 만약 당신이나 다른 사람들이 각자 자기 옷을 깨끗이 관리한다면 우리는 여기 이렇게 가게를 차리고 있을 이유가 없지요."

그 말은 마치 10톤 무게의 벽돌처럼 내 머리 위로 떨어져 내렸다. 만약 우리가 엉망진창 무인지경으로 만들어 놓은 우리의 인생을 '깨끗이 정돈할' 능력이 있다면, 갈보리도 구세주도 아무런 필요가 없었을 것이다.

나는 내 마음속에서 우러나오는 기도와 함께 우리 혼자 힘으로는 우리의 인생을 '깨끗이 정돈'하지 못한다고 말한다. 만약 음주, 흡연, 욕설, 거짓말, 사기 등을 모두 깨끗이 정리하고 주님 앞에 온전하게 평생을 바칠 자격을 얻었을 때 주님에게 가겠다고 생각한다면 당신은 결코 예수님을 개인적으로 알지 못할 것이다. 당신이 섭섭하게 대했던 사람으로부터 용서를 받고 당신이 현재 저지르고 있는 불륜의 내연 관계를 끊어버리고 그런 다음에야 비로소 은총의 보좌 앞으로 나아가겠다고 생각한다면 당신은 결코 예수님을 알지 못할 것이다. 당신의 힘과 의지만으로는 결코 당신의 인생을 깨끗하게 정돈하지 못한다. 하지만 당신이 현재 그대로의 모습으로 주님 앞에 나아간다면 그분은 당신을 받아들이고, 사랑하고, 구제하고, 용서하고, 그분과 함께 영원히 살자고 초대하실 것이다. 바로 이것이 그분께서 내게 해주신 것이다. 나는 그 고마움을 못 잊어 하루에도 몇 번씩 그분을 찬양하고 감사드리는 것이다.

이것은 처음서부터 아주 명백한 진리였다. 그러니 "25000마일거리의 지구 반대편에 메시지를 보내는 것은 단 1초밖에 안 걸리지만 마지막 뼈의 4분의 1인치를 파고 들어가는 데에는 몇 년이 걸린다"라는 옛말이 하나도 그르지 않은 것이다. 세탁소의 목적은 지저분한 옷을 깨끗이 빨아주는 것이다. 예수 그리스도의 목적과 그분이 지상에 온 이유는 당신, 나, 그리고 모든 인간이 스스로 해결하지 못하는 일을 대신 해결해 주려는 것이다. 그분은 우리의 인생을 '깨끗이 정돈'해주고, 우리의 죄악을 씻어주어 미래의 어느 때 그리스도의 심판석 앞에 깨끗한 몸으로 서게 해주려고 이 지상에 오신 것이다. 그분은 당신이 아무리 '지저분하다고' 해도 상관하지 않고 당신을 흰눈처럼 깨끗이 씻어줄 것이다. 혼자 노력으로 당신의 몸을 깨끗이 한 다음 크리스천 공동체에 들어가 주님을 모시려고 한다면 당신은 영원히 기다리기만 해야 할 것이다.

HAPPY CHRISTIAN
이제는 시작해야 할 때

이 책의 저자가 가장 하기 힘든 일 중 하나는 글쓰기를 그만 멈추고 독자 여러분에게 작별 인사를 드려야 한다는 것이다. 특히 이번의 작별 인사가 힘든 이유는 여기에 전보다 훨씬 중요한 것이 걸려있기 때문이다. 이 책의 주요 목적은 지금 당장 그리스도를 모시는 것의 적극적 혜택을 알리는 것 이외에 당신이 그리스도를 향해 당신의 마음을 열도록 하고(당신이 그분을 아직 모를 경우) 또 그리스도의 사랑을 남들과 나누게 하려는 것이다(당신이 그분을 이미 알고 있을 경우).

나는 이 책을 어떻게 끝맺을 것인지 많이 생각하고 기도했다. 당신이 인생의 공허함을 깨닫고 무릎을 꿇은 자세로 그리스도에게 다가와 당신의 인생을 구제해달라고 요청하기를 간절히 바랐기 때문이다. 이 책을 끝내는 적절한 방법은, 1978년 정초에 교회에서 목사님의 말씀을 들으면서 생각이 났다. 한 해가 시작되는 날에 책의 결론을 생각해 냈다는 것은 적절하기도 하거니와 신성이 깃든 것 같기도 하다. 왜냐하면 그것이 당신에게 어떤 상징적 의미를 부여하기 때문이다. 우리 교회의 목사를 통해 하나님이 나에게 내려주신 메시지는, 이 책의 마지막 말들이 당신을 위한 완전히 새로운 세계의 시작이 되게 하라는 것이다.

HAPPY CHRISTIAN
어머니의 사랑

사업가 돈 카터와 그의 가족은 개인 비행기 MU-2를 타고서 몬타나에서 댈러스까지 날아오던 중 재난을 당했다. 공항 주위의 시계視界는 형편없었고 조심스럽고 경험 많은 조종사인 돈은 탐조등(조종사를 비행장으로 안내하는 깜빡거리는 붉은 등)을 켜고 활주로에 접근했으나 그 근처에서 비상 착륙을 하고 말았다. 가족들이 입은 부상은 비교적 경미했다. 아들 로니는 머리가 찢어지기는 했지만 금세 회복했다. 그러나 돈 자신은 크게 부상당했다. 왼쪽 눈과 윗턱 주위의 뼈가 모두 부러져서 산산조각이 났다. 광범위한 봉합 수술이 시술되었고 돈 카터의 상태는 위태로웠다. 바로 이 순간 닥터 크리스웰이 등장하여 내막을 알게 되었고 나중에 그 스토리를 우리에게 말해주었다.

수술한 그 다음 날 아침 의사들은 돈의 상태를 너무나 우려하여 수백 장의 엑스레이 사진을 찍고 검사를 했다. 닥터 크리스웰은 돈의 어머니 메리 크롤리와 함께 병원에서 4시간을 기다렸다. 그의 상태가 너무나 위중하여 의사들은 수술 전에 돈 카터의 기관지를 절개했다. 마침내 그가 집중관리실로 옮겨지자 메리 크롤리와 닥터 크리스웰은 그 방 안으로 들어가는 것이 허용되었다. 메리가 병상의 왼쪽에 닥터 크리스웰이 오른쪽에 선 채로 환자의 부어오른 얼굴을 내려다보았다. 그 얼굴은 거의 알아보기가 어려웠다. 메리는 아들 돈의 손을 잡고서 부드럽고 온유하게 키스를 했다. 그것은 진정으로 자식을 사랑하는 어머니의 모정이 깃들인 키스였다.

닥터 크리스웰은, 그분 자신의 표현대로 말하자면, 50년의 목사생활과 60년의 신앙생활을 통틀어서 가장 열렬하고 간절한 기도를 올렸다. 이어 메리 크롤리는 아들을 위해 기도를 했다. 그 기도는 너무나 거룩해서 닥터 크리스웰 자신도 감히 일반 신자들에게 말해주기가 꺼려질 정도였다. 나는 운 좋게도 그 기도의 내용을 들을 수 있는 특혜를 얻었다. 그것은 아들을 위한 어머니의 기도이면서 동시에 그 이상의 기도였다. 그것은 오래 전에 자신의 생활, 가족, 사업을 모두 예수 그리스도에게 바친 사람의 기도였다. 오랜 세월 예수님과 함께 걸으면서 탄생되고 성숙되어 온 사랑과 신앙의 깊은 심연에서 퍼올린 간절한 마음으로, 그녀는 돈을 살려달라고 빌었고 그렇게 될 것이라는 확신을 얻었다.

그녀의 기도는 정말 아름답고 감동적이었다. 아들에 대한 사랑은 너무나 깊었고, 주님의 뜻에 대한 믿음도 한없이 컸으며, 주님이 그녀의 아들을 사랑하신다는 확신은 바위처럼 굳건했다. 주님에게 자신의 모든 마음을 내어 보이는 그녀의 믿음과 소망은 아주 간절했다. 그래서 닥터 크리스웰은 이렇게 말했다. "나의 기도는 그녀와 비교해 보면 아무것도 아니었다. 너무나 싸구려 목사 같은 기분이 들었고 내 기도는 그에 비하면 불성실하고 부적절한 것 같았다."

닥터 크리스웰을 잘 알고 사랑하는 우리들은 그 말이 너무 겸손한 말씀이 아닌가 생각되었다. 수천 명의 신자들을 은총의 보좌로 인도하신 분한테는 어울리지 않는 말 같이 느껴지기도 했다. 그렇지만 우리는 목사님이 무슨 뜻으로 그런 말씀을 했는지 이해했다. 그분의 기도는 불성실하지도 부적절하지도 않았다는 것을 우리는 확신했다. 성경은 "의로운 사람의 열렬한 기도는 소용이 많으니라"라고 말하고 있기 때문이다.

단지 메리 크롤리의 아들에 대한 사랑, 예수 그리스도에 대한 사랑은 오로지 어머니만이 알 수 있는 그런 사랑이라는 뜻이다. 그녀의 기도는 크리스천 어머니만이 알고 느끼는 그런 기도라는 뜻이다. 그 어머니는 자신이 사랑하는 아들을 위해 진정으로 사랑하는 하나님 아버지에게 살려달라고 기도를 올렸다. 그녀의 기도를 받는 하나님은 모자가 서로 사랑하는 것보다 더 큰 사랑으로 그 둘(모자)을 사랑하기 때문에 그 둘의 안위를 정말로 걱정하시는 것이다.

그분은 과연 그 기도를 들어주셨다. 새해 첫날 이 결론 부분을 쓰고 있는 동안, 돈 카터는 기적적인 회복의 길로 들어섰다. 주님, 감사합니다. 말할 필요도 없이, 수천 명에 달하는 돈의 친구와 동료들이 올린 기도도 그의 회복에 커다란 몫을 했다.

메리 크롤리가 여러 해에 걸쳐 비축해 놓은 기도와 사랑이 이 위중한 시기에 이자와 함께 전액 상환되었다고 나는 확신한다. 이렇게 말한다고 해서 우리 주님이 새 신자들의 기도에는 덜 귀 기울인다는 뜻은 아니다. 하지만 사랑은 특별한 언어이고, 하나님 자신이 사랑이기 때문에 하나님은 그토록 오랫동안 그 특별한 언어를 말해온 사람의 기도를 들어주신 것이다. 그 일을 옆에서 지켜본 닥터 크리스웰이 말해주었듯이, 기도를 통해 표현된 사랑의 힘은 엄청났고 그것은 나에게 깊은 감명을 주었다. 그래서 나의 어린 시절 매일 내 이름을 기도에 올리며 깊은 사랑을 표시했던 어머니가 생각났다.

내게 그런 어머니가 있었던 것이 얼마나 큰 축복인가. 또 나를 위해서 그처럼 열심히 그처럼 간절하게 기도해준 아내가 있다는 것은 얼마나 고마운 일인가. 주님을 알고 나를 위해 날마다 기도해주는 아이들이 있다는 것은 얼마나 커다란 행운인가. 깊은 시련의 시기에 정말로 사랑하는 사람의 이름을 부르며 열심히 올리는 기도는 가장 거룩하고, 가장 효과적이고, 가장 고상한 기도인 것이다.

HAPPY CHRISTIAN
나의 마지막 고백

당신이 이 책의 갈피에서 예수님을 만나서 그분을 구세주로 받아들이고 당신 인생의 주님으로 받아들이기를 나는 간절히 기도 올린다. 만약 당신이 이미 그분을 주님 겸 구세주로 알고 있다면 당신의 평생을 그분에게 바쳐서 하나님이 내려주시는 지상의 더 좋은 것들을 마음껏 향유하게 되기를 바란다.

만약 당신이 예수님을 모르는데 이제 그분을 주님 겸 구세주로 받아들이기로 마음먹었다면 당신이 어디에 있든 또 무엇을 하든 눈을 감고 무릎을 꿇고 이 작은 기도를 반복해서 올려 보라.

"주님, 나는 당신이 하나님의 독생자이심을 압니다. 동정녀 마리아에게서 태어나 이 지상에서 완벽한 삶을 사셨고 십자가에서 죽으셔서 무덤으로 가셨으나 사흘 뒤에 죽음을 이기고 부활하셨습니다. 주님, 당신의 보혈은 내 죄악을 씻기 위한 것임을 잘 압니다. 이제 나의 죄를 용서하시고 나를 영원한 생명의 왕국으로 인도해 주소서. 감사합니다, 주님. 예수 그리스도의 이름으로 그분을 위하여 기도 올렸습니다. 아멘."

HAPPY CHRISTIAN
바쁘게 움직이면서 주님에게 봉사하라

이제 그리스도 안에서 나의 새로운 형제자매가 된 분들이여. 지금 즉시 다른 신자들과의 교제를 시작할 것을 권한다. 이렇게 하는 데에는 현지 교회를 통하는 것이 가장 좋다. 내가 여러분에게 해줄 단 하나의 충고 말씀은 성경을 하나님의 거룩한 말씀이라고 가르치는 교회를 선택하라는 것이다. 만약 그 교회의 목사가 성경의 모든 말씀이 하나님의 영감을 받은 말씀이라는 사실을 혹시 믿지 않는다면, 빨리 다른 교회로 옮겨갈 것을 권한다. 성경 이외의 다른 책을 성스러운 책으로 소개한다면 그런 교회도 피할 것을 권한다. 좋은 성경을 구하여 매일 일정한 시간을 정하여 하나님의 말씀을 공부할 것을 권한다. 이와 관련하여 큰 도움을 주는 조직이나 공부 프로그램이 많이 있으니 적절히 활용하기 바란다.

이제 크리스천으로 새 생활을 시작하면 여러 모로 신나고 보람찬 생활이 될 것이다. 그러나 가장 흥분되고 보람 있는 일은 새로운 사람을 주님 앞으로 인도하는 그 일이다. 나는 당신이 가능한 한 많은 사람을 인도할 수 있기를 바란다. 이 책의 전편을 통하여 당신의 간증에 도움이 되는 정보를 발견했을 것이다. 그리스도에게 봉사하면서 경험하게 되는 '지금 당장'의 혜택, 즐거움, 평화, 힘을 다른 사람들과 널리 나누도록 하라.

나는 이 책을 끝마치면서 당신이 이미 예수 그리스도에게 당신의 영혼을 맡겼을 것이라고 생각하고 싶다. 그러므로 당신이 그리스도를 주님으로 받아들여 영원한 생명을 얻었고 우리가 저 하늘의 정상에서 다시 만나리라고 결론지으면서 이 책을 끝낸다.

하나님이 내려 주신 축복을
기억하라

- 하나님이 내려 주신 축복을 감사하면 할수록 더 많은 것에 대하여 감사하게 된다.

  첫 번째 "감사합니다" 날짜 _____
  두 번째 "감사합니다" 날짜 _____

  주님, 다음의 일을 감사드립니다.

  1.
  2.
  3.
  4.
  5.
  6.
  7.
  8.
  9.
  10.
  11.
  12.

내가 가장 좋아하는 크리스천의 정의.
누군가를 예수 그리스도에게 인도하는 사람.

에필로그

HAPPY CHRISTIAN
감사드려요, 아빠

이것은 나의 맏딸 수잔이 나에게 인사하며 했던 말이다. 당시 나는 호텔에서 개최된 연설회에서 연설을 막 마치고 호텔의 베란다에 돌아왔다. 내 사위 채드 위트마이어와 내 아들 톰은 연설 자료들을 차로 옮기고 있었고 수잔은 베란다에서 나를 기다리고 있었다. 그 애는 나를 포옹하고 키스하면서 말했다. "감사드려요, 아빠. 7년 전에 저를 위해 예수님을 발견해 주신 거. 만약 그때 아빠가 그렇게 해 주시지 않았더라면 나는 오늘날에도 그 분을 발견하지 못했을 거예요." 이어 나는 크리스천 형제자매들이 그렇게 하듯이, 자연스럽게 그 애를 포옹하고 키스하면서 약간 눈물을 흘렸다.

그 스토리는 1972년 7월의 그날로 거슬러 올라간다. 당시 나는 그리스도에게 내 평생을 바쳤고 그 후 너무나 강력한 환희, 평화, 흥분을 느꼈기 때문에 이 세상의 모든 사람이 나와 함께 그런 행복을 나누기를 바랐다. 당연히 나는 하나님이 내게 양육을 맡긴 식구들도 그렇게 하기를 바랐다. 아이들은 하나씩 하나씩 주님의 품안으로 들어와 그 기쁨을 맛보았으나 맏딸 수잔만은 주님의 구원에 가슴을 열지 않았다. 이 마지막 고백은 통상적으로 있는 '이제는 말할 수 있다' 스토리의 하나이다. 솔직히 털어놓고 말하자면, 이 『어느 크리스천의 행복한 고백』의 모든 단어, 모든 문장, 모든 단락, 모든 생각은 특별히 수잔을 위한 것이었다.

초고를 끝냈을 때 무슨 이유에서인지 나는 그 책을 완결해야겠다는 생각이 들지 않았다. 그래서 원고는 근 1년 동안 서랍에서 먼지를 뒤집어 쓴 채 잠을 잤다. 그러다가 이미 앞에서 얘기한 여러 사건들 때문에 나는 원고를 마무리 지어야겠다는 강력한 충동을 느꼈다. 개고改稿하면서 나의 최근 경험을 추가하는 동안 하나님은 나를 더욱 더 가까이 대해주셨다. 그 분은 더욱 자상하고 환상적인 방식으로 나에게 축복을 내렸다. 수잔을 위해 책을 빨리 완결해야겠다는 충동은 더욱 강해졌다. 하나님은 나의 그 책을 매개로 하여 딸애를 그 분의 왕국으로 인도하실 계획인가 보다 하는 생각이 들었다.

마침내 오래 기다리던 탈고의 날이 왔고 원고는 인쇄되기 시작했다. 또 한참이 흘러서야 발간된 책이 내게 도착했고 나는 즉시 식구들 모두에게 한 부씩 나누어주었다. 식구들은 즉시 그 책을 읽기 시작했으나 내가 이 책의 초고를 집필할 무렵에 결혼했던 수잔 부부는 그 책을 읽지 않았다.

HAPPY CHRISTIAN
아빠, 인내해야 돼요

　　내가 지금껏 겪어본 것 중에서 가장 힘든 일은 수잔 부부에게 그 책을 읽었느냐고 묻지 말자는, 스스로 부과한 숙제였다. 아무튼 딸애 부부에게 읽기를 강요해서는 절대 안 된다는 느낌이 들었다. 날들이 흘러 몇 주가 되어 가는 동안 나는 초조하게 기다렸다. 수잔 부부는 독실한 신자 부부의 소개로 직접 판매 회사에 들어갔다. 딸애 부부를 소개한 사람들은 성공인의 자질을 모두 갖춘 좋은 분들이었다. 그들은 사람을 좋아하고 배려하는 부부였고 역시 그런 품성을 지닌 동료들을 많이 알고 있었다. 이런 환경 속에서 수잔과 채드는 좋은 신앙 관련 책자를 읽게 되었고 곧 교회에 나가기 시작했다. 하지만 딸애 부부는 여전히 이 책은 읽지 않고 있었다.

　　그러던 어느 날 밤, 수잔은 내 책을 펼쳐들었고 읽어나가기 시작했다. 딸애는 내게 전화를 걸었다. 그녀의 목소리에는 흥분의 느낌이 생생했다. 그 어떤 책에서도 이처럼 강렬한 즐거움과 행복을 맛보지는 못했다는 것이었다. 나는 감사의 기도를 올렸고, 나의 일이든 혹은 다른 사람의 일이든 주님의 시간표는 그 분의 스케줄에 따라 움직인다는 것을 알게 되었다.

　　그 후 딸애가 두서너 번 우리 집을 다녀갔고 시간이 2주쯤 흘렀다. 그러던 어느 일요일 오후 수잔과 채드가 다시 우리 집에 들렀다. 나는 딸애 부부가 이제 그리스도에게 평생을 바칠 준비가 되어 있으리라고 짐작했다. 내가 필요하다고 생각하는 조치들을 조심스럽게 딸애 부부에게 말해준 다음, 그리스도를 주님으로 받아들여 평생을 바치겠느냐고 물었다. 채드는 자신은 이미 그렇게 했다고 말했다. 우리는 크게 흥분했다. 우리는 평소 채드를 사랑하고 관심 있게 보아왔고, 채드의 그런 결심이 수잔에게 영향을 미치리라고 보았기 때문이다. 그러나 수잔에게 이제 준비되었느냐고 물어보자 딸애는 아직 준비되지 않았다고 말했다.

나는 그 대답에 깜짝 놀랐고, 상심했고, 크게 실망했다. 하지만 그런 곤란한 일일수록 주님에게 맡기면 결국 해결된다는 것을 나는 알고 있었다. 한편으로는 걱정도 되었다. 성령이 사람을 부를 때 그것을 거절하면 다시는 그 부름을 못 받는 수도 있다는 걸 알기 때문이었다. 나는 하나님에게 수잔을 주님의 종으로 받아달라고 간절히 기도를 올렸다. 그래서 수잔이 마침내 주님을 자신의 마음속에 영접하기로 결심했다고 말했을 때, 나의 터질 듯한 기쁨은 정말 필설로 형용하기 어려웠다.

나는 가벼운 발걸음과 감사하는 마음으로 수잔과 함께 호텔 계단을 걸어내려가 레스토랑으로 갔다. 딸애와 나, 채드와 톰 이렇게 넷이서 간단한 스낵을 먹기 위해서였다. 딸애와 내가 한 2분쯤 있으니까 톰과 채드가 왔다. 둘이 의자에 앉자 나는 톰에게 고개를 돌리면서 말했다. "애, 수잔이 금방 나에게 뭐라고 했는지 아니?" 잠시 아들은 놀란 표정을 짓더니 이어 그의 작은 두 눈에 눈물이 고이기 시작했고 곧 머리를 숙이고 흐느껴 울었다. 자신이 주님을 알고 난 뒤 사랑하는 가족이 뒤따라 주님 품에 안겼을 때의 기쁨을 아는 사람은, 수잔이 그리스도에게 평생을 바치겠다고 말했을 때의 내 기쁨을 잘 알리라.

나는 이것을 나의 마지막 고백으로 삼을까 생각하기도 했다. 하지만 주님이 지금 즉시 나를 천국으로 부르지 않는 한, 마지막이라는 말은 당치 않다. 나는 매일 주님의 사랑, 관대함, 선량하심, 자비로움에 깜짝깜짝 놀란다. 따라서 앞으로도 고백해야 할 주님의 축복이 많을 것이라 생각한다. 거룩하신 하나님, 다시 한번 찬양 받으소서!

HAPPY CHRISTIAN
이젠 안심하세요, 아빠

우리는 수잔이 그리스도를 구세주로 받아들였을 때 환희의 눈물을 흘렸다. 그리고 수잔은 1995년 5월 13일 영원히 눈을 감고 주님의 나라로 올라갔다. 우리는 많은 눈물을 흘렸고 우리의 가슴은 산산조각이 났다. 하지만 수잔이 다시는 아프지 않을 것임을 알기 때문에 형언할 수 없는 기쁨을 느꼈다. 수잔은 그 동안 그토록 열렬히 사랑해온 주님의 영광 안에서 환히 빛나고 있으리라. 심지어 오늘날에도 우리는 수잔 생각을 하면 눈물을 흘린다. 하지만 딸애가 그리스도와 함께 안전하게 있다는 생각은 우리의 눈물을 닦아주고도 남음이 있다.

그리고 시간이 흘러가면서, 하늘나라에서 그녀가 완벽한 건강을 누리고 있다는 생각을 더 많이 하게 되며, 그녀가 지상에 머무르던 마흔여섯 해 동안 그녀가 우리에게 주었던 아름다운 기억을 더욱 소중히 여기게 된다. 우리는 하나님이 그녀의 삶을 맡아주고 그녀의 기억을 소중하게 여기도록 해주신 것에 대하여 감사드린다.

수잔의 사망 직후 나는 일기를 쓰기 시작했다. 그것은 내 슬픔을 이겨나가는 데 큰 도움과 위안을 주었다. 그 일기로부터『슬퍼하는 크리스쳔의 고백록』이 나왔고 주님, 나의 가족, 그리고 주님 앞의 나의 소명에 대하여 더욱 깊은 의무감을 느끼게 되었다. 슬프게도, 자식을 앞세운 부부들의 80퍼센트가 이혼을 한다고 한다. 그러나 아내와 나는 전보다 더 가까워졌고, 그리스도를 알지 못했더라면 딸애의 죽음을 어떻게 극복했을지 너무나 막막했을 것이다. 그 분의 말씀, 그 분의 약속, 그 분의 다짐을 통해 우리 부부는 전보다 더욱 친밀감을 느끼고 있다. 이 책이 당신에게 하나의 축복이 되었길 희망하며, 당신이 그리스도를 주님이며 구세주로 받아들여 영원한 평화를 얻기를 간절히 바란다.

역자후기

지그 지글러(1926~)는 하드 커버만으로 140만 부 이상 팔린 『정상에서 만납시다』(1988)라는 자기계발서의 저자로 유명한, 세일 즈·처세술·동기개발 전문가다. 이 책은 지글러가 1972년 7월 자신의 남은 평생을 하나님께 바치기로 결심한 후 근 7년 동안 자신의 개인생활, 가정생활, 직장생활에서 벌어진 커다란 변화를 고백한 일종의 신앙고백서(1978)다. 따라서 지글러 하면 떠올리기 쉬운 세일즈 기법이나 처세술의 요령을 가르치는 책은 아니며 진지한 수준의 지혜서 혹은 인생 탐구서다.

저자는 이 책에서 독실한 신앙을 고백하면서 그것을 구체적으로 예증하기 위해 자신의 전문 분야인 세일즈 에피소드를 적극 인용하고 있다. 가령 자신이 세일즈맨 시절 안 팔아 본 물건이 없었지만 그 자신을 납득시키지 못하는 물건은 절대로 팔지 않았고 그래서 자기의 물품에 대해서 열정적인 태도를 갖고 있었다고 한다. 그러면서 우리 주님은 아무리 비싼 값을 치르고 사들였다 하더라도 결국에는 싼값으로 사들인 게 되는 최고로 좋은 상품이라고 강조한다. 그 분의 사랑, 그 분의 배려, 그 분의 관심, 그 분의 놀라운 약속이행 능력 등을 감안할 때 예수 그리스도는 아무리 비싸게 사들여도 결국 싼 상품이라는 것이다. 지글러는 자신이 이처럼 상품의 품질을 확신하기 때문에 이 책을 읽는 사람에게 자신의 신념을 명쾌하게 전달할 수 있다고 생각한다.

이런 확신 속에서 지글러는 우선 크리스천이 '근엄한 얼굴에 호주머니는 가벼운 사람들'이라는 통념을 반박한다. 부정否定과 크리스천, 이 둘은 서로 용납되지 않는다고 주장한다. 예수 그리스도를 통해 과거를 용서받고, 현재가 확보되었으며, 미래까지도 보장받은 크리스천이 무엇 때문에 부정적인 태도나 생각을 갖겠냐는 것이다. 자신은 진정한 크리스천이 된 후 예전보다 훨씬 더 많은 눈물을 흘리고 있는데 그것은 비참함과 패배의 눈물이 아니라 환희와 승리의 눈물이라는 것이다. 또 포기한 것도 많은데, 밤에 잠 못 자는 현상, 내일을 걱정하는 현상, 세상일에 겁내는 현상 따위를 모두 포기하게 되었다는 것이다. 지글러는 성경을 열심히 읽고 크리스천다운 생활을 영위하려고 애쓰는 지금, 즐거움, 웃음, 유머가 일상의 한 부분이 되었다고 자랑한다.

지글러는 이 책에서 크리스천이 되었을 경우 얻어지는 '지금 당장'의 혜택을 자주 언급한다. 그는 그 혜택을 천상의 뷔페 요리라고 하면서 그 요리의 좋은 점은 아무리 먹어도 뚱뚱해지지 않고 건방지게 되지 않고 자만심에 빠지지 않는다고 말한다. 그것은 먹으면 먹을수록 사려 깊어지고, 남을 배려하게 되고, 자상하고, 친절하고, 사랑하는 사람이 된다는 것이다. 왜 그런가 하면 하나님이 손수 그 식탁을 차렸을 뿐 아니라 거기에 오른 좋고 완벽한 음식들이 모두 천상에서 내려온 것이기 때문이다.

이렇게 책이 전개되어 나가다가 제8장에 이르면 아주 감동적인 부분이 나온다. 그것은 인생을 하나의 게임에 비유한 것인데 비록 기독교의 비공식 전승에 들어 있는 것이긴 하지만 지글러의 새로운 해석을 담고 있다. 원래의 전승은 이렇다. 하나님의 전령인 가브리엘 대천사는 아무런 신앙심도 없는 상태에서 인생의 시련을 겪고 낙담하는 사람들에게 이런 말을 들려준다. "인생이라는 게임에서 하프타임의 스코어는 정말 아무것도 아닙니다. 인생의 비극은 인간이 그 게임에서 진다는 것이 아니라 거의 이길 뻔한 게임을 놓친다는 것입니다." 지글러는 이 전승을 독특하게 해석한다. 가령 당신의 인생이 아슬아슬하게 역전될 것이라는 사실을 미리 알면 어떻겠느냐는 것이다. 그러면 현재의 스코어와 상관없이 게임을 성실하게 뛰게 될 것이 아니겠는가. 지글러는 그런 역전을 일으키는 계기가 바로 하나님의 은총이라고 말한다. 다시 말해 '게임의 이름'은 은총을 통한 구원이라는 것이다.

이 구원의 개념은 실은 포도원의 비유(마태복음 20:1)에서 나온 것이다. 어떤 포도원 주인이 일꾼을 얻으려고 이른 아침에 시장으로 나갔다. 그는 일꾼들에게 하루 품삯을 한 데나리온으로 정하고 그들을 포도원으로 보냈다. 주인은 9시, 12시, 오후 3시쯤에도 시장으로 나가서 그와 같이 하였다. 오후 5시쯤에 다시 나가 보니 놀고 있는 사람이 있길래 그 역시 포도원으로 보냈다. 날이 저물자 포도원 주인은 모든 일꾼에게 똑같이 한 데나리온을 지불했다. 일찍 온 사람들이 불평하자 주인은 미리 약정한 한 데나리온을 주었으므로 불평할 사항이 되지 못하며, 마지막 온 사람에게도 그만큼의 삯을 주기로 했으므로 역시 공평하게 나누어준 것뿐이라고 말한다. 그러니까 늦게 온 사람도 한 데나리온(은총의 상징)을 받을 수 있기 때문에 포도원에 늦게 들어선 것(하프타임의 스코어)은 문제가 되지 않는다는 것이다.

그런데 왜 이길 게 뻔한 게임을 지는 것일까. 안타깝게도 포도원에 가기를 거부하는 사람들이 있기 때문이다. 지글러는 그런 오만하고 인색한(자기 혼자서 할 수 있다고 생각하니 오만한 것이고, 자신의 그릇된 생각을 인정하지 않으니까 인색한 것이다) 마음을 버리고 지금이라도 하나님의 도움을 청할 것을 간절히 호소한다. 이와 관련하여 그의 아들 톰이 해석한 다윗과 골리앗의 얘기는 적절해 보인다.

톰에 의하면 골리앗이 실은 더 용감한 사람이라는 것이다. 골리앗은 저 혼자 힘만 믿고 싸움에 나섰으나 다윗은 하나님을 등에 업고 나왔으니 백전백승할 수밖에 없었다는 것이다. 이렇게 볼 때, 우주의 자원을 마음대로 부리는 분을 후원자로 삼은 다윗을 상대로, 감히 혼자 싸우려 했던 골리앗이야말로 용기 있는(실제로는 어리석은) 사람이 아니냐는 것이다. 지글러는 자기 혼자서 언제까지나 인생을 책임질 수 있다고 생각하는 사람은 비유적 의미에서의 골리앗, 즉 어리석은 용감한 자 혹은 헛똑똑이라고 말한다.

또한 지글러는 어느 정도 적극적인 생활을 하여 선량해진 뒤에 교회에 나가겠다는 사람을 향하여 이렇게 말한다. "나 또한 과거 여러 해 동안 아주 적극적으로 살아가려고 했다. 나의 힘과 의지만으로 살면서 하나님이 그런 나를 '자랑스럽게' 여기기를 바랐다. 나의 행동, 나의 생활 방식, 나의 적극적인 태도 따위를 모두 가상하게 생각해 주기를 바랐다. 하지만 나는 그렇게 살아나가려고 할 때마다 실패했다. 그때마다 크리스천다운 생활을 하기는 틀렸구나 하고 생각했다. 그런 생각은 일견 옳은 것이다. 왜냐하면 나의 힘과 의지라는 것은 도저히 사탄(개인 내부의 의심과 세상의 유혹)의 상대가 되지 못했기 때문이다. 그것은 지금도 마찬가지고 이런 사정은 당신도 아니 그 누구도 마찬가지다."

그러면서 지글러는 세탁소의 비유를 든다. 그가 세탁물을 맡기려다가 그만 며칠동안 잊어버려서 아주 떡이 되어버린 지저분한 옷가지들을 세탁소에 가져갔더니 세탁소 사람은 이렇게 말했다.

"지글러 씨, 우리가 여기 있는 이유는 더러운 옷을 깨끗하게 해주기 위해서입니다… 만약 당신이나 다른 사람들이 각자 자기 옷을 깨끗이 관리한다면 우리는 여기 이렇게 가게를 차리고 있을 이유가 없지요."

그 말은 지글러에게 깊은 생각을 안겨주었다. 만약 우리가 엉망진창 무인지경으로 만들어 놓은 우리의 인생을 혼자 힘으로 '깨끗이 정돈할' 능력이 있다면, 갈보리도 구세주도 아무런 필요가 없었을 것이다. 우리가 충분히 선량해진 다음에 주님 앞에 나아가겠다고 생각한다면 우리는 영원히 기다려야 할 것이다. 하지만 현재 그대로의 모습으로 나아간다면 주님은 우리를 받아들이고, 사랑하고, 구제하고, 용서하고, 그 분과 함께 영원히 살자고 초대하신다는 것이다.

마지막으로 이 책을 번역하면서 느낀 생각을 하나 말씀드리고 싶다. 나는 인생을 하나의 게임에 비유한 에피소드를 읽으면서 어릴 때 야구 게임을 처음 구경 갔던 때가 생각났다. 당시 야구의 규칙을 전혀 모르던 내 눈에 비친 그 게임은 아주 우스꽝스러운 것이었다.

타자가 타석에 들어서서 공을 때린 다음, 1루로 죽도록 달리다가 아웃되어 맥없이 덕아웃(선수 대기실)으로 되돌아가는, 그야말로 시시한 동작의 반복이었다. 저렇게 실없는 동작을 왜 자꾸만 되풀이할까? 라는 것이 그날 야구경기를 처음 본 나의 소감이었다. 그러나 야구 규칙을 잘 알고 왜 타자가 1루를 향해 죽도록 뛰는지 이해하게 되자 그 죽도록 뛰는 행위가 조금도 이상하지 않을 뿐 아니라 오히려 당연하게 여겨지고, 그 동작의 '무의미해 보이는' 반복성이 오히려 굉장한 의미를 가지고 있음을 알게 되었다. 여기서 한 마디 부연하자면 1루를 향해 죽도록 달리는 것이나 은총을 믿고 열심히 기도하는 것이나 무엇이 다르겠는가.

　　문제는 게임의 규칙을 아느냐 모르느냐 그 차이일 뿐인데, 이미 기독교에 입문한 분들은 이 게임의 비유를 쉽게 이해할 것이라고 생각한다. 설사 신자가 아닌 분이라도 이 책에 소개된 행복한 크리스천의 감동적인 에피소드들을 읽으면 가슴이 따뜻해질 것이다. 사람은 누구나 행복한 이야기, 막판 역전의 이야기에 감동하기 때문이다. 신앙에 대하여 어떤 입장을 갖고 있든, 독자 여러분이 이 책의 여러 에피소드들을 있는 그대로 읽어나간다면 행복한 사람의 깨끗한 초상을 발견하고 덩달아 행복해지고 정화되는 기분을 느낄 것이다.

옮긴이 이종인

서번트 리더십 2

The World's Most Powerful Leadership Principle

갈등을 해결하고 통합을 이루는 인간관계의 리더십

『서번트 리더십』이 소설로 구성돼 리더십 책의 새로운 전기를 마련했다면 『서번트 리더십 2』는 서번트 리더십의 실천에 관한 매뉴얼이다. 저자는 이 책에서 상사와 관리자를 코치와 조언자로 변모시키는 '엄격하면서도 부드러운' 리더십 접근법을 상세히 소개한다. 『서번트 리더십』에 비해 훨씬 더 많은 정보와 체계화된 개념 설명으로 독자들에게 쉽게 다가가고 있으며 리더십의 이론적 영역뿐 아니라 현실적인 실천방안까지 포괄적으로 다루고 있다. 저자는 이 책에서 리더십 계발과 인격 계발은 결국 한 가지라는 사실에 주목하고 있다.

제임스 C. 헌터 지음 | 김광수 옮김 | 12,000원

한국현대사를 고스란히 엮은
고난의 역사서,
부끄러운 과거의 **고백록**

『씨울 함석헌 평전』은 20세기 한국 현대사를 고스란히 엮은 고난의 역사서이자, 부끄러운 과거사의 고백록이다. 분단을 중심으로 전반기 생애에 선생은 인류의 평화와 인간성에 대한 근본적인 질문에서 교사로서, 역사가로서의 면모를 유감없이 발휘했고 후반 생애에서는 반독재 민주화 투쟁으로 분열된 우리의 관념을 물리치고자 했던 투쟁전선이었다. 이 책은 함석헌 선생의 삶과 사상을 입체적으로 조명하면서 연대기적 순서를 바탕으로 삼되, '객관적인 역사 사실'의 서술뿐 아니라 선생의 철학적·종교적 심리 변화 과정을 면밀히 추적하여 분석한다.

시대의창

독자를 먼저 생각하는 정직한 출판

시대의창이 '좋은 원고'와 '참신한 기획'을 찾습니다

쓰는 사람도 무엇을 쓰는지 모르고 쓰는,
그런 '차원 높은(?)' 원고 말고
여기저기서 한 줌씩 뜯어다가 오려 붙인,
그런 '누더기' 말고

마음의 창을 열고 읽으면
낡은 생각이 오래 묵은 껍질을 벗고 새롭게 열리는,
너와 나, 마침내 우리를 더불어 기쁘게 하는

땀으로 촉촉히 젖은 그런 정직한 원고,
그리고 그런 기획을 찾습니다.

시대의창은 모든 '정직한' 것들을 받들어 모십니다.

시대의창 WINDOW OF TIMES

분야 | 경제·경영 / 역사·문화 / 정치·사회

서울시 마포구 동교동 113-81 (4층) (우)121-816
Tel : 335-6121 Fax : 325-5607 http://www.sidaew.co.kr